JN101246

令和5年度税制改正対応

効率とコンプライアンスを高める

e-文書法
電子化早わかり

はじめに

　企業価値を向上させるためにデジタル技術の活用が待ったなしの時代となり、デジタル・トランスフォーメーション（以降DX）への取り組みが叫ばれていますが、DXを推進するためには文書の電子化および業務プロセスのデジタル化が前提となります。デジタル化を効率的かつ安全に進めるために、公益社団法人日本文書情報マネジメント協会は「文書情報管理士」および「文書情報マネージャー」の二つの資格制度の運用、並びに「JIS Z 6016紙文書及びマイクロフィルム文書の電子化プロセス」の規格開発を行ってきました。どのような仕事も文書を介して行われますので、業務の信頼性を確保するためには文書の取扱いをマネジメントする文書情報マネジメントが機能していることが大前提となります。

　e-文書法は、保存が義務付けられているすべての文書を原則として電子で保存することを容認するための法令で平成17年4月に施行されましたが、国全体としての電子化の動きは鈍く実用化が進まない状況が続きました。

　しかし、他国に対するデジタル化の後れにより危機感が醸成され、政府も令和元年に「デジタル手続法」、令和3年に「デジタル社会形成基本法」を交付しデジタル化に大きく舵を切りました。特筆すべきは、これらの動きに先んじて電子帳簿保存法の要件緩和が進み、国税関係書類の電子化を加速する環境が整ったことです。

　このような環境の変化はありましたが、e-文書法は原則を規定するにとどまり、具体的な電子化要件は各省の省令で規定されていることから、実際に業務を行う方が必要なことを理解するためには困難を伴いました。そこで本書は前身である「e-文書法入門」の時代からこれらの関係を理解しやすいように1冊にまとめて示しています。各省庁から発信されているガイドラインや指針等については、最新の情報を調査して幅広く網羅して掲載していますので、国税関係を始めとして、医療情報、学術指導要録、知的財産権、会社法等の各省庁が求めている電子化要件を短時間で知ることができます。

　企業が最も多く保存しているといわれる国税関係書類を対象とする電子帳簿保存法については、当初はスキャナ保存の解説のみを掲載していましたが、法改正に合わせて前回の改訂から電子取引の章を設けました。本改訂では、令和6年1月施行の改正電子帳簿保存法の電子取引における電子データ保存の義務化についての解説およびe-文書法全般を最新情報に更新しました。

　本書を活用される皆様が、所属する企業・団体が運用する文書情報マネジメントの下で、企業内・企業間を問わず電子文書・電子化文書を流通させることによって、DXがいっそう加速され企業の価値を高められることを祈っています。

公益社団法人 日本文書情報マネジメント協会 (JIIMA)

理事長　勝　丸　泰　志

目次

第4章 スキャナと画像品質

第5章 電子帳簿保存法における電子取引

付録

JIIMAの参考書
・文書情報マネジメント概論
・デジタル時代のマイクロフィルム入門
・Document Management 標準化ガイドブック 2017

第1章

文書情報マネジメント

1-1　紙から電子の社会をめざして

コンピュータ・ネットワークの急速な進展と、情報インフラとなったインターネットの普及により文書情報マネジメントの対象も、紙文書から電子文書や電子化文書を加えた幅広いコンテンツが対象となってきました。

さらに近年では文書情報マネジメントの内容は単なる記録管理のレコードシステムから情報共有・共同作業をベースとしたエンゲージメントシステムへと変化しています。文書情報マネジメントの目的も組織の効率化やコストダウン、コンプライアンスに加えて情報共有や生産性向上に目が向けられています。デジタル情報は離れた場所からでも参照できる利便性があり、コロナ禍で加速したテレワークなどの推進、働き方改革にも寄与します。

文書情報マネジメントを普及啓発し、公益法人として活動するJIIMAでは、文書及び文書を扱う環境が急速にデジタル化されていく中、適切な文書マネジメントを推奨するため、「JIIMAビジョン2020」を定め「効率的で持続可能であって、すべての人が必要な時にデジタル技術の支援を得て、自由な働き方を選択し、時間や場所の制約なく仕事ができ、人間らしい生活を送れる社会の実現」をめざしています。

[JIIMAビジョン2020]
日本のあらゆる組織の価値を高めるために、文書情報マネジメントの実践を通じてDXを加速するようにリードする協会

文書：紙に限らず、コンピューターで作成された書類やeメールなど電子的に作成し、利用される文書もあります。

文書とは

　JIIMAでは、情報及びそれが含まれている媒体のことをさします。

　例：記録、仕様書、手順を記した文書、図面、報告書、規格媒体としては、紙、磁気、電子式若しくは光学式コンピュータディスク、写真若しくはマスターサンプル、又はこれらの組合せがありえます。文書の一式、例えば、仕様書及び記録は〝文書類〟と呼ばれることがあります。ある要求事項（例えば、読むことができるという要求事項）は全ての種類の文書に関係しますが、仕様書（例えば、改訂管理を行うという要求事項）及び記録（例えば、検索できるという要求事項）に対しては別の要求事項があることがあります。

（出典：JIS Q 9000:2015 の3.8.5）

文書の種類—紙文書・マイクロフィルム文書・電子文書・電子化文書

紙文書	マイクロフィルム文書	電子文書 （ボーンデジタル）	電子化文書 （イメージ化文書）
紙に書かれたり印刷された文書	マイクロフィルムに記録された文書	パソコンのソフトウェアで最初から電子的に作られた文書	紙文書、マイクロフィルム文書を電子画像（ビットマップ）化した文書
アナログ情報		デジタル情報（電子データ）	

文書情報とは

　JIIMAでは、組織が職務上、作成又は取得した文書のことをさします。

　JIIMAビジョン2016では「組織が職務上作成又は取得した文書。従来の文書、書類、図面はもとより、PC等で作成した電子文書、イメージ情報、映像、音声、電子メールなど、全ての情報（コンテンツ）が対象となる」と定義しています。

文書情報マネジメントとは

　文書情報を真正に維持、保存、廃棄及び長期保存する組織的な運用のことをさします。

　JIIMAビジョン2016では「文書情報を真正に維持、保存、廃棄及び長期保存する組織的な運用。文書情報の作成・取得段階から、保管・保存・再利用・廃棄までのライフサイクル全体を通じて、確実かつ効率的に管理するための手段

として、構造化データ、非構造化データを問わず、ハードソフトコンテンツを機能的に組み合わせ、目的に応じて文書情報を有効に活用できるようにする」と定義しています。

1-2 文書情報管理士と文書情報マネージャー

文書情報管理士とは

　JIIMAが、文書情報に係るコンテンツ作成者として必要な技術と知識を持った者として、検定試験を行って認定する資格です。官庁・自治体による電子化業務の入札参加資格にもなっています。資格取得者は、17,877名（2023年10月現在）にも上ります。

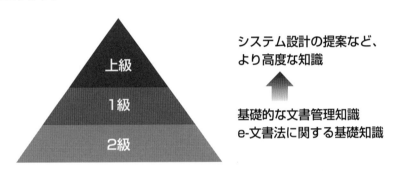

文書情報マネージャーとは

　実際に文書情報を取り扱っている部門に属し、文書情報の最適なマネジメントを立案し改善・改革に取り組むことができる知識を2日間の認定セミナーを通してJIIMAが認定する資格です。2013年からスタートした組織の管理職を対象にした資格です。資格取得者は、1,084名（2023年10月現在）です。

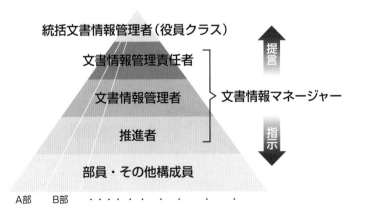

1-3　電子文書・電子化文書の利点

　電子文書・電子化文書のメリットは、効率化だけにとどまらず以下のような様々な効果をもたらし、企業の競争力の強化に繋がります。また、電子化が進むと、オフィスに戻らなくとも、自宅やサテライトオフィスなど働く場所や環境を選ばず、モバイルワークなど多様な働き方を創造できます。紙削減により、利用可能なオフィススペースが増え、業務スペースの確保やオフィス美化にも繋がり、働きやすい環境を整えることにも貢献できます。

[対象文書の例]

効率化	必要な情報が即時に入手できる ………………	契約書、申込書
	照合や決済のスピードアップ …………………	申請書、稟議書
情報の共有	メンバーなら何時でもどこからでも入手できる ….	報告書、マニュアル
コスト削減	配布・通信・物流・保管のコストダウン ……	会議資料、図面
リスクの分散	災害時のバックアップ、訴訟対応	
分析・予測	ビッグデータの分析や予測	
その他	コンプライアンス（法令や社内規程の遵守）の強化	
	業務フローの標準化、環境負荷の軽減　など	

1-4　文書のライフサイクル

　文書には発生から廃棄されるまでのライフサイクルがあります。

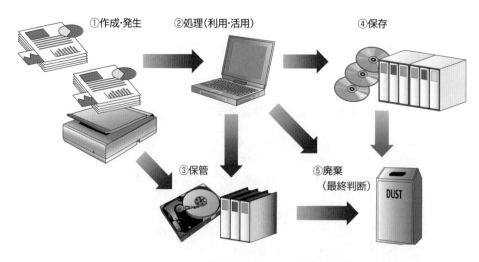

①作成・発生　②処理（利用・活用）　④保存　③保管　⑤廃棄（最終判断）　DUST

※処理の仕方によって、②処理と③保管が入れ替わることもあります。

①作成・発生　文書情報の作成、入手するフェーズで、管理規程等による分類、作成（入手）日、作成者、キーワードなどのプロパティ情報を付与します。

②処理　　　文書情報の目的に応じた処理工程（承認決裁、公開、配布など）
（利用・活用）の流通過程をいいます。このフェーズで、文書のアクセス・コントロールに関する情報、改版履歴、処理履歴などのプロパティ情報が追加されます。

③保管　　　文書情報を必要に応じて即座に参照できる状態を保持するフェーズです。処理フェーズ後、数ヶ月から1年間ぐらいの参照頻度が比較的多い期間が該当します。このフェーズでは、保管期間、保管場所、参照履歴などのプロパティ情報が追加されます。

④保存　　　保管期間を終えた文書情報を文書管理規程等により長期保存をするフェーズをいいます。このフェーズでは、保存期間、保存場所、参照履歴などのプロパティ情報が追加されます。

なお、当初から電子データとして作成、または受け取る文書情報については、保管と保存の考え方の区別はあいまいで、作成途中の文書を一時的に残す場合でも「保存」の言葉が使われています。

⑤廃棄　　　文書管理規程等で定められた保存期間が終了した後、ルールに
（最終判断）基づいて文書情報を廃棄することをいいます。

ただし、言葉通りすべてを廃棄するのではなく、本当に廃棄してもよいものと、保存期間を延長して保存を続けるもの、さらには永久保存の対象として、公文書館、史料室（企業の場合など）などに移管するものをこの段階で判断し、適切に処理することが必要です。

1-5 文書と記録メディア

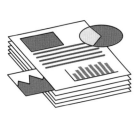
紙

ハードディスク
パソコンやサーバに
組み込まれている記憶装置

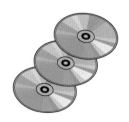
光磁気ディスク
CD、DVD、BDなどの
可搬型ディスク

文書はメディア（媒体）に記録されています。そのライフサイクルの中でメディアの移行が行われます。

紙やマイクロフィルム

・すぐに読める媒体で長期保存に適している

・永久保存のためには適切な保存環境が必要

ハードディスク

・電子文書の作成や利活用のために、幅広く使われる

・突然の停電や機械障害に備えて、不断にバックアップが必要

・大型装置では特別な空調やセキュリティ管理など、厳格な運用が必要

DVDやBD等の光ディスク

・可搬型の大容量・保存メディアとして、幅広く使われる

・長期保存のためには、適切な保存環境を維持する他、定期的な媒体変換やシステムの維持が必要

> ▶▶▶ **参考:**
>
> 電子化文書長期保存のためのBlu-ray Disc検査基準
> 及び取り扱いに関するガイドライン
> https://www.jiima.or.jp/wp-content/uploads/basic/7_JIIMA_
> guideline.pdf
>
> JIIMA長期保存用光ディスクを用いたアーカイブガイド
> ライン
> https://www.jiima.or.jp/wp-content/uploads/policy/Opticaldisk_
> acive_guideline201310.pdf

磁気テープ

・大容量ハードディスクのバックアップ用に使われる

・長期保存のためには、適切な保存環境を維持する他、定期的な媒体変換やシステムの維持が必要

USBなどの半導体メモリ

・小型可搬型の補助記録媒体として、幅広く使われる

・一時保存用の媒体であり、書き換え回数や保存期間に制約がある
・最近では大容量化し長期保存媒体としての利用も始まっている

1-6　電子契約について

　インターネットが普及し電子的な手段を用いた商取引は通常的な取引として用いられており、EDI、電子メール、インターネット等により様々な分野で広がっています。広義で、このような取引の手段を電子取引といいます。電子取引の広がりと合わせて、電子文書のやり取りだけで契約を締結する方法、いわゆる電子契約といった手段も広がっています。

　そこで、JIIMAでは、これから電子契約を導入しようと検討する企業や、すでに活用し始めている企業を対象として、電子契約とはどのようなものか、関連する法令、技術、運用のポイントなどをまとめたガイドラインを解説しています。詳細は、JIIMAのWebサイトをご参照ください。

▶▶▶ **参考：**電子契約活用ガイドライン V2.0
https://www.jiima.or.jp/wp-content/uploads/policy/denshikeiyaku_guideline_ver_2.pdf

参考：『5分で分かる電子契約』電子契約活用ガイドライン小冊子
https://www.jiima.or.jp/wp-content/uploads/pdf/gohundewakarudensikeiyaku_20220311r1.pdf

1-7　電子文書・電子化文書のポイント

紙文書と電子データの相違

紙文書

直接目で見ることができる
改ざんすれば痕跡が残る
原本とコピーが容易に区別できる
紙の状態等から作成時期の見当がつけやすい
保存状態が良好の場合、長期保存しても問題が起こりにくい

電子データ

そのままでは目に見えないため、パソコン等が必要となる
痕跡を残さずに改ざんができる
原本と全く同一のコピーが作成できる
ファイルの日付は書換え可能であり、作成時期の確定が難しい
長期保存の場合、データの消失や互換性の喪失の恐れがある

2004年3月　（社）日本経済団体連合会
「税務書類の電子保存に関する報告書」

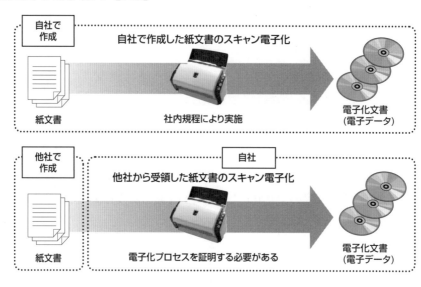

紙文書の電子化の考え方

自社で
作成

自社で作成した紙文書のスキャン電子化

紙文書

社内規程により実施

電子化文書
（電子データ）

他社で
作成

自社

他社から受領した紙文書のスキャン電子化

紙文書

電子化プロセスを証明する必要がある

電子化文書
（電子データ）

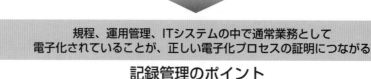

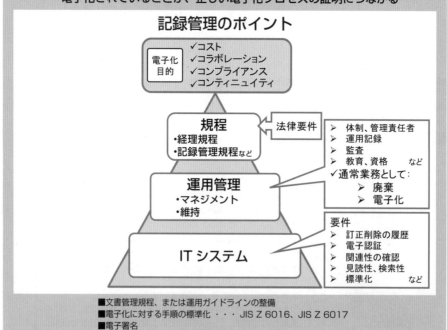

規程、運用管理、ITシステムの中で通常業務として
電子化されていることが、正しい電子化プロセスの証明につながる

記録管理のポイント

電子化
目的

✓コスト
✓コラボレーション
✓コンプライアンス
✓コンティニュイティ

規程
・経理規程
・記録管理規程など

法律要件

➤ 体制、管理責任者
➤ 運用記録
➤ 監査
➤ 教育、資格　　など
✓通常業務として：
　➤ 廃棄
　➤ 電子化

運用管理
・マネジメント
・維持

要件
➤ 訂正削除の履歴
➤ 電子認証
➤ 関連性の確認
➤ 見読性、検索性
➤ 標準化　　　など

ITシステム

■文書管理規程、または運用ガイドラインの整備
■電子化に対する手順の標準化 ・・・ JIS Z 6016、JIS Z 6017
■電子署名
■タイムスタンプによる存在の第三者証明　など

1-8 JIS Z 6016 紙文書及びマイクロフィルム文書の電子化プロセス

参考：JIS Z 6016 ◀◀◀
規格本文は一般財団法人日本規格協会webストアから購入できます。

電子文書・電子化文書を取り扱ううえで、基準とすべき規格があります。JIS Z 6016は、紙文書またはマイクロフィルム文書を電子化する手順を示すと同時に、イメージングの最も基本となる仕様を示す規格です。

標準化の背景

JIS Z 6016は、インターネットを経由した情報交換や業務効率の改善／スピードアップを目的とした電子化文書の増大と文書管理に関する法的規制やコンプライアンス（法令遵守）の観点から、プロセスの標準化が望まれ、2003年に制定されました。

さらにe-文書法の四つの要件—見読性・完全性・機密性・検索性に対応した2008年の改正を経て、2015年版では、関連規格であるJIS Z 6017及び国際規格との整合性を図った規格に改正されました。従来の規格との大きな変更点は管理規程を明確にし、エビデンスとして残すこととなっています。

1-9 JIS Z 6016 電子化プロセスの管理規程

2015年のJIS Z 6016の大きな改正ポイントとして、電子化プロセスに対する組織の関わりと管理規程の明文化があげられます。

組織との関わりと対象文書の明確化

文書の電子化においては、電子化に対する組織の目的と対象文書の業務・法的価値の抽出を行います。組織の目的・抽出した価値と現状との差異を課題として明確にします。業務の一連の記録が、正当に実施したエビデンスとして認められるように必要要件を満たした規程を作成します。規程は必要に応じて見直し・改訂し、作業の改善を図ります。

組織の責任者の責務／組織の役割とその運用

組織の責任者は以下について実施していきます。
・業務目的・電子化方針・関連する業務・セキュリティポリシーを定め明文化すること
・必要に応じて見直し・改善をすること

・電子化プロセスでの組織の役割・運用、組織内の指示系統と関係するメンバーの役割を明確にすること

計画

　電子化プロセスの作業実施計画の策定時に、先に抽出した課題や、必要とされる品質要求を考慮して計画し、成果を確実にするようにします。

支援

　組織は、電子化のプロセスの作成、その実施・維持をするために不可欠なリソースを決定して、提供します。
・リソース（不可欠な人員、機材など）
　適格な人員の力量の確認・教育と、その力量を証拠とする情報の保持
・電子化プロセスの品質基準の決定
・新しい情報入手による法的・技術要件の維持
・業務維持のための監査及び監査基準の設置
・文書管理業務の管理規程の作成と明文化
・作業内容のマニュアル化

オペレーション

・作業マニュアルの作成・更新の記録と、マニュアルに従って作業をしたことを記録すること
・システムの動作証跡の取得と、監査証跡のすべてのデータに対してそのプロセス・イベントの日付および時刻を認識可能とすること

1-10　JIS Z 6016 電子化文書の仕様及び入出力装置の設定

解像度 ：原稿をどれだ ◀◀◀
けの細かさで読み取る
かを示すものです。単
位は通常dpi（dot per
inch）が用いられ、1イン
チ（25.4mm）をいくつの
ドット画素で読み取るか
を表しています。

解像度

　必要以上に高い解像度はファイルサイズを増大させるため、読み取る文書の目的や原稿に含まれる文字の大きさに応じて適切な設定を行います。一般的な目安は以下の値です。

　　一般的な目安： 8 ドット/mm（200dpi）
　　　　　　　　　 12 ドット/mm（300dpi）
　　　　　　　　　 16 ドット/mm（400dpi）

階調

対象とする文書の内容や用途に応じて、カラーかモノクロ（二値又はグレー）を選択します。電子化した場合、文字は二値よりグレー（多値）の方が再現性に優れています。

またカラーはRGB各256階調あれば情報は十分に再現されます。

> **階調**：一番明るいところから、一番暗いところまでを何段階に分解するかを表したものです。モノクロの原稿であっても、省令の要件によってはカラーで読み取る必要があります。

圧縮

圧縮の方式には以下の二つがあります。

圧縮の強さ（圧縮率）は、画像を復元して、圧縮で損われる影響が許容できるレベルであるかどうかを確認して行います。

・可逆圧縮：データの損失が全く起こらない圧縮方式
　一般的に圧縮率は低い
・非可逆圧縮（不可逆圧縮）：データを完全には復元できないが、圧縮率が高いため、画像データの圧縮に適用されるケースが多くある

> **圧縮**：画像はファイルサイズが大きくなるため、一般的に非可逆圧縮が多く用いられます。
>
> **参考**：e-文書法 電子化ガイドライン
>
> 各省庁によって入力要件が異なります。4−2 主な省庁が示すスキャン時の設定 P58

ファイル形式

入力時の文書内容を保持し、長期保存後も復元できるファイル形式が望ましく、広く公開・使用されているフォーマットであるTiffまたはPDF形式を推奨します。

テストチャート（試験標板）などの記録

電子化文書の品質（階調や色再現性）を証明するために、試験標板と文書管理標板の読み取り画像を同一媒体の始めか終わりの適切なところに記録します。

> **参考**：4−7 画像品質の検査項目 ISO 12653-3 スキャナ用テストチャート P62

1-11　JIS Z 6016 電子化の標準的な流れ

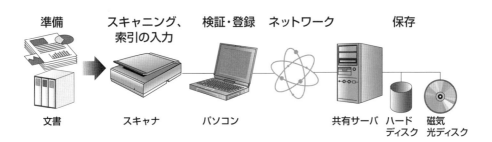

準備　　スキャニング、索引の入力　　検証・登録　ネットワーク　　保存

文書　　スキャナ　　パソコン　　共有サーバ　ハードディスク　磁気光ディスク

スキャニング作業前の準備及び点検

スキャニングする文書の種類に対し、適用する解像度や階調・ファイル形式・圧縮は、あらかじめ文書管理規程等で決めておきます。

- ・紙にクリップ、ステープル、付箋、紙折れ、しわ、汚れ、紙粉の付着などがないことを確認
- ・スキャナの読み取り部、用紙の搬送部に紙粉などのゴミ、汚れがないことを確認
- ・決めた解像度、階調、ファイル形式、圧縮で実際に文書を電子化して適切であることを確認

> ▶▶▶ **注意**：スキャニング漏れがないよう、スキャニングする文書の枚数を事前に確認しておくことも大切です。

必須索引項目：
- ・作業日時　・作業者
- ・監督者　　・ページ数
- ・キーワード

スキャニング、索引の入力

◀◀◀ スキャニングされた電子化文書には、管理規程で定めた検索用の索引を入力します。OCRを適用した入力方法もあります。入力の時点から、検索を意識した索引のつけ方が重要であり、一定の規則体系に従って行います。検索には、キーワード検索、全文検索などがありますが、台帳に文書の索引を記録することも後の検索に有効な方法です（台帳による管理）。

画像の検証、電子署名及びタイムスタンプの付与

入力した文書に対して、画像の品質検査を行うとともにその検査記録を保管します。

また法令や文書管理規程に則って電子署名やタイムスタンプを付与し、改ざんの検知を可能にします。

登録

電子化された文書はパソコンまたは共有サーバなどに登録します。登録時には、元の紙文書が電子化文書として正しく登録されたかを確認します。

電子化文書の活用と長期保存

JIS Z 6017：長期にわたるハード及びシステム、見読性維持、媒体移行、廃棄について規定しています。規格本文は一般財団法人規格協会Webストアから購入できます。

◀◀◀ 電子化文書の利用方法・検索方法は運用規程に定めた統一的なルールのもと活用します。その際にはセキュリティにも十分配慮します。長期保存についてはJIS Z 6017 電子化文書の長期保存方法を参照してください。

1-12　JIS Z 6016　システム及び画像品質検査

システムに関する検査

　作成した電子化文書が、文書管理システムにとって適切なものかを確認します。

・解像度、階調、ファイル形式及び圧縮の強度など

　また、ソフトウェアの変更やアップグレードの有無に関しても注意します。

参考：画像品質の判 ◀◀◀
断は見る人により異な
り、数値化などの客観
的な判断は難しい分野
です。しかし文書管理
責任者は、読み取る文
書に応じて、見るべきポ
イント及び判断基準を
定め、指導を行う必要が
あります。テストチャート
には各種パターンが印
刷されており、システム・
装置状態の判断基準
に用いることを推奨しま
す。4-7 画像品質の
検査項目 P62

画像品質検査

・テストチャートの使用

　ISO 12653-3スキャナ用テストチャートを利用します。

・主な検査項目

　欠損、傾き、濃度、ゴミ・しわ・すじ、色再現性、色のずれ、モアレなどを確認します。解像力・階調についても検査します。

検査記録の保管

　システム及び画像の検査記録は保存します。

索引の検査

　電子化文書に対して各種の検索を行い、該当する文書が正しく表示されることを検査します。誤りがあれば、設定条件を訂正し、再度検査を行います。

1-13　JIS Z 6016　電子化文書のセキュリティ対策

リスク管理

日常のバックアップ

　日々登録される文書を当日中に別の記録媒体などにバックアップファイルを作成します。

保存用のバックアップ

　使用機器の故障や災害に備え、光ディスク系記録媒体などでバックアップファイルを作成します。このファイルは災害が及ばないよう別の場所に保存します。

電子化文書のセキュリティ対策

アクセス管理

・参照権限の設定	特定の人またはグループに参照権限を与える
・更新権限の設定	管理責任者以外には更新権限を与えない
・アクセスログの取得・保存	ログ（保存、参照、更新、廃棄、日時、氏名など）を記録し、保存する

ネット上の外部侵入者対策

　外部からの不正アクセスに備え、ファイアウォールなどの対策を講じます。

電子化文書の保存場所

　防災、鍵などを備えた不法侵入対策などの安全対策を施し、入退出者及び文書とその関連物品の搬入・搬出管理を的確に行います。

1-14　保存と廃棄

長期保存への配慮

参考：長期保存と媒体移行はJIS Z 6017 電子化文書の長期保存方法を参照してください。光ディスクとマイクロフィルムを併用する保存方法はISO11506が有効です。

ファイル形式

　特定のアプリケーションに依存しない、広く公開され規格化されたフォーマットであるTiff、PDF形式を推奨します。

保存媒体の選択

　10～30年の保存媒体としては、光ディスク（CD、DVD、BDなど）が有効です。30年～数百年の保存には、マイクロフィルムが推奨されています（ISO 11506）。

媒体移行

　媒体や装置の劣化に対し、新たなメディアにデータを移行し対応します。

参考：廃棄は「リサイクル法」、「廃棄物処理法」や各自治体の関連条例に従って行ってください。

文書の廃棄

　文書管理規程に基づき保存満了した文書は、管理責任者の決裁を受けたのち廃棄します。ただし、その時点で適用される法令などを遵守しなければなりません。情報の守秘が必要なものに関しては処理業者と契約し、立会いのもとで廃棄することを推奨します。

第2章

「e-文書法」とは

2-1 e-文書法とは

　2004年2月政府は、IT規制改革の推進の一つとして「e-文書イニシアティブ」を取り決めました。

　「e-文書イニシアティブ」とは、法令により義務付けられている紙での保存等が、民間事業者の経営活動や業務運営の効率化の疎外要因となっているため、電子的な保存等を容認することにより民間事業者の負担軽減を図るための施策のことです。そこでは、「近年の情報技術の進展等を踏まえ、文書・帳票の内容、性格に応じた真実性・可視性等を確保しつつ、原則としてこれらの文書・帳票の電子保存が可能となるようにすることを統一的な法律（通称「e-文書法」）の制定等により行うこととする。」と定められました。

　この法律は、民間事業者に保存が義務付けられている書類の電子保存を原則全て容認するための所要の法整備を行うもので、正式名称「民間事業者等が行う書面の保存等における情報通信の技術の利用に関する法律」を指します。

　e-文書通則法は、民間事業者等が電磁的記録による保存等をできるようにするための共通事項を定めたものであり、通則法形式の採用により、約250本の法律による保存義務について、法改正せずに電子保存が容認されます。

　また、e-文書整備法は、文書の性質上一定の要件を満たすことを担保するために行政庁の承認等特別の手続きが必要である旨の規定等、e-文書通則法のみでは手当てが完全でないもの等について、約70本の個別法の一部改正により、所要の規定を整備しています。

e-文書法で規定する"保存等"とは、実際には保存だけでなく、

　・電磁的記録による保存（第3条）

　・電磁的記録による作成（第4条）

　・電磁的記録による縦覧等（第5条）

・電磁的記録による交付等（第6条）

が含まれており、文書の作成から交付、縦覧、保存まで、それぞれの主務省令で定めるところにより、電子的・電磁的記録で行う事ができるものとされています。

　したがって、具体的な電子化要件については、2005年4月の「e‐文書法」施行に合わせて、各省から出された省令（施行規則）に規定されています。

　なかでも保存量が多い国税関係書類については、主務省である財務省から、2005年1月31日に出された「財務省令第一号」により「電子計算機を使用して作成する国税関係帳簿書類の保存方法等の特例に関する法律施行規則」（通称、電子帳簿保存法施行規則）が改訂され、同年4月1日から施行されました。これにより、国税関係書類のスキャナ保存が容認されるようになりました。その後、要件緩和が続いています。「e‐文書法」施行以降は、文書の電子保存に関わる法律は、その法律の中に「電磁的記録」に関する直接の記述があります。

具体例：「会社法」（2005年7月26日◀◀◀公布、2006年5月1日施行）の第442条3（3）「計算書類等が電磁的記録をもって作成されているときは、…」とあります。

これまで
紙書類を倉庫や事務所に大量保管

<e-文書法によって電子化が可能になった書類の例>
・証憑書類　・振替伝票　・営業報告書　・財産目録
・事業(業務・事務)報告書　・付属明細書
・組合員(会員、加入員)名簿　・議決権行使書
・規約等　・資産負債状況書類
・社債権者集会議事録・謄本　・社債原簿・謄本
・総会議事録(創立総会含む)　・取締役会議事録
・定款　など
※経済産業省「文書の電子化・活用ガイド」を一部変更

今後
CD/DVD、ストレージ、クラウドサービスなどに電子的に保存

スキャナで入力

署名
時刻

電子データ

行政における主な文書の電磁的保存等およびe‐文書法の検討経緯

年　月	検討経緯
1988年　5月	旧厚生省が「診療録等の記載方法について」を関係機関に通知
1994年　3月	旧厚生省が「エックス線写真等の光磁気ディスク等への保存について」を関係機関に通知
1996年　6月	高度情報通信社会推進本部制度見直し作業部会が報告書を発表
1996年　12月	旧通商産業省が「通商産業省における電磁的保存の取組みについて」を発表
1997年　3月	旧通商産業省が「電磁的方法による保存等をする場合に確保するよう努めなければならない基準」を発表

1998年 3月	法務省が「電子取引法制に関する研究会（制度関係小委員会）報告書」を発表
1998年 3月	電子帳簿の作成、保存を容認する「電子計算機を使用して作成する国税関係帳簿書類の保存方法等の特例に関する法律（電子帳簿保存法）」の成立（同年7月1日より施行）
1998年 11月	高度情報通信社会推進本部が「高度情報通信社会推進に向けた基本方針」を決定
1999年 4月	旧厚生省が「診療録等の電子媒体による保存について」を公示（同時期に、高度情報社会医療情報システム構築推進事業として「法令に保存義務が規定されている診療録及び診療諸記録の電子媒体による保存に関するガイドライン」を通知）
1999年 4月	旧総務庁の共通課題研究会が中間報告（電子文書の原本性確保方策を中心として）を発表
1999年 12月	法務省が「電子取引法制に関する研究会（実体法小委員会）報告書」を発表
2000年 3月	旧総務庁の共通課題研究会が最終報告書「インターネットによる行政手続の実現のために」を発表
2000年 5月	電子署名の法的効力や認証業務に関する認定制度等を定める「電子署名及び認証業務に関する法律」が成立（2001年4月より施行）
2000年 11月	民間における書面の交付等について電子的手段を容認する「書面の交付等に関する情報通信の技術の利用のための関係法律の整備に関する法律（IT書面一括法）」が成立（2001年4月より施行）
2001年 1月	IT戦略本部が「e-Japan 戦略I」を決定
2001年 2月	経済産業省および環境省が「電磁的方法による保存等をする場合に確保するよう努めなければならない基準の一部を改正する告示」を公示
2001年 6月	金融庁が「EDINET（有価証券報告書等の電子開示システム）」を開始（2002年5月には内閣府が「開示用電子情報処理組織による手続の特例等に関する内閣府令」を公示）
2001年 12月	計算書類の電磁的記録による作成等を容認する「商法等の一部を改正する法律」が成立（2002年4月より施行）
2002年 12月	オンラインによる行政手続を可能とし、電磁的記録による縦覧や作成等も容認する「行政手続等における情報通信の技術の利用に関する法律（行政手続オンライン化法）」が成立（2003年2月より施行）
2003年 7月	IT戦略本部が「e-Japan 戦略II」を決定
2004年 2月	IT戦略本部が「e-Japan 戦略II加速化パッケージ」を決定（「eー文書イニシアティブ」および「e-文書法の制定」を規定）
2004年 6月	電子公告制度の導入を定める「商法等の一部を改正する法律」が成立（2005年2月より施行）
2004年 6月	IT戦略本部が「e-Japan 重点計画-2004」を決定（「e-文書法」の立案方針等を策定）
2004年 9月	厚生労働省の「医療情報ネットワーク基盤検討会」が最終報告「今後の医療情報ネットワーク基盤のあり方について」を発表
2004年 11月	e-文書法（「民間事業者等が行う書面の保存等における情報通信の技術の利用に関する法律」および「民間事業者等が行う書面の保存等における情報通信の技術の利用に関する法律の施行に伴う関係法律の整備等に関する法律」）が成立
2004年 11月	総務省が「タイムビジネスに係る指針（ネットワークの安心な利用と電子データの安全な長期保存のために）」を発表
2005年 1月	経済産業省が「文書の電磁的保存等に関する検討委員会中間報告書ー文書の電磁的保存等の要件についてー」を発表
2005年 1月	電子公告制度の導入に伴い、法務省が関連規則等を整備（「電子公告に関する規則」の制定および「商法施行規則」の改正）
2005年 2月	IT戦略本部が「IT 政策パッケージ-2005」を決定
2005年 3月	「電子計算機を使用して作成する国税関係帳簿書類の保存方法等の特例に関する法律」改正（同年4月1日より施行）
2005年 4月	e-文書法が施行（4月1日より）
2006年 6月	特許庁が「先使用権制度の円滑な活用に向けて ー戦略的なノウハウ管理のためにー」を発表
2007年 3月	環境管理における公害防止体制の整備の在り方に関する検討会（環境省及び経済産業省）が「公害防止に関する環境管理の在り方」に関する報告書」を発表
2010年 2月	厚生労働省が「医療情報システムの安全管理に関するガイドライン 第4.1版」を発表

2010年 9月	文部科学省が「指導要録等の電子化に関する参考資料」を発表
2011年 4月	一般社団法人保健医療福祉情報システム工業会が「保存が義務付けられた診療録等の電子保存ガイドライン第三版」を発表
2011年 6月	経済産業省が「電子商取引及び情報財取引等に関する準則」を発表
2012年 3月	社団法人建築業協会（現 一般社団法人建設業連合会）が「建築工事における書類・図面の電子化／保存ガイドライン（第2版）」を発表
2013年 10月	厚生労働省が「医療情報システムの安全管理に関するガイドライン 第4.2版」を発表
2015年 1月	特許庁が「先使用権制度ガイドライン（事例集）」（2006年6月版の改訂）を発表
2015年 3月	「電子計算機を使用して作成する国税関係帳簿書類の保存方法等の特例に関する法律施行規則」改正（同年9月30日より施行）
2016年 1月	財務省が「平成28年度税制改正大綱 閣議決定」を公表 国税関係書類に係るスキャナ保存制度の見直しとして、スキャナについて、原稿台と一体型に限る要件を廃止し、デジタルカメラ、スマートフォン等の機器も認められる（同年9月30日より施行）
2016年 3月	・「電子計算機を使用して作成する国税関係帳簿書類の保存方法等の特例に関する法律施行規則」改正（同年9月30日から施行） ・厚生労働省が「医療情報システムの安全管理に関するガイドライン 第4.3版」を発表
2017年 5月	厚生労働省が「医療情報システムの安全管理に関するガイドライン 第5版」を発表
2017年 7月	電子帳簿保存法一問一答（スキャナ保存関係）（同月4日公開）
2019年 3月	「電子計算機を使用して作成する国税関係帳簿書類の保存方法等の特例に関する法律施行規則」改正（過去分重要書類のスキャナー保存等）
2019年 7月	電子帳簿保存法取扱通達、電子帳簿保存法一問一答改訂 運用の見直し（JIIMA認証ソフトによる承認申請の簡略化等）
2020年 3月	「電子計算機を使用して作成する国税関係帳簿書類の保存方法等の特例に関する法律施行規則」改正（電子取引保存要件に送信側タイムスタンプと訂正削除のできないシステム追加等）
2020年 7月	電子帳簿保存法取扱通達、電子帳簿保存法一問一答改訂（電子取引の一問一答新設） 運用の見直し（キャッシュレス決済の明細データが電子取引情報に該当する等）
2021年 1月	厚生労働省が「医療情報システムの安全管理に関するガイドライン 第5.1版」を発表
2021年 3月	「電子計算機を使用して作成する国税関係帳簿書類の保存方法等の特例に関する法律施行規則」改正（申請制度廃止、事務処理要件撤廃、罰則の強化、電子取引の電子保存厳格化等）
2021年 4月	時刻認証業務の認定に関する規程を定める件（令和3年総務省告示第146号） （時刻認証業務の総務大臣認定による認定制度）
2021年 7月	電子帳簿保存法取扱通達、電子帳簿保存法一問一答改訂 運用の見直し（スキャナ保存のタイムスタンプ代替要件等）
2021年 12月	「電子計算機を使用して作成する国税関係帳簿書類の保存方法等の特例に関する法律施行規則」改正（電子取引の宥恕措置の施行日等）
2022年 3月	「電子計算機を使用して作成する国税関係帳簿書類の保存方法等の特例に関する法律施行規則」改正（総務大臣認定によるタイムスタンプ付与等）
2022年 6月	電子帳簿保存法取扱通達、電子帳簿保存法一問一答改訂
2023年 3月	「電子計算機を使用して作成する国税関係帳簿書類の保存方法等の特例に関する法律施行規則」改正（過少申告加算税軽減措置の対象帳簿の範囲の合理化・明確化、電子取引の猶予措置等）
2023年 5月	厚生労働省が「医療情報システムの安全管理に関するガイドライン 第6.0版」を発表
2023年 6月	電子帳簿保存法取扱通達、電子帳簿保存法一問一答改訂 運用の見直し（電子取引の猶予措置等）

※「文書の電磁的保存等に関する検討委員会報告書」より一部抜粋

2-2 「e-文書法」対象法律

　内閣官房を中心に精査した結果、e-文書法により措置する法律数は、約250本あります。

内閣府	3	文部科学省	12
警察庁	11	厚生労働省	67
金融庁	28	農林水産省	31
総務省	10	経済産業省	43
法務省	21	国土交通省	41
外務省	2	環境省	11
財務省	16	合計（重複なし合計）	296(251)

◀◀◀ **財務省関係：**相続税法、所得税法、法人税法、消費税法、高区税通則法、関税法、通関業法等

法律の本数は今後の精査・調整等により変動があり得る。
※e-Japan 重点計画2004「e-文書イニシアティブについて」より

2-3　各省庁のe-文書法に関連する施行規則やガイドライン等

　e-文書法の施行に伴い、電磁的記録による保存等が容認された国税、医療、建築等の代表的な分野は、以下の各省から出されている施行規則やガイドライン等に基づきます。電子的な作成や電子保存の要件はそれらの要件に準拠して行う必要があります。

財務省（国税庁）

e-文書法に伴う主な施行規則

・電子計算機を使用して作成する国税関係帳簿書類の保存方法等の特例に関する法律施行規則（平成十年大蔵省令第四十三号）

関連する通達・ガイドライン等

電子帳簿保存法取扱通達解説（趣旨説明）

電子帳簿保存法 一問一答

　【電子計算機を使用して作成する帳簿書類関係】

　【スキャナ保存関係】

　【電子取引関係】

▶▶▶ **参考：**付録2〜4に全文掲載しています。

財務省

e-文書法に伴う法や施行規則

財務省の所管する法令の規定に基づく民間事業者等が行う書面の保存等における情報通信の技術の利用に関する規則（平成十七年財務省令第十六号）

関税法第（7条の9など）、関税法施行規則

総務省

e-文書法に伴う施行規則

・地方税法施行規則

地方税関係帳簿書類のスキャナ保存に関して第25条に規定。

経済産業省

関連する通達・ガイドライン等

・医療情報を取り扱う情報システム・サービスの提供事業者における安全管理ガイドライン

　https://www.meti.go.jp/policy/mono_info_service/healthcare/teikyoujigyousyagl.html

　医療情報を電子的に作成し保存する際の安全を確保するため、医療情報を取り扱う情報システムやサービスを提供する事業者に対して、医療情報の効果的・効率的な安全管理の実現を目指すため、総務省及び経済産業省がそれぞれ策定したガイドラインを整理・統合。

厚生労働省

e-文書法に伴う主な施行規則

・厚生労働省の所管する法令の規定に基づく民間事業者等が行う書面の保存等における情報通信の技術の利用に関する省令（平成十七年厚生労働省令第四十四号）

関連する通達・ガイドライン等

・医療情報システムの安全管理に関するガイドライン　第6.0版（令和5年5月）

　https://www.mhlw.go.jp/stf/shingi/0000516275_00006.html

　医療関連文書のスキャニング保存について規定。

文部科学省

e-文書法に伴う施行規則

・文部科学省の所管する法令の規定により民間事業者等が行う書面の保存等における情報通信の技術の利用に関する省令（平成十七年文部科学省令第三十一号）

関連する通達・ガイドライン等

・指導要録等の電子化に関する参考資料（文部科学省初等中等教育局教育課程課　平成22年9月）

　https://www.mext.go.jp/component/a_menu/education/micro_detail/__icsFiles/afieldfile/2019/04/15/1414834_6_1.pdf

　指導要録等の作成・保存について規定。電子署名や暗号化技術、タイムスタンプ等による真実性の担保、改ざん防止が謳われている。

国土交通省

e-文書法に伴う施行規則

・国土交通省の所管する法令に係る民間事業者等が行う書面の保存等における情報通信の技術の利用に関する法律施行規則（平成十七年国土交通省令第二十六号）

関連する通達・ガイドライン等

・デジタル社会の形成を図るための関係法律の整備に関する法律等の施行に伴う
建築士法等の一部改正について（技術的助言）国住指第1338号、国住指第
1339号（令和3年9月1日）

　https://www.njr.or.jp/data/law/mlit_20210901_dtshiho_gj1338.pdf
　https://www.njr.or.jp/data/law/mlit_20210901_dtshiho_gj1339.pdf

　建築士法および同施行規則の法改正により、設計図書への押印が不要になっ
たので電子署名の必要がないことや、工事監理報告書の建築主への提供は
PDFとすることなどを通達。

・建築設計業務における設計図書の電磁的記録による作成と保存のガイドライン
（公益社団法人 日本文書情報マネジメント協会ガイドライン検討会　2017年12
月Ver. 1.0　2018年3月Ver. 1.1　2019年11月Ver.1.2　2023年11月Ver.2.0）

　https://www.jiima.or.jp/wp-content/uploads/policy/kentiku_v.2.0.pdf

　設計図書への押印が不要となり、これに伴って電磁的記録による作成と保存
時に電子署名が不要となったため、2023年11月にVer.2.0として大幅改訂を
行った。

法務省
e-文書法に伴う施行規則
・会社法施行規則（平成十八年二月七日法務省令第十二号）
　取締役会議事録等の電子的作成、電子保存を規定。

電子文書に関連するその他のガイドライン等
特許庁
・ガイドライン「先使用権制度の円滑な活用に向けて」

　https://www.jpo.go.jp/system/patent/gaiyo/senshiyo/document/index/senshiyouken_
　2han.pdf

　先使用権の保護や立証を目的として、知財関連文書にタイムスタンプや電子署
名を付与することを紹介。

公認会計士協会
・IT委員会研究報告第38号、IT委員会研究報告第57号
　電子的媒体又は経路による確認に関する監査上の留意点が記載。電子的回答
と監査証拠の証明力として、電子的回答においては、信頼し得るPKIとタイム
スタンプのような情報技術の組み合わせで一定の証拠性が見込まれる、また、
電子署名とタイムスタンプを付与することにより、紙の契約書と同等の法的効

21

力を持たせていると記述。

各府省情報化統括責任者(CIO)連絡会議

・行政手続きにおけるオンラインによる本人確認の手法に関するガイドライン

https://www8.cao.go.jp/kisei-kaikaku/suishin/meeting/bukai/20190311/190311bukai07.pdf

「長期保存した文書の完全性及び非否認性を示すためには、タイムスタンプ署名を定期的に施すなどの処置をすべきである」と記述。

環境省・経済産業省

・事業者向け公害防止ガイドライン

https://www.meti.go.jp/policy/energy_environment/kankyokeiei/kougaiboushi/kougaiboushi_gideline.pdf

「データ改ざんが物理的に不可能な計測システムや、電子署名、タイムスタンプを活用する」と記述。

2-4 「e-文書法」が施行されたため

　紙による原本保存が義務化されている文書や帳票を電子化したイメージデータを原本として保存が容認されたことで、紙文書の電子化の流れが加速されました。

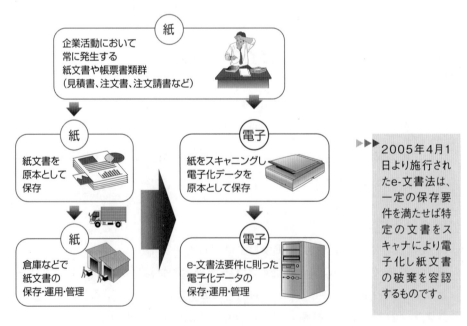

企業活動において常に発生する紙文書や帳票書類群（見積書、注文書、注文請書など）

紙文書を原本として保存

倉庫などで紙文書の保存・運用・管理

紙をスキャニングし電子化データを原本として保存

e-文書法要件に則った電子化データの保存・運用・管理

▶▶▶ 2005年4月1日より施行されたe-文書法は、一定の保存要件を満たせば特定の文書をスキャナにより電子化し紙文書の破棄を容認するものです。

　今までのように紙文書として保存すると、それに関わる運送コスト、倉庫保管コスト及び参照が必要になった時にすぐ取り出せるようにする管理コストなどの費用がかかってきます。経団連の試算によると、税務関係書類の紙による保存コストは国内で年間約3,000億円といわれています。

　これをスキャニングした電子化文書として保存すると、紙文書保管コストの削減に加え、電子化文書の共有や検索・回覧が迅速かつ容易になります。

2-5　経済産業省のガイドライン

文書の「類別」に応じた要件

保存要件		①規定しない	②努力基準を置く		③厳格な要件を課す
			当事者のみに影響	当事者以外に影響	
必要に応じ、表示または書面作成できる	見読性		○		
滅失、毀損、改変、消去の確認及び抑止措置	完全性	－	－	○／△	○
不正アクセスの抑止措置	機密性	－	－	△	○／△
検索できるよう体系化	検索性	－	文書の記載された内容等を踏まえ必要な程度で要件を選択		

○:義務規程を置く　△:要件規程を努力基準として適用　－:特に規程を置かない

狙い

「e-文書法」対象文書の拡大により、文書の電子化を促進

※経済産業省「文書の電磁的保存等に関する検討委員会」中間報告書
〜文書の電子化を促進するための企業向けガイドラインについて〜（平成17年1月11日）より

用語の定義：
見読性：電子文書・電子化文書の内容が必要に応じ電子計算機その他の機器を用いて、直ちに表示又は書面に出力できるよう措置されること。国税関係の要件では「可視性」と言われる。

完全性：電子文書・電子化文書の内容が故意や過失による虚偽入力、書換え（改ざん・すり替え）、消去、混同、隠滅、廃棄などがされていないこと。かつ改変・改ざんなどの事実の有無が確認・検証できること。国税関係の要件では「真実性」と言われる。

機密性：電子文書・電子化文書へのアクセスが許可されていないものからのアクセスを防止し、電子文書等の盗難、漏洩、盗み見、改ざん、消去などを未然に防止するよう保存・管理されること。

検索性：電子文書・電子化文書は目で見えないため、アクセスする際に目次データ等の手段を用いて、電子文書等がすみやかに検索することができるよう措置されること。見読性確保のための要件の一つ。

2-6 厚生労働省のガイドライン

医療情報システムの安全管理に関するガイドライン（第6.0版）

厚生労働省医政局にて2003年6月（平成15年）に設置された「医療情報ネットワーク基盤検討会」により、それまでに発行された診療録等の電子保存に関するガイドラインの統合、及び医療・介護関連機関における個人情報保護のための情報システム運用管理ガイドラインを含んだガイドラインとして作成の検討が始まりました。

ガイドラインの統合：「法令に保存義務が規定されている診療録及び診療諸記録の電子媒体による保存に関するガイドライン」（平成11年4月）、及び「診療録等の外部保存に関するガイドライン」（平成14年5月）

その後、同年12月のe‐文書法の制定を受けて、同省からも「e‐文書法省令（厚生労働省の所管する法令の規定に基づく民間事業者等が行う書面の保存等における情報通信の技術の利用に関する省令［平成17年3月25日厚生労働省令第44号］）」が発出、スキャナ保存に関する章もガイドラインに追加され、2005年3月に医療情報システムの安全管理に関するガイドライン」（厚労省ガイドライン）として、初版が発行され、2021年（令和3年）には情報セキュリティの観点から医療機関等が遵守すべき事項等の規定を設けるなどの改定を加えました。

注意：令和5年5月に第6.0版が発行されています。必ず最新版を厚生労働省のホームページで確認してください。

また、2023年（令和5年）には医療情報システムに対するサイバー攻撃の一層の多様化・巧妙化が進み、医療機関等における診療業務等に大きな影響が生じていること等を踏まえ、医療情報システムの安全管理の実効性を高めることを目的に、全体構成として、本文を概説編、経営管理編、企画管理編及びシステム運用編に分け、各編で想定する読者に求められる遵守事項及びその考え方が示されています。

電子化保存等に関連する章と要件の概要

法令により保存が義務付けられている診療録、診療諸記録等の医療情報を電子保存する際は、この厚労省ガイドライン全般の要求事項に従う必要があります。

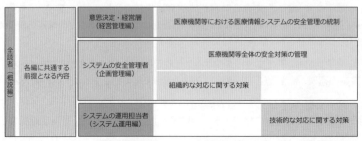

出典：『医療情報システムの安全管理に関するガイドライン第6.0版』より

・「企画管理編14 法令で定められた記名・押印のための電子署名」
・「企画管理編 1.1.2 医療情報システムに関係する法令（見読性、真正性及び保存性の確保）」
・「概説編4.7 医療情報の外部保存」
・「企画管理編16 紙媒体等で作成した医療情報の電子化」
があげられます。以下、それらの概要を記載します。

法令で定められた記名・押印のための電子署名

　企画管理編14章は、e-文書法（電磁的記録による作成）第4条3項、「氏名又は名称を明らかにする措置であって主務省令で定めるもの」に対応するもので、厚労省のe-文書法省令第7条では「電子署名法第2条1項の電子署名とする」とされています。厚労省ガイドラインでは、この章で法令により記名押印が義務付けられている文書を電子的に作成する際の電子署名の方法を具体的に示しており、法定保存期間中に電子署名の有効性を確認できる必要があり、長期署名が要件となっています。また企画管理編16章のスキャナ保存でもこの章を参照しており、スキャナで読み取った画像に対して作業責任者（実施者または管理者）の電子署名、タイムスタンプ（長期署名）を求めています。

医療情報システムに関係する法令（見読性、真正性及び保存性の確保）

　企画管理編1.1.2章には法定保存義務のある文書等の電子保存の要件として、見読性、真正性及び保存性の確保の三つの基準が示されており、電子保存の3原則とも呼ばれています。

見読性の確保について
・情報の内容を必要に応じて肉眼で見読可能な状態に容易にできること
・情報の内容を必要に応じて直ちに書面に表示できること

真正性の確保について
・故意または過失による虚偽入力、書換え、消去及び混同を防止すること
・作成の責任の所在を明確にすること

保存性の確保について
　電磁的記録に記録された事項について保存すべき期間中において復元可能な状態で保存することができる措置を講じていること

医療情報の外部保存

　外部と接続するネットワークを利用する際は、情報漏洩や不正アクセス等のリスクが生じる一方、適切な医療情報システム・サービス事業者に委託することで、専門的な知識に基づいて、必要な情報セキュリティ対策が講じられた環境での

医療情報やデータの管理が可能となる。そのため、医療情報システム・サービス事業者に一部の業務を委託する方が、結果としてより安全な情報セキュリティ対策を講じることが可能となることも想定される。つまり、医療機関等において取り扱う医療情報システムの種類や医療情報の量、組織体制などを勘案して、外部保存を適宜利用することも、安全管理との関係では重要な方策の一つです。

紙媒体等で作成した医療情報の電子化

　企画管理編16章は大きく五つの節により構成されており、要件の概要を以下のように示しています。

診療録等をスキャナ等により電子化して保存する場合の共通要件
（以下、「共通要件」）

・スキャナ等により電子化して保存する場合の手順書や情報機器等の条件について、医療に関する業務等に支障が生じることのないことを確認しつつ整理し、運用管理規程等に定めること

診療等の都度スキャナ等で電子化して保存する場合

・「共通要件」に加えて、改ざん動機が生じないと考えられる時間内に適切に電子化を行うこと

過去に蓄積された紙媒体等をスキャナ等で電子化して保存する場合

・「共通要件」に加えて、患者等の事前の同意を得て、厳格な監査を実施すること

紙の調剤済み処方箋をスキャナ等で電子化して保存する場合について

・調剤済み処方箋の電子化のタイミングにより、「診療等の都度スキャナ等で電子化して保存する場合」または「過去に蓄積された紙媒体等をスキャナ等で電子化して保存する場合」の対策を実施すること

・電子化した調剤済み処方箋を修正する場合、「元の」電子化した調剤済み処方箋を電子的に修正し、「修正後の」電子化した調剤済み処方箋に対して薬剤師の電子署名が必須で、電子的に修正する際には「元の」電子化した調剤済み処方箋の電子署名の検証が正しく行われる形で修正すること

企画管理編 Q-63「電子化した紙の調剤済み処方箋」を修正する場合、「『元の』電子化した紙の調剤済み処方箋」を電子的に修正し、「『修正後の』電子化した紙の調剤済み処方箋」に対して薬剤師の電子署名が必須となる。電子的に修正する際には、「『元の』電子化した紙の調剤済み処方箋」の電子署名の検証が正しく行われる形で修正すること」とあるが、電子保存した内容を再度プリントアウトして、訂正後に再度電子化して保存するといった運用でもよいか。

A
・過去の電子署名の検証が可能な状態を維持する形で、電子的に修正し、薬剤師の電子署名を付す必要がある。
・プリントアウトしたものに訂正を行い、再度スキャナ等により電子化して保存することは、真正性の確保の観点から適切ではない。
・紙の調剤済み処方箋を、一定期間バックアップとして保存し、修正の必要が生じた際に、紙の調剤済み処方箋を原本とした後に修正を行い、改めてスキャン等により電子保存する。

「医療情報システムの安全管理に関するガイドライン第6.0版」に関するQ&Aより

運用の利便性のためにスキャナ等による電子化を行うが、紙等の媒体も
そのまま保存を行う場合

・スキャナによる読み取り作業が適正な手続きで確実に実施される措置を講じる
　こと

2-7　文部科学省のガイドライン

指導要録等の電子化に関する参考資料

　文部科学省初等中学教育局から平成22年9月に発行された本資料では
・使用するコンピュータ
・電子データによる作成・保存
・指導要録の真実性の保持、データの滅失・毀損・改ざん防止
　などについて説明されています。

　この中で、指導要録には法令上の押印義務はないものの、「指導要録の真実
性を保持し，改ざんを防止することなどを目的として」、校長氏名印や学級担任
者氏名印が付されていることが示されています。
　したがって、指導要録を電子的に作成、保存する際にも「法令上必ずしも電
子署名をすることは求められていないことから，タイムスタンプを含む暗号化
技術等を活用することが考えられます」としながらも、「電子署名や暗号化技術，
タイムスタンプ等を用いて記録することにより真実性を保ち，改ざんを防止す
ることが望まれます」とあるように、指導要録の真実性を担保し、改ざんされて
いないことを証明するために電子署名とタイムスタンプが推奨されています。

第２章 情報通信技術を活用する場合の留意点【共通事項】

3. 指導要録の真実性の保持，データの滅失・き損・改ざんの防止等について
…………………………………………（前略）また，原本の真実性を保持し，
改ざんを防止するための措置として，電子署名をすることが考えられますが，
作成・保存をする際に，法令上必ずしも電子署名をすることは求められてい
ないことから，タイムスタンプを含む暗号化技術等を活用することが考えら
れます。（後略）

第３章 情報通信技術を活用する場合の留意点【段階別】

３．指導要録等の作成・保存をいずれも情報通信技術を活用する場合
　１．にあるように，作成にあたっては，設置者が決定した指導要録の様式

の「学籍に関する記録」と「指導に関する記録」に必要事項を入力し，当該データを学校のコンピュータ等のハードディスクか専用の電磁的記録媒体に記録します。また，長期の保存という観点から，第2章3．にあるように，電子署名や暗号化技術，タイムスタンプ等を用いて記録することにより真実性を保ち，改ざんを防止することが望まれます。（後略）

5．指導要録等の作成・保存・送付時に情報通信技術を活用する場合 〜インターネットを通じた送付〜

（前略）

　さらに，国公立学校については，写しや抄本のデータに第三者の認証局を通じた電子署名を行い，当該電子署名に係る電子証明書をデータと併せて学校のパソコンに備えられたファイルに記録することが必要です（オンライン化通則法文科省令第6条第3項）。（後略）

表簿・指導要録等の電子化に係る基本的な考え方等について

　平成24年3月に文部科学省初等中等教育局から各都道府県教育委員会などに事務連絡された内容では

・表簿の真正性・機密性の確保

・押印の取り扱い

・電子的に送付する文書のデータ形式の在り方

などについて説明され以下のように規定されています。

2．本事務連絡の趣旨

（前略）

（1）表簿の電子化について

（前略）

②表簿の真正性・機密性の確保について

　表簿を電子化する場合には，以下の事項にも留意する必要があること。

　（a）内容の真正性の確保のため，電子署名などを活用する手法，内容の機密性の確保のため，表簿のデータへのパスワード設定や暗号化する手法，又はそれらを組み合わせる手法など，様々なものが考えられること。

（2）指導要録等の電子化について

（前略）

②押印の取扱い

　押印を省略して指導要録等を電子的に作成・送付・保存する場合は，従来の押印により担保されてきた校長の関与等，適正かつ組織的な手順を担保すること，また，送付の際は，学校（又は校長）名の電子署名を付すなど，一般の行政事務における取扱いなども踏まえつつ，文書の真正性を担保する手段を講じることが求められること。

　なお，国公立学校においては，指導要録等の送付時に第三者の認証局を通じた電子署名を行い，当該電子署名に係る電子証明書をデータと併せて学校のパソコンに備えられたファイルに記録する必要があること（文部科学

省関係の行政手続等における情報通信の技術の利用に関する省令（平成15年文部科学省令第9号）第6条第3項）。

注意：必ず最新版を文部科学省のホームページで確認してください。

2-8　知的財産権保護に関するガイドライン

　企業活動のグローバル化が進み、特許出願・取得だけでなく、営業秘密の漏えい・不正二次利用の防止対策も含めた包括的な知財戦略が必要となる時代になり、知的財産に関係する電子文書の保存、管理の重要性が増しています。

　企業にとって特許出願は、特許権が取得できれば、絶対的な排他的独占権を取得でき、競争者の特許侵害に対して差止・損害賠償ができるという非常にメリットがあるものです。しかし、特許出願には、出願から成立までに費用がかかり、特許権を取得できない場合もあります。特許権が取得できなくても、1年半後には情報が公開されてしまうので、同業者に二次利用可能な情報を提供してしまうことになり、特許権取得前に模倣、利用されてしまうリスクもあります。

オープン・クローズ戦略

　現在、企業においては知的財産の多様化が進んでおり、特許化、公知化（オープン戦略）、秘匿化・占有化（クローズ戦略）などを使い分ける必要があります。特に中小企業の場合、他社が特許技術を使用していることの確認が難しく、特許が取得できても有効利用できないケースが発生しており、自社技術の秘匿化戦略が重要になってきています。

先使用権の確保

　秘匿化を行う場合、自己がその技術を使用し続けるために先使用権を確保する必要があります。

　特許法第79条では、他人の出願前に、自らその発明を実施や実施の準備をしていたことを証明できれば、他人が特許権を取得していても、その発明を継続して実施できるという権利、「先使用権」を認めています。

　また、意匠権、実用新案権、商標権でも条件を満たせば先使用権が認められます。

特許法第79条　特許出願に係る発明の内容を知らないでその発明をした者から知得して、特許出願の際現に日本国内においてその発明の実施である事業をしている者　又はその事業の準備をしている者は、その実施又は準備をしている発明及び事業の目的の範囲内において、その特許出願に係る特許権について通常実施権を有する。

特許庁先使用権のガイドライン

「先使用権制度事例集」で、先使用権を証明する有効な手段として、「タイムスタンプ」、「電子署名」が紹介されています。

既述のタイムスタンプは、電子データについて、いつ（日付証明）、どのようなデータが存在したか（非改ざん証明）の証明に有益ですが、この電子署名は、誰が作成したか（作成者証明）の証明が可能となります。したがって、この二つの組み合わせにより、いつ（日付証明）、誰が（作成者証明）、どのような電子データを作成したか（非改ざん証明）の証明に有益となります。

先使用権保護のポイント

必須要件

・他社の特許出願前に、先使用発明の「完成」が必要
・実施事業化またはその準備中であることが必要

▶▶▶ 注意：先使用権の有無・要件・効果は、各国毎に異なります。

完備すべき立証資料

・研究開発　　研究ノート、研究日報、技術成果報告書、設計図など
・発明完成　　発明提案書、研究開発完了報告書など
・事業準備　　事業計画書、設計図、仕様書、見積書など
・事業化　　　事業開始決定書、稟議書、納品書、受注書、
　　　　　　　作業日報、カタログなど

▶▶▶ 注意：先使用権の立証のためには、これら書類の日付が非常に重要です。

参考：営業機密に関する指針、事例集
・経済産業省
営業秘密　〜営業秘密を守り活用する〜
https://www.meti.go.jp/policy/economy/chizai/chiteki/trade-secret.html

営業秘密管理指針（平成31年1月）
https://www.meti.go.jp/policy/economy/chizai/chiteki/guideline/h31ts.pdf

秘密情報の保護ハンドブック（令和4年5月）
https://www.meti.go.jp/policy/economy/chizai/chiteki/pdf/handbook/full.pdf

先使用権制度事例集（令和4年4月）
https://www.jpo.go.jp/system/patent/gaiyo/senshiyo/document/index/senshiyouken_2han.pdf

会社法における電子データの保存要件

　会社法では株式会社について、定款、創立総会議事録、株式総会議事録、取締役会議事録、監査役会議事録、監査等委員会議事録、指名委員会議事録、各事業年度に係る計算書類や事業報告、社債原簿、決算株式会社の貸借対照表などの文書を紙の書面や電子データで保管することを義務付けています。文書の種類によって保存期間と保管場所が定められており、例えば、株式総会や取締役会、監査役会などの議事録については、会の実施日より10年間、本店で保管する必要があります。また、電子データで保管する場合には、電子データで記録された情報を紙やモニターの画面で出力できることが求められます（会社法施行規則 第226条）。

　e-文書法に基づき、紙の書面で作成した文書をスキャニングした電子化文書を保管することも認められており、その場合には、明瞭かつ整然とした形式での画面と紙での出力が可能であることが求められています（会社法施行規則 第232条、第233条）。

会社法及び会社法施行規則で規定される電子署名が必要な情報

会社法　条文	対象文書	保存期間（商法）
第 26条 第 2項	定款	永久保存 （保存期間の記載はないが、永久保存が必要と考えられる）
第122条 第 3項	株主名簿	
第149条 第 3項	質権に関する事項が記載された株主名簿	
第250条 第 3項	新株予約権原簿	
第270条 第 3項	質権に関する事項が記載された新株予約権原簿	
第575条 第 2項	持分会社の定款	
第682条 第 3項	社債原簿	
第695条 第 3項	質権に関する事項が記載された社債原価	
第369条 第 4項	取締役会議事録	10年間
第393条 第 3項	監査役会議事録	10年間
第399条 第10項	監査等委員会議事録	10年間
第412条 第 4項	委員会議事録	10年間

定款や取締役会議事録、監査役会議事録などのように、紙の書面において署名または記名押印が必要な文書もあります。これらの文書を電子データで作成する場合には、署名または記名押印に代わる措置として電子署名が求められます（会社法施行規則 第225条）。この電子署名とは、署名行為を行った者を示すことができ、かつ、文書の情報の改変が行われていない事を確認できる措置を電子データに対して行うこと（会社法施行規則 第225条2項）であり、これは電子署名法第2条1項に相当しています。

商業登記法における電子署名の要件

会社法や会社法施行規則では、電子署名に用いる電子証明書に関する要件を特には設けていませんが、取締役会議事録のように法務省の商業・法人登記のオンライン申請の添付書類に用いる場合には、使用できる電子証明書が指定されているため注意が必要です（商業登記法施行規則 第102条）。具体的には、申請者となる代表取締役については電子認証登記所（登記官）が発行する電子証明書（商業登記電子証明書）を、その他の取締役については認定された特定認証業務や公的個人認証サービスが発行する電子証明書を用いて、取締役会に参加した取締役全員の電子署名を取締役会議事録に付すことが求められます。

> 注意：使用可能な電子証明書の種類に関する詳細やオンライン申請の方法については、法務省のWebページに記載されている商業・法人登記のオンライン申請についての解説を確認してください。

取締役会議事録のオンライン申請に必要な証明書

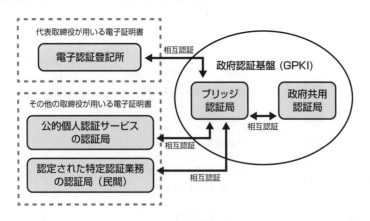

〈参考〉電子署名法

電子文書の真正な成立を推定するための法律として「電子署名及び認証業務に関する法律」（通称「電子署名法」）が制定されています。ここでは参考とし

て電子署名法の第一条から第三条を引用し紹介します。電子署名の付与によって電子文書の真正な成立が推定されるため、訴訟において証拠力があるものとして認められます。また、会社法や商業登記法などのように法令により電子署名の付与が義務付けられている文書もあります。

　なお、2020年に電子署名法の主務三省から電子署名法第2条と第3条に関するQ＆Aとして新たな解釈・見解が示されました。

・利用者の指示に基づきサービス提供事業者自身の署名鍵により暗号化等を行う電子契約サービスに関するQ＆A（電子署名法2条1項に関するQ＆A）
・利用者の指示に基づきサービス提供事業者自身の署名鍵により暗号化等を行う電子契約サービスに関するQ＆A（電子署名法3条に関するQ＆A）

　これらの解釈・見解により、従来の電子署名に加えてリモート署名や「事業者型電子署名」といった電子署名の様々な形態が電子署名法の枠組みの中で認められるようになりました。

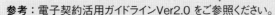

参考：電子契約活用ガイドラインVer2.0 をご参照ください。
https://www.jiima.or.jp/wp-content/uploads/policy/denshikeiyaku_guideline_ver_2.pdf

---

電子署名及び認証業務に関する法律　（平成十二年五月三十一日法律第百二号）

第一章　総則

（目的）

第一条　この法律は、電子署名に関し、電磁的記録の真正な成立の推定、特定認証業務に関する認定の制度その他必要な事項を定めることにより、電子署名の円滑な利用の確保による情報の電磁的方式による流通及び情報処理の促進を図り、もって国民生活の向上及び国民経済の健全な発展に寄与することを目的とする。

（定義）

第二条　この法律において「電子署名」とは、電磁的記録（電子的方式、磁気的方式その他人の知覚によっては認識することができない方式で作られる記録であって、電子計算機による情報処理の用に供されるものをいう。以下同じ。）に記録することができる情報について行われる措置であって、次の要件のいずれにも該当するものをいう。

一　当該情報が当該措置を行った者の作成に係るものであることを示すためのものであること。
二　当該情報について改変が行われていないかどうかを確認することができるものであること。

　　2　この法律において「認証業務」とは、自らが行う電子署名についてその業務を利用する者（以下「利用者」という。）その他の者の求めに応じ、当該利用者が電子署名を行ったものであることを確認するために用いられる事項が当該利用者に係るものであることを証明する業務をいう。

　　3　この法律において「特定認証業務」とは、電子署名のうち、その方式に応じて本人だけが行うことができるものとして主務省令で定める基準に適合するものについて行われる認証業務をいう。

第二章　電磁的記録の真正な成立の推定

第三条　電磁的記録であって情報を表すために作成されたもの（公務員が職務上作成したものを除く。）は、当該電磁的記録に記録された情報について本人による電子署名（これを行うために必要な符号及び物件を適正に管理することにより、本人だけが行うことができることとなるものに限る。）が行われているときは、真正に成立したものと推定する。

2-10　保存の要件に関する主務省令の動向

　　右記は、平成17年4月施行の通則省令を中心として、各省庁における電子保存の要件を整理したものです。

　◎：省令に要件として規定があるもの
　○：一部の対象文書に関して要件として規定されるもの
　△：努力基準として規定されるもの

所管	見読性	完全性	機密性	検索性	備考
内閣府	◎	―	―	―	特定非営利活動促進法など
金融庁	◎	○	―	―	銀行法、貸金業の規制等に関する法律など
警察庁	◎	△	△	―	古物営業法、質屋営業法など
総務省	◎	―※	―	―	※完全性の措置が必要なものとして、消防法など限定
法務省	◎	△	―	―	民法、会社法、公証人法など
外務省	◎	―	―	―	外務大臣の所轄に属する公益法人の設立及び監督に関する省令など
財務省	◎	―	―	○	検索できる措置が必要なものとして、関税定率法、通関業法など
国税庁	◎	○	―	○	電子帳簿保存法
文部科学省	◎	―	―	―	私立学校法、学校教育法施行規則など
厚生労働省	◎	○	―	―	

農林水産省	◎	—	—	—	農業共同組合法、動物用医薬品等 取締規則など
経済産業省	◎	△	△	—	
国土交通省	◎	—	—	—	船舶安全法、建築業法など
環境省	◎	—	—	—	廃棄物の処理及び 清掃に関する法律など

※「文書の電磁的保存等に関する検討委員会報告書」を参考

参考: 詳細については各省令を
個別に参照してください。

2-11 電子化文書の法的証拠能力の強化

JIIMA電子化文書取扱ガイドライン

　法的証拠能力を強化する指針としてJIIMAが発行するガイドラインがあります。「JIIMA電子化文書取扱ガイドライン～電子化文書の法的証拠能力の考え方について～(簡易版V2.1)」(2013年10月)は、脆弱であると認識されている電子化文書の法的証拠能力を強化するためのガイドラインであり、法令等に定められた各種要件に準拠し、適正かつ効率的に電子化文書を作成し利用・保管できるよう作成されています。

　同ガイドラインの「法的証拠能力強化要件と方策」では、電子化文書の法的証拠能力を強化するための要件と、具体化するための方策として、以下をあげています。

(1) 電子化文書の法的証拠能力強化要件

　　①真正性の確保

　　②保存性の確保

　　③機密性の確保

　　④見読性の確保

　　⑤検索性の確保

参考: JIIMA電子化文書取扱ガイドライン
～電子化文書の法的証拠能力の考え方
▶▶▶ について～
https://www.jiima.or.jp/wp-content/uploads/
policy/denshika_guideline_dijest.pdf

(2) 電子化文書の法的証拠能力強化方策

　　①技術標準の使用

　　　例:JIS Z6016:「紙文書及びマイクロフィルム文書の電子化プロセス」

　　　　JIS Z6017:「電子化文書の長期保存方法」

　　②電子化文書取扱規程の制定

　　③運用体制

　　④電子署名・タイムスタンプの付与

アーカイブ記録の証拠性について

旧トラストサービス推進フォーラム（TSF）（2022年4月からデジタルトラスト協議会（JDTF）に統合）からは、「電子帳簿保存法における電子署名とタイムスタンプの解説書（2021年3月第4版）」が発行されており、係争時の証拠としてスキャン文書を提出することを想定した場合の証拠性の考え方が示されています。

5章の「アーカイブ記録の証拠性」では、「スキャン文書と書面と比較してその法的効果において実効上差がない状態を維持する」ことが重要とされています。記名押印のある書面（紙）を提出した場合は、民事訴訟法第228条4項にて、私文書の真正な成立の推定効が働き、本人の意思に基づき作成されたものと証明可能です。一方、スキャン文書は、書面（紙）がないため民事訴訟法第228条4項の推定効が働かないことになるので、書面に記された内容通りのものであることを立証するためには下記のような別の状況証拠を集める必要があると示されています。

- スキャニング責任者（入力者）の作成責任を示す記録

    入力者本人の電子署名が付与されていれば、電子署名法により「電磁的記録の真正な成立」の推定効が働き、本人による電子署名であることが正しく検証できれば入力者の意思のもとにスキャン文書を作成したことが立証可能です。入力者の電子署名を付与しない場合は、入力者の意思に反して不正な記録として混入されたものでないことを、アクセスログ等の他の運用記録で補うことが必要と考えられます。
- スキャニングに関わる適正な事務処理の規定やログ等の運用の証跡
- 当該スキャン文書に付されたタイムスタンプの検証結果

    このように係争時の立証までを視野に入れた場合、電子署名とタイムスタンプは、作成責任を明確にし、作成後改ざんされていないことの立証を容易にします。なお、この際の電子署名は本人性が担保された特定認証業務の電子証明書を用いれば良く、必ずしも認定された特定認証業務（認定認証業務）による電子証明書を必須とするものではありません。

2-12 電子署名とタイムスタンプの役割

電子署名

参考：電子署名法 P32 ◀◀◀　電子署名は電子データの改ざんを検知し、電子データの作成者（電子署名を付与した者）の身元を証明するための仕組みです。電子署名を付与する署名者はあらかじめ認証局より電子証明書の発行を受けます。署

名者は電子証明書と対となる秘密鍵を用いて電子データに対して電子署名を作成し、検証者は署名者の電子証明書を用いて電子署名を検証します。紙の文書に例えるならば、秘密鍵は個人が所有する印章で、電子証明書はその印章に対する印鑑証明書、電子署名は文書に押された印鑑（印影）にあたります。電子署名は電子署名法により法的効力があります。

電子署名に用いる電子証明書には有効期限があり、例えば、電子署名法に基づき認定された特定認証業務の認証局（認定認証局）より発行される電子証明書の有効期限は最長で5年となっています。また、署名者が秘密鍵を紛失した場合などは認証局よりその電子証明書の失効処理（失効リストへの当該証明書の掲載等）が行われます。電子証明書が有効である限り、署名者は電子署名に同じ電子証明書を使い続けることができます。また、電子証明書には用途や発行手続きの方法（本人確認など）などの違いによりさまざまな種類があります。例えば、認定認証局が発行する電子証明書以外にも、商業登記認証局が発行するものや、公的個人認証サービスが発行するもの、あるいは、B to CやB to Bで簡易に使用できる一般の認証局事業者が発行するものなどがあります。2016年から交付がはじまったマイナンバーカードにも電子証明書が付与されています。また、デジタル庁よりスマホ用電子証明書搭載サービスが2023年5月より始まっています。電子署名を付す文書によって、電子署名に使用できる電子証明書の種類が法令やガイドラインにより定められているものもありますので注意が必要です。

タイムスタンプ

電子署名を付与した時刻はパソコン等の時刻に基づいて入力されますが、署名者本人がその時刻を変更することで、時間を遡って電子署名を付け替えることができるおそれもあります。また、電子証明書の有効期限切れや失効処理が行われると、過去に作成された電子署名も無効として検証されてしまう問題がありました。そのため、電子署名を補完する技術としてタイムスタンプが利用されています。タイムスタンプとは、信頼できるタイムスタンプ局が電子署名や電子データに対する存在日時の証明（非改ざん証明と日時の特定）として作成するものです。タイムスタンプは電子署名の仕組みとは異なり、知的財産保護の目的などで電子文書の存在日時の証明として単独で利用することもできます。日本では令和3年度より総務大臣認定によるタイムスタンプの事業者の認定制度が開始されています。（時刻認証業務の認定に関する規程（令和3年総務省告示第146号））認定されたタイムスタンプ事業者が発行するタイムスタンプの有効期限（タイムスタンプに使用される電子証明書の有効期限）は一般的に10年程度です。文書の保存期間が電子署名に用いた電子証明書の有効期限を超える場合には、タイムスタンプと長期署名の仕組みを用いて、電子署名の有効性を維持する必要

があります。また、タイムスタンプを単独で使用するケースにおいても、文書の保存期間がタイムスタンプの有効期限を超える場合には、長期署名と同様の考え方でタイムスタンプの有効性を維持する必要があります。

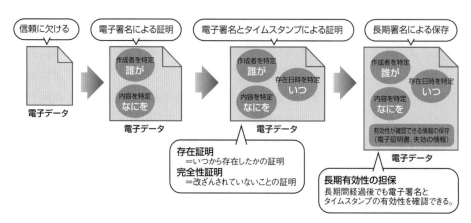

長期署名（電子署名及びタイムスタンプ）

　電子署名にタイムスタンプを付与することで、電子証明書の有効期限切れや失効処理以降でも電子署名の検証を継続して行うことができます。この仕組みは長期署名と呼ばれており、現在では主に以下の三つの標準フォーマットが存在します。

CAdES（CMS Advanced Electronic Signature）

　任意の電子データに対応可能。

・ISO 14533-1:2022 Processes, data elements and documents in commerce, industry and administration -- Long term Signature --Part1: Profiles for CMS Advanced Electronic Signatures（CAdES）
・JIS X 5092:2008 CMS利用電子署名（CAdES）の長期署名プロファイル
・ETSI TS 101 733 CMS Advanced Electronic Signatures（CAdES）

XAdES（XML Advanced Electronic Signature）

　任意の電子データに対応可能。特にXMLデータとの親和性が高い。

・ISO 14533-2:2021 Processes, data elements and documents in commerce, industry and administration -- Long term signature -- Part 2:Profiles for XML Advanced Electronic Signatures（XAdES）
・JIS X 5093:2008 XML署名利用電子署名（XAdES）の長期署名プロファイル
・ETSI TS 101 903 XML Advanced Electronic Signatures（XAdES）

PAdES (PDF Advanced Electronic Signature)
　PDF に対応可能。
・ISO 32000-2：2020 Document management -- Portable document format -- Part2：PDF 2.0
・ISO 14533-3：2017 Processes, data elements and documents in commerce, industry and administration -- Long term signature profiles -- Part 3:Long term signature profiles for PDF Advanced Electronic Signatures（PAdES）

　長期署名は電子署名付き電子データの保存期間が電子証明書の有効期限を超える場合に有効な対策となります。

法令やガイドラインが定める電子署名とタイムスタンプに関する要件

対象文書	電子署名の要件	タイムスタンプの要件	長期署名の必要性	本書参照先
法令で保存義務のある医療情報	記名押印が必要な文書は電子署名が必須。電子署名には以下のいずれかが発行する電子証明書を使用する。 ・厚労省の定める保健医療福祉分野PKI認証局 ・認定認証事業者または認定事業者　等	総務大臣が認定する業務に係るタイムスタンプ	医療情報の法定保存期間が電子証明書の有効期限を超えるものもあるため、長期署名が必須。まとめ押し（ERS）も可。	2-6
会社法で保存義務のある議事録等	記名押印が必要な文書は電子署名が必須。商業登記のオンライン申請を行う場合には、法務省のWebページに記載されている商業・法人登記のオンライン申請についてご確認ください。	規定なし。	法令では特に言及されていないが、各種議事録の保存期間が10年であることから、長期署名が必要であると考えられる。	2-9
国税関係書類等	規定なし。 入力者情報の記録・管理の方法の一つとして電子署名（使用できる電子証明書も任意）も含まれる。	総務大臣が認定する業務に係るタイムスタンプが必要（保存要件をタイムスタンプ以外で満たす場合は不要）。	法定保存期間が10年を超える場合（繰越欠損金控除を適用する場合の帳簿書類）があるが、その場合には長期署名などのタイムスタンプの有効性延長は不要。	3-7〈参考〉国税関係書類の各入力方式の一覧 5-5

（2023年11月時点）

第3章

国税関係書類の
スキャナ保存

3-1　国税関係書類のスキャナ保存とは

　e-文書法によって2005年から紙書類の保存を義務付けた約250本の法律で、スキャナによる電子化文書での保存が一挙に認められましたが、医療や税に関する法では電子化の要件が厳格に規定されました。

　特に企業で保存している書類の50～70%を占めるといわれている国税関係書類のスキャナ保存については、電子帳簿保存法での承認を受けた帳簿が必要になるほか、真実性や可視性を確保する体制を用意した上で税務署長の承認を得るなど、最も厳しい要件が定められました。

　そのためスキャナ保存制度の申請承認実績が低迷し、たびたび民間企業等から要件緩和に関する要請がなされてきました。また内閣府が取り纏める「規制改革実施計画（平成26年6月24日閣議決定）」においても同様に要件緩和に係る指摘がなされました。

　このような状況から適正公平な課税を確保しつつ、電子保存によるコスト削減等を図る観点から2015年（平成27年）に制度創設以来初めての要件緩和が行われました。以降2016年（平成28年）、2019年（令和元年）にも要件の改正が行われました。さらにペーパーレス化を一層促進する観点から、2021年（令和3年）には手続・要件が大幅に緩和されるとともに、電子データの改ざん等の不正行為を抑止するための担保措置が講じられました。

　2023年（令和5年）においても保存要件が一部緩和され、より多くの事業者がスキャナ保存制度の適用を受けやすくなりました。

平成27年度税制改正（2015年3月31日財務省令第36号）
・契約書や領収書の3万円未満に限る規制を撤廃
・業務サイクル方式での関係帳簿の事前承認を撤廃
・個人の実印相当である電子署名要件を撤廃

41

・膨大な契約申込書等（国税一般書類）はグレースケール記録を容認
・電子取引記録の保存に係る電子署名要件も撤廃
・適正事務処理要件の追加

　平成 28 年度税制改正（2016 年 3 月 31 日財務省令第 26 号）
・スキャナについて、「原稿台と一体型に限る」要件を廃止
・領収書等を受領者等が読み取る場合の要件が追加
・小規模企業者の特例を創設

　令和元年度税制改正（2019 年 3 月 29 日財務省令第 21 号）
・新規個人事業者の申請期限の緩和
・過年度分の重要書類に係るスキャナ保存の容認
・承認申請手続の見直し
・事前相談体制の整備
・通達改正（入力期限・定期検査・検索機能の解釈の見直し）

　令和 2 年度税制改正（2020 年 3 月 31 日財務省令第 24 号）
・電子取引の保存要件の緩和

　令和 3 年度税制改正（2021 年 3 月 31 日財務省令第 25 号）
・事前承認制度を廃止
・タイムスタンプ要件、検索要件等についての要件を緩和
・適正事務処理要件を廃止
・重加算税の加重措置

　令和 5 年度税制改正（2023 年 3 月 31 日財務省令第 22 号）
・解像度等に関する情報の保存要件を廃止
・入力を行う者等に関する確認要件を廃止
・帳簿との相互関連性の要件について重要書類に限定

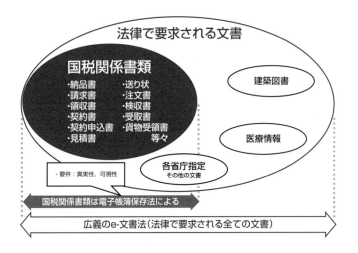

3-2 『電子帳簿保存法 スキャナ保存制度』利用時のユーザー側メリット

　国税関係書類のスキャナ保存制度を利用することでユーザーにとってワークフローの改善、輸送コストの軽減・手間軽減、月次決算の早期化等のメリットが見込めます。

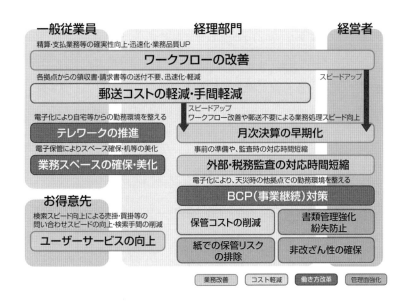

3-3 国税関係書類のスキャナ保存の区分

規則第2条第4項に規定する書類：棚◀◀◀
卸表、貸借対照表及び損益計算書など
の計算、整理又は決算関係書類

　国税関係書類におけるスキャナ保存の
対象としては、規則第2条第4項に規定す
る書類を除く、全てのものが該当します。

国税関係帳簿書類のスキャナ保存の区分

帳　　　簿	仕訳帳 総勘定元帳 一定の取引に関して作成されたその他の帳簿	
計算、整理 又は 決算関係書類	棚卸表 貸借対照表・損益計算書 計算、整理又は決算に関して作成されたその他の書類	スキャナ保存対象外

書類の名称・内容	書類の性格	書類の重要度（注）	スキャナ保存対象
・契約書 ・領収書 及び恒久的施設との間の内部取引に関して外国法人等が作成する書類のうちこれらに相当するもの 並びにこれらの写し	一連の取引過程における開始時点と終了時点の取引内容を明らかにする書類で、取引の中間過程で作成される書類の真実性を補完する書類	資金や物の流れに直結・連動する書類のうち特に重要な書類	速やかに入力 ・ 業務サイクル後速やかに入力
・預り証 ・借用証書 ・預金通帳 ・小切手 ・約束手形 ・有価証券受渡計算書 ・社債申込書 ・契約の申込書 （定型的約款無し） ・請求書 ・納品書 ・送り状 ・輸出証明書 及び恒久的施設との間の内部取引に関して外国法人等が作成する書類のうちこれらに相当するもの 並びにこれら（納品書を除きます。）の写し	一連の取引の中間過程で作成される書類で、所得金額の計算と直結・連動する書類	資金や物の流れに直結・連動する書類	
・検収書 ・入庫報告書 ・貨物受領証 ・見積書 ・注文書 ・契約の申込書 （定型的約款有り） 並びにこれらの写し 及び納品書の写し	資金の流れや物の流れに直結・連動しない書類	資金や物の流れに直結・連動しない書類　　　重要度：低	適時に入力

(注)　重要度が低以外のものがいわゆる重要書類（法第４条第３項に規定する国税関係書類のうち、規則第２条第７項に規定する国税庁長官が定める書類以外の書類）、重要度が低のものが一般書類（規則第２条第７項に規定する国税庁長官が定める書類）です。

また過去分の重要書類についても、適用届出書の提出等一定の要件を満たすことでスキャナ保存をすることが可能となります。

なお対象となる書類については、その分類によって入力方法等の要件が異なります。

資金や物の流れに直結・連動する「重要書類（書類の重要度が低以外のもの）」とその他の「一般書類（書類の重要度が低）」に分かれ、重要書類は「速やかに入力」または「業務サイクル後速やかに入力」しなければならず、一般書類は適時（入力期限なし）で入力しても差し支えありません。詳細は次ページの通りです（電子帳簿保存法（一問一答【スキャナ保存関係】問2）にも同様の記載があります）。

3-4 スキャナ保存における国税関係書類の電子化要件

真実性を確保するための要件

- ・入力期間の制限
- ・一定水準以上の解像度及びカラー
  画像による読み取り
- ・タイムスタンプの付与
- ・読取情報の保存

▶▶▶ **参考**：各省庁によって要件に対する表現が異なります。国税関係書類の電子化要件では経済産業省のガイドラインと比較して、
- ・「真実性」は「完全性」
- ・「可視性」は「検索性」「見読性」に相当しますが、各省庁によってさらに追加要件もありますので注意してください。P23、25

　（但し、令和6年1月1日より重要
　書類：国税関係書類をスキャナで読み取った際の解像度、階調及び大きさに関する情報の保存要件を廃止／一般書類：国税関係書類をスキャナで読み取った際の解像度、階調に関する情報の保存要件を廃止）
- ・ヴァージョン管理
- ・入力者等の情報の確認
　（但し、令和6年1月1日より記録事項の入力者等に関する情報の確認要件を廃止）

可視性を確保するための要件

- ・帳簿との相互関連性の確保
　（但し、令和6年1月1日より相互関連性要件について国税関係書類に関連する国税関係帳簿の記録事項との間において相互にその関連性を確認することができるようにしておくこととされる書類を契約書・領収書等の重要書類に限定）
- ・見読可能装置の備付け等
- ・電子計算機処理システムの概要書などの備付け
- ・検索機能の確保

3-5 入力業務フロー

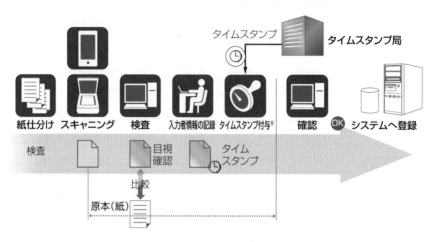

紙仕分け

種別分類、枚数及び順番の確認、折れ及び破損箇所の補修、クリップやメモ紙等の付属物除去を行います。

スキャニング

紙文書類をスキャナもしくはスマートフォン・デジタルカメラにて電子化文書として、所定のファイル形式（TIFF、PDF、JPEG等）にて読み込みます。

画像品質検査及び検索キーの作成

紙文書類もしくはスキャニングにて読み込んだ電子化文書の画像品質検査を行います。また、検索項目として必要な情報の文字入力を行います。

タイムスタンプの付与※

・一の入力単位ごとに、総務省が認定するタイムスタンプを付与します。

・保存期間を通じて、変更されていない事が確認できる。

・課税期間内の任意の期間を指定して、一括で検証できる。

・他者が運営するクラウドサービスがNTPサーバと連携した時刻証明・訂正削除履歴保存を行うことができる場合はタイムスタンプの付与に代えることができる。

データ類のシステム保存

タイムスタンプを付与した電子化文書を、適正かつ安全な各種ストレージシステム（データサーバ等）や各種媒体に保存します。

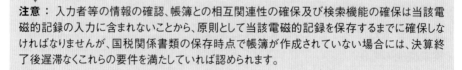

注意： 入力者等の情報の確認、帳簿との相互関連性の確保及び検索機能の確保は当該電磁的記録の入力に含まれないことから、原則として当該電磁的記録を保存するまでに確保しなければなりませんが、国税関係書類の保存時点で帳簿が作成されていない場合には、決算終了後遅滞なくこれらの要件を満たしていれば認められます。

※ 2022年1月から一定の要件を満たすことで代替することも可能。詳細はP.50参照

3-6　文書管理システムに関する要件

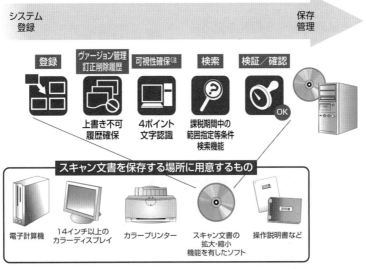

システムに関する要件が満たされている場合、クラウドサービスの利用や、サーバを海外に置くことも認めらています。

注）税務調査で必要な要件です。

3-7　真実性を確保するための要件

入力方式により改ざんの可能性を排除

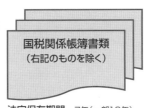

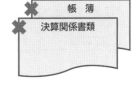

法定保存期間　7年(一部10年)
※欠損金の繰越控除を適用する企業は10年保存

入力方式の選択

速やか入力方式

・受領後速やかに(おおむね7営業日以内)スキャニング保存

・タイムスタンプの付与 ※注

　文書の作成・受領から一定期間内のイメージ化により改ざん可能期間を制限します。

業務サイクル対応方式

・事務処理規程で定めた期間内(最長2ヶ月＋おおむね7営業日以内)にスキャニング保存

・タイムスタンプの付与 ※注

　文書の作成・受領から一定期間内のイメージ化により改ざん可能期間を制限します。

・各事務の処理に関する規程を定める

適時入力方式

・入力期間の期限を定めず適時にスキャニング

・事務処理手続を明らかにした書類の備付（事務の責任者を定める）

・保険契約申込書、電話加入申込書、口振依頼書、見積書、注文書など

・タイムスタンプの付与 ※注

〈参考〉国税関係書類の各入力方式の一覧
（令和5年度改正、令和6年1月1日以降に行う保存から適用）

入力方式	速やか	業務サイクル	適時
入力期限 （書類の作成または受領後）	おおむね7営業日以内	最長2ヶ月 +おおむね7営業日以内	期限なし
タイムスタンプ （p37参照）	要※注	要※注	要※注
帳簿との相互関連性	要	要	不要
対象書類	資金や物の流れに直結・連動する「重要書類」 帳簿、決算書を除く国税関係書類、帳簿代用書類		資金や物の流れに直結・連動しない「一般書類」
	契約書、領収書、請求書、納品書、送り状、輸出証明書等及びこれらの写し		主に契約の申込書（定型的約款のあるもの）、他には見積書、注文書、検収書等
	届出書の提出により1回のみ過去に遡ってスキャナ保存が可能		過去に遡って可能
画質・解像度・階調・大きさ情報等	4ポイント文字が認識できる、200dpi以上 赤・緑・青の各色256階調（フルカラー）		4ポイント文字、200dpi以上 グレースケールでも可
電子化装置	スキャナ・スマートフォン・デジタルカメラ		
特記事項 （事務処理規程など）	事務処理規程不要	国税関係書類の作成又は受領から入力までの各事務の処理に関する規程を定める	電磁的記録の作成及び保存に関する事務の手続きを明らかにした書類の備付が必要（事務の責任者を定めておく）

※ 2022年1月から一定の要件を満たすことで代替することも可能。詳細はP.50参照

一定水準の解像度・階調によるスキャニング

読み取る装置

・複合機、スキャナ

・デジタルカメラ

・スマートフォン

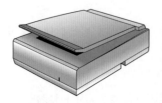

解像度・階調

解像度

・解像度が200dpi以上であること

参考：4-2 主な省庁が示す◀◀◀
スキャン時の設定 P.58

階調

・赤色、緑色及び青色の階調がそれぞれ256階調
以上(24ビットカラー)であること。但し、適
時に入力可能な書類に限り、グレースケール
256階調(8ビットグレー)画像で保存可

紙と同程度の再現性

参考：電子帳簿保存法一問
一答(【スキャナ保存関係】問
35-39)付録2 ◀◀◀

・改ざん痕のわかる画像品質の確認（色再現性
も確保）

・4ポイントの文字・記号を認識できること

・圧縮しすぎに注意

原則、国税関係書類の表裏に
かかわらず、印刷、印字、または
手書きの別、文字・数字・記
号・符号等の別を問わず、何ら◀◀◀
かの記載があるときはスキャナで
読み取らないといけません。
また、スキャナで読み取る対象書
類に関係する添付書類も、その
書類の一部として取り扱えます。

〈参考〉入力方法
裏面の記載は全て入力する

・白紙以外のメモや記号・符号等全て含む

・ただし定型的約款のある申込書は、一部紙で
保存し、裏面の約款が印刷されたページの入力
を省略可

複数枚で構成される書類はその単位

参考：取扱通達趣旨◀◀◀
説明(4- 19)付録1

・関係する添付書類も主な書類の一部として扱える

・台紙に小さなレシートを複数枚貼った場合、その
台紙毎に1ファイル化できる

レシートのスキャニング

台紙に複数枚の国税関係書類（領収書など）を貼付した場合、それらを一枚ずつばらして入力する必要はなく、台紙一枚単位毎に入力しても構いません。ただし、それらが重なっておらず、文字の全てが確認でき、かつ裏面への記載のないことが条件となります。

・1 シート毎にスキャニングして タイムスタンプ付与
（取扱通達趣旨説明 4 - 19）

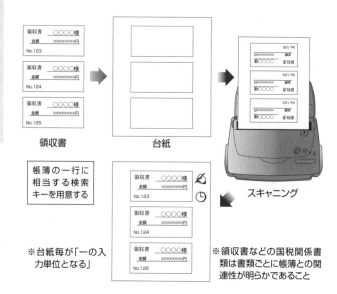

領収書　　　　　　　台紙

帳簿の一行に相当する検索キーを用意する

スキャニング

※台紙毎が「一の入力単位となる」

※領収書などの国税関係書類は書類ごとに帳簿との関連性が明らかであること

タイムスタンプの付与

　タイムスタンプを付与する目的は、電子化された書類が改ざんされていないことを第三者に証明してもらうためです。

タイムスタンプの要件

・スキャナで読み取る際に、その国税関係書類に係る電磁的記録の記録事項に総務大臣が認定する業務に係るタイムスタンプを付す。

　また、他者が運営するクラウドサービスがNTPサーバと連携した時刻証明・訂正削除履歴保存を行うことができる場合はタイムスタンプの付与に代える

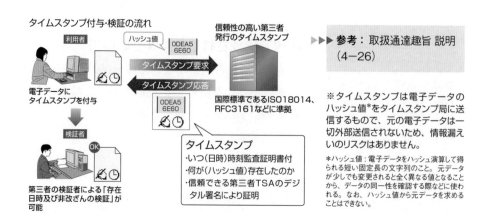

タイムスタンプ付与・検証の流れ

利用者

ハッシュ値　0DEA5 6E60

タイムスタンプ要求

タイムスタンプ応答

電子データにタイムスタンプを付与

検証者

OK

第三者の検証者による「存在日時及び非改ざんの検証」が可能

信頼性の高い第三者発行のタイムスタンプ

0DEA5 6E60

国際標準であるISO18014、RFC3161などに準拠

タイムスタンプ
・いつ（日時）時刻監査証明書付
・何が（ハッシュ値）存在したのか
・信頼できる第三者TSAのデジタル署名により証明

▶▶▶ 参考：取扱通達趣旨 説明
（4-26）

※タイムスタンプは電子データのハッシュ値*をタイムスタンプ局に送信するもので、元の電子データは一切外部送信されないため、情報漏えいのリスクはありません。

*ハッシュ値：電子データをハッシュ演算して得られる短い固定長の文字列のこと。元データが少しでも変更されると全く異なる値となることから、データの同一性を確認する際などに使われる。なお、ハッシュ値から元データを求めることはできない。

ことができます。　※詳細は取扱通達趣旨説明（4 − 26）を参照下さい。

タイムスタンプの種類

・総務大臣が認定するタイムスタンプサービスに限る

タイムスタンプを付す単位

参考：規則第2条第6
項第2号ロ

・一の入力単位ごと

単ファイルのハッシュ値を束ねて階層化した上で
まとめてタイムスタンプを付す技術を使用する方法
によりタイムスタンプを付した場合には、改ざんされた単ファイルのみを検証す
ることができます。

このような方法であれば、一の入力単位である単ファイルごとにその単ファイ
ルのハッシュ値を通じてタイムスタンプを付している状態となり、実質的には「一
の入力単位ごと」にタイムスタンプを付しているものと解することができます。

参考：電子帳簿保存法一問
一答【スキャナ保存関係】問
28 付録2)

したがって、このような方法であれば、まとめて
タイムスタンプを付しても差し支えありません。

タイムスタンプの検証

・当該記録事項が変更されていないことについて、当該国税関係書類の保存期間
（国税に関する法律の規定により国税関係書類の保存をしなければならないこ
ととされている期間をいう）を通じ、当該業務を行う者に対して確認する方法
その他の方法により確認することができること

参考：規則第2条第6
項第2号ロ

・課税期間（国税通則法（昭和三十七年法律第六十六
号)第二条第九号（定義)に規定する課税期間をいう）
中の任意の期間を指定し、当該期間内に付したタイム
スタンプについて、一括して検証することができること

長期保存における考慮

規則第2条第6項第2号ロ(1)では、タイムスタンプを付した記録事項が変更さ
れていないことについて、国税関係書類の保存期間を通じて確認できることとさ
れています。

タイムスタンプの有効期間内等であれば、タイムスタンプの検証を行うことに
よって当該業務を行う者に対して確認することは可能ですが、タイムスタンプに
有効期間（10年)があるため、国税関係書類の保存期間の方が当該有効期間より長
いことがあり、タイムスタンプの有効期間等を過ぎてしまった場合は、もはやそ
の方法によることができません。

この場合、有効期間等を過ぎてしまったとしても、タイムスタンプを付した時

と同じ状態、つまり当該業務を行う者に対して確認したときと同様な結果を得られるような状態にする措置を講じる必要があります。

このような措置の例としては、タイムスタンプの有効期間等が過ぎる前に当該タイムスタンプを付した記録事項に再度タイムスタンプを付すなどして、変更されていないことを確認することができる状態で当該情報を保存する方法があります。

欠損金の繰越控除の適用 ◀◀◀
を受ける場合、当該事業年
度の帳簿書類は最長10年
間保存する必要があります。

参考：取扱通達趣旨 説明 ◀◀◀
（4−21）（付録1）

また、有効期限を超えたタイムスタンプについても、保存期間の満了までの期間が短期間であり、かつ、以下の1〜3までの状態が確認できる場合には、保存期間満了まではその信頼性が維持されているものであり有効性が保持されているものとして認められます。1．タイムスタンプの検証プログラムで、有効期限が切れていることを除いて、タイムスタンプが改ざんされていないことを検証し、対象記録事項のハッシュ値と改ざんされていないタイムスタンプに含まれる対象記録事項のハッシュ値が一致すること。2．タイムスタンプが、総務大臣が認定する時刻認証業務を営む者から発行されたものであること。3．タイムスタンプに用いた暗号アルゴリズムが危殆化していないこと。

ヴァージョン管理（訂正削除の履歴の確保）

参考：電子帳簿保存法一 ◀◀◀
問一答【スキャナ保存関係】
問32-33（付録2）

電磁的記録の記録事項について訂正または削除を行った場合、これらの事実及び内容を確認することができるようにします。

・初版からすべてのヴァージョンを保存し、訂正前の内容の確認ができること

原則として電子化文書の更新は行わないようにし、行う必要がある場合でも上書きせず、直前のものへの訂正のみとして、すべてのヴァージョンを保存しておかなければなりません。

・単純なファイル削除は不可

ファイルへの上書きも不可となります。

・訂正・削除を行った場合、その事実及び内容を確認できること

・新しい書類を受取った場合は、新たに入力し登録する

以前受取った書類の訂正として登録してはいけません。紙と同数の電磁的記録が存在しなければならないことにも注意します。

3-8　可視性を確保するための要件

検索要件

参考：国税関係書類の区分に応 ◀◀◀
じた記録項目は下記を参考としてく
ださい。

書類	検索キー情報
領収書	領収年月日 領収金額 取引先名称
請求書	請求年月日 請求金額 取引先名称
納品書	納品年月日 取引先名称
注文書	注文年月日 注文金額 取引先名称
見積書	見積年月日 見積金額 取引先名称

条件検索
・取引年月日、その他の日付
・取引金額
・取引先名称

・登録項目は随時検索でき該当スキャン文書を確認できること
・日付または金額による範囲指定して条件を設定できること※
・二つ以上の任意記録項目を組み合わせて条件を設定でき検索ができること※
・入力なしの空欄も空欄として検索できること

参考：取扱通達趣旨 ◀◀◀
説明(4-14)(付録1)

※税務職員の電磁的記録のダウンロードの求めに応じる場合は、
これらの要件は不要になります。
また、ダウンロードの求めに応じるとは、例えば当該電磁的記録に
関する履歴データ等のほか、当該電磁的記録を補完するための取
引先コード表等も含まれます。加えて、その提供形態については、当該電磁的記録において通常
出力が可能な範囲（CSV 等）で、求めに応じた方法で出力する必要があります。なお、これら
の求めのその全てに応じる必要があり、一部でも応じない場合は上記要件は不要となりません。

相互関連性の確保

スキャニングした書類と帳簿の関連性の確保

　相互関連性要件について、国税関係書類に関連する国税関係帳簿の記録事項と
の間において、相互にその関連性を確認することができるようにしておくこととされ
る書類を、契約書・領収書等の重要書類に限定する。

入力方式にかかわらず、スキャニングした書類と関連する帳簿との間において、相互にその関連性
を確認できる必要があります。

スキャナ保存対象書類と関連する国税関係帳簿の例：
契約書　　契約に基づいて行われた取引に関連する帳簿（売上：売掛金元帳等）
領収書　　経費帳、現金出納帳等
請求書　　買掛金元帳、仕入帳、経費帳等

納品書	買掛金元帳、仕入帳等
領収書控	売上帳、現金出納帳等
請求書控	売掛金元帳、売上帳、得意先元帳等

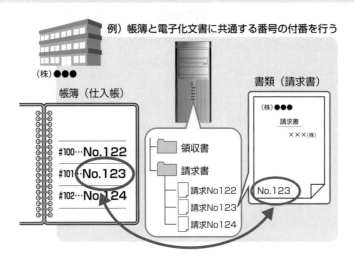

例）帳簿と電子化文書に共通する番号の付番を行う

見読可能装置

見読可能装置の要件

・保存期間を通じいつでも速やかに閲覧できること

スキャン文書を保存する場所に用意するもの

電子計算機　　14インチ以上の　　カラープリンター　　スキャン文書の拡大・縮小　　操作説明書など
　　　　　　　カラーディスプレイ　　　　　　　　　　　機能を有したソフト

この状態で
速やかに出力

・整然とした形式での表示
・国税関係書類と同程度に明瞭に表示
・拡大・縮小出力が可能
・ISO12653-3もしくはJISX6933カラー用テスト
　チャートの4ポイント文字認識

システム関係書類

システムの概要書等の備付け

　　各税法に規定する納税地に下記の書類（または電子データ）の備付けを行います。

・システムの概要を記載した書類…①

・システムの開発に際して作成した書類…②

・システムの操作説明書…③

・電子計算機処理に関する事務手続を明らかにした書類（又は処理委託契約書）

　及び電磁的記録の保存に関する事務手続を明らかにした書類…④

　次の区分に応じて上記書類の備付けが必要です。

・自己が開発したプログラムを使用する場合（委託開発したプログラムを含む）…①②③④

・電子計算機処理を他の者に委託する場合 …①②④

・市販ソフトを使用する場合 …③④

3-9　過去分重要書類のスキャナ保存

　令和元年度税制改正より、スキャナ保存の承認を受けている保存義務者は、過去分重要書類について、適用届出書を提出した場合には、一定の要件を満たすことで、1回に限りスキャナ保存をすることが可能となります。なお、適用届出書を提出した後は、その後の入力期間について制限はありません。
（2019年9月30日以後に提出する適用届出書に係る過去分重要書類から適用）

▶▶▶**参考：**電子帳簿保存法一問一答（【スキャナ保存関係】問50付録2）

55

スキャナと画像品質

4-1 スキャナの種類

　スキャナは、どのように紙原稿をスキャンするかで大きく2種類に分けられます。固定された光センサーの前を紙原稿を移動させながらスキャンするタイプは「シートフィード（シートフェッド）型」と呼ばれます。逆に、ガラス面に密着固定された原稿を読み取っていくタイプは「フラットベッド型」と呼ばれます。

　なお、シートフィード型は「原稿搬送型」とも呼ばれます。下図右側はシートフィード型の一例で、原稿がほぼ一直線に動くものですが、このほかにもUターンするように搬送されるタイプなどがあります。

　フラットベッド型スキャナは基本的にスキャンごとに原稿を入れ替える作業が必要ですが、自動給紙装置（ADF: Automatic Document Feeder）を取り付けてその手間を軽減することができるタイプもあります。

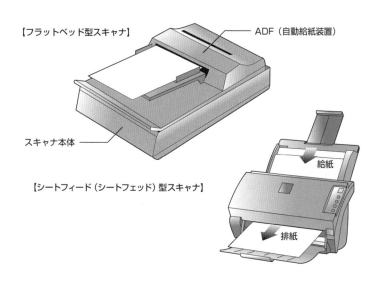

【フラットベッド型スキャナ】　　　　　ADF（自動給紙装置）

スキャナ本体

【シートフィード（シートフェッド）型スキャナ】

給紙

排紙

4-2 主な省庁が示すスキャン時の設定

参考：各省庁によって要件に対する表現が異なります。国税関係書類の電子化要件では経済産業省のガイドラインと比較して、
・「真実性」は「完全性」
・「可視性」は「検索性」「見読性」に相当しますが、各省庁によってさらに追加要件もありますので注意してください。P23、25

e-文書法に則したスキャンを行うには、スキャナにも一定レベルの性能が求められます。具体的には各省庁が、省令やガイドラインの形でスキャナに求められる性能を示しています。

・スキャン時の①解像度、②階調、③出力・保存ファイル形式

これらの具体的な数値については、関係する省庁の省令等で確認し、スキャナはそれを満たす能力があるものを選択します。

・紙詰まりや原稿の多重給紙等の障害

スキャン業務の効率を損なわないよう調整します。障害発生時には短時間で復旧できるようにします。

官庁	①解像度	②階調	③ファイル形式	④圧縮
国税庁	200dpi以上	重要書類 注1 赤,緑,青の各色が256諧調以上（24ビットカラー以上） 一般書類 注2 白色から黒色まで256諧調以上のグレースケールでも可	PDF、JPEG、TIFFなど	4ポイント文字が認識できることを条件にOK
厚生労働省（医療）	医療に関する業務等に支障が生じることのないよう、スキャンによる情報量の低下を防ぎ、保存義務を満たす情報として必要な情報量を確保するため、光学解像度、センサ等の一定の規格・基準を満たすスキャナを用いること	フルカラー	TIFFまたはPDF	OK
経済産業省	カラーの場合150dpi以上 カラーでない場合は二値で200dpi以上 グレースケールで150dpi以上	カラーの場合はフルカラー、カラーでない場合は二値あるいはグレースケール	特になし	OK

注1）重要書類：契約書や領収書等の資金や物の流れに直結・連動する書類。参考 P44、45
注2）一般書類：上記の重要書類以外の国税関係書類。参考 44、45

スキャン等を行う前に対象書類に他の書類が重なって貼り付けられていたり、スキャナ等が電子化可能な範囲外に情報が存在したりすることで、スキャンによる電子化で情報が欠落することがないことを確認すること等、細かく要件がありますので詳しくは該当のガイドラインをご確認ください。

4-3 解像度から見た画像品質

　解像度とは、画像のきめ細かさの度合いを示すものです。一般文書では8ドット/mm（200dpi）や12ドット/mm（300dpi）といったところが妥当とされていますが、条件に応じて最適な解像度を決定します。

　下図は、同じ書類を150dpiと300dpiでスキャンしたものです。より高い解像度でスキャンすると精細な画像は得られますが、一般にスキャンスピードは低下し、生成されるファイルサイズは大きくなります。

　最適な解像度を決定するには、要求される画像の精細度、パソコンの処理能力、伝送ネットワーク負荷、保存コスト等を総合的に検討する必要があります。

■同じ原稿を150dpiと300dpiでスキャンした結果

（原稿サンプル全体）

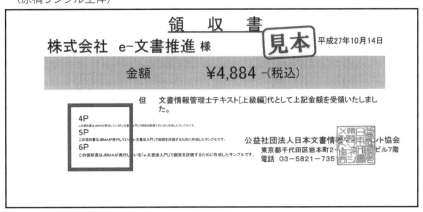

150dpiでスキャン（□部の拡大図）　　　　300dpiでスキャン（□部の拡大図）

4ポイント（4P）の文字を　　　　　　　4ポイント（4P）の文字を
認識することが出来ない　　　　　　　　認識することができる

4-4　階調から見た画像品質

　階調とは、色の濃淡の変化を表すなめらかさのことです。たとえば白と黒の間には、無数の灰色があります。パソコン等のデジタル機器では、一般にこれを256段階の濃淡（階調）として記録・表現します。また文字だけ、あるいは文字が主体の一般的な文書では、白か黒の二段階（二階調）だけで表す場合もあります（白黒二値）。カラーの場合は赤、緑、青の三色それぞれを256段階の階調で表し、組み合わせとして理論上16,777,216通りの色を表現することが可能です。

　これほど多くの色で画像を表現すれば、画像を表示、あるいは印刷するのに十分なため、ほとんどの場合においてフルカラーとも呼びます。

　また白から黒まで256段階で記録することをグレースケールと呼びます。

■領収書（サンプル）をスキャンして比較

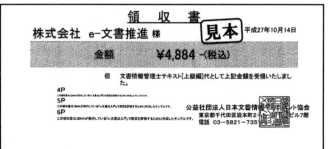

白黒二値画像

グレースケール画像

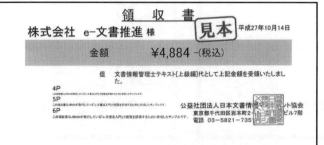

フルカラー画像

4-5　ファイル形式とファイルサイズ

　スキャンして得られた画像は、コンピュータ内では「ファイル」という単位で取り扱われます。ファイルにはさまざまな形式があり、どのような「ファイル形式」で保存するかも重要な検討事項です。ドキュメントスキャンで使われる主な画像ファイル形式には、TIFF、JPEG、PDFがあります。

　一般的な文書では、白黒二値の画像をG4方式で圧縮し、TIFF形式のファイルとして保存することが一般的です。

　TIFFファイルには、一つの画像だけを保持できるシングルページTIFFと、複数の画像を保持できるマルチページTIFFがあります。またPDF形式のファイルはフルカラーやグレースケール、白黒二値、いずれにも適したファイル形式です。

ファイル形式

PDF　　カラー、グレースケール、白黒の画像を保存できるファイル形式。
　　　　ISO規格（ISO32000）となっており世界で広く普及している。

TIFF　　白黒二値画像の保存によく利用され、ファイルサイズを小さくできる特長がある（ISO規格（ISO12639）にもなっている）。
　　　　ひとつの画像、または複数の画像を記録できる二つのタイプがある。

JPEG　　カラー画像の記録に適したファイル形式。
　　　　適度なデータ圧縮によってファイルサイズを小さくできる。

■ファイルサイズ（目安）

	解像度	圧縮方式	容量の目安(Kbyte)
白黒二値	200dpi	G4	30～200
グレースケール	200dpi	JPEG	300～500
フルカラー（RGB各色256階調）	200dpi	JPEG	400～600

いずれもA4サイズ原稿1枚の場合。

4-6 圧縮から見た画像品質

参考：国税関係書類を圧縮する場合 ◀◀◀
電子帳簿保存法(スキャナ保存関係)一問一答 問36(付録2)
https://www.nta.go.jp/law/joho-zeikaishaku/sonota/jirei/pdf/00023006-044_03-4.pdf

圧縮は記録されている情報を保ったままファイルのサイズを小さくする技術です。白黒二値で保存する場合はG4と呼ばれる圧縮方式が、カラー画像の場合はJPEGと呼ばれる圧縮方式が、よく利用されます。

JPEG圧縮では原理的に、人間の目では判別できない程度に元データの一部を省いてしまうため、圧縮されたファイルを元に戻しても、完全には元の状態にならないという特徴があります(非可逆圧縮)。またその圧縮の度合いを調整することによってファイルサイズと画像品質が変化します。

圧縮を強くするとファイルサイズは小さくなりますが、文字の再現性などが損なわれますので、画像を確認して適用する必要があります。

電子帳簿保存法では、4ポイントの文字が可読できなければなりません。

4-7 画像品質の検査項目

参考：国税関係書類をスキャンする場合 ◀◀◀
取扱通達趣旨説明(4−29)(付録1)、電子帳簿保存法(スキャナ保存関係)一問一答 問37〜39(付録2)

解像度、階調、圧縮による品質の程度はISO12653-3スキャナ用テストチャートで評価することができます。

主な検査項目

①欠損　②解像度　③階調・濃度　④同期性　⑤色再現性　⑥すじ

4ポイント文字

テストチャートによる4ポイント文字の識別方法

文字図票は、画像上の文字の可読性を確認するための図票です。

最小の4ポイント文字図票が可読でき、ISO No.1試験図票の140図票が判別できれば電子帳簿保存法の要件を満たすとみなすことができます。

参考：ISO12653-3 スキャナ評価用テストチャートによる国税関係書類の画質確認方法
https://www.jiima.or.jp/wp-content/uploads/pdf/testchart_20150714.pdf

62

■ ISO12653-3 スキャナ用テストチャート

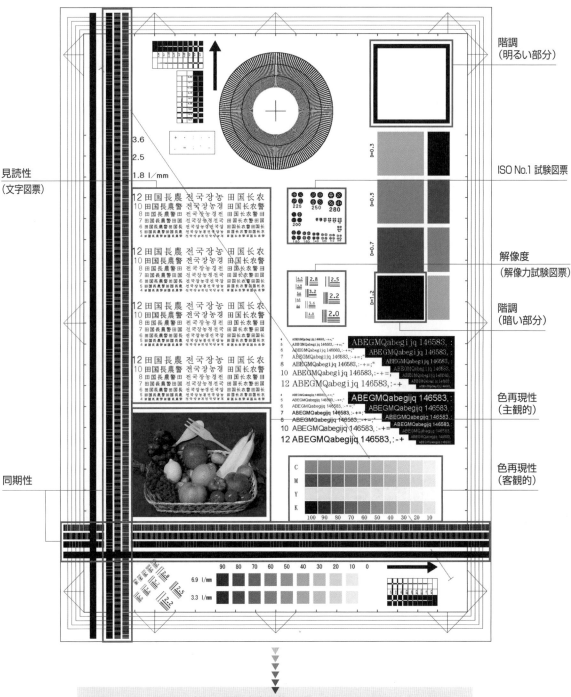

階調
（明るい部分）

ISO No.1 試験図票

見読性
（文字図票）

解像度
（解像力試験図票）

階調
（暗い部分）

色再現性
（主観的）

同期性

色再現性
（客観的）

参考：2015年7月3日付けの国税庁告示第11号で、このテストチャートもしくはJIS X 6933テストチャートを使用して、国税関係書類のスキャナ保存の画質を判定することとされました。

4-8　画像のサイズ

　令和5年度改正により、国税関係書類をスキャナで読み取った際の解像度・階調・大きさに関する情報の保存要件が廃止されました。ただし、解像度・階調・大きさに関する情報の確認は必要です。

　JPEGやTIFFなどのファイルフォーマットでは、ヘッダ情報に解像度と縦横の画素数、階調などが格納されています。大きさは、解像度と縦横それぞれの画素数から算出することができます。

> 大きさ（ミリメートル）＝画素数÷解像度×25.4

（1インチ＝25.4ミリメートル）

PDFファイルの大きさ確認

　PDF形式でファイルを保存する場合、PDFファイルの中にJPEGファイルが格納されています。PDFファイルのプロパティでは、JPEGファイルに格納されている解像度や画素数を参照することができません。このため、解像度・画素数・階調の

参考：Windowsのプロパティでは、「階調」は「ビットの深さ」として表されます。「24」とは24ビットをさし、赤・緑・青それぞれ256階調のことです。

情報を確認したい場合は、PDFファイルをJPEGファイルに変更し、そのヘッダ情報を参照することで、電子帳簿保存法の要件を満たしているかがわかります。デジタルカメラの画像などは、実際のサイズより大きく格納されている場合があります。

4-9　デジタルカメラ

　平成28年度改正で、「原稿台と一体型に限る」とする要件が廃止されたため、携帯電話、スマートフォンなどのカメラを含むデジタルカメラを使用することができるようになりました。解像度・階調・画素数などの要件は、デジタルカメラを含め全ての機器で同一です。

　原稿台と一体型（スキャナ、MFPなど）とは違い、デジタルカメラ等で国税関係書類の画像をスキャン（撮影）する際には、その特性上、要件を満たさない場合があるので、注意が必要です。デジタルカメラの設定や撮影のポイントなどを規定して管理する必要があります。

　特に注意すべき点を以下に示します。

解像度と画素数

　デジタルカメラの場合、解像度は読みとった書類の大きさと画素数をもとに判

断することになります。例えばA4サイズ（297mm×210mm）を387万画素（2,338画素×1,654画素）で撮影範囲ぎりぎりでスキャンすると200dpiとなります。同じ画素数でカメラを離して、余白が出る状態でスキャンすると200dpi未満となり、200dpi以上という要件を満たすことができません。

　また、デジタルカメラは一体型のスキャナに比べて解像度が低くなる傾向があります。スキャナと同じ解像度を得るためには、下表に示す画素数の2倍以上（800万画素以上）で撮影することをお奨めします。

紙文書の大きさ	相当する解像度	画素数（縦）	画素数（横）	総画素数
A4 297mm×210mm	200dpi	2,338	1,654	387万画素
A5 210mm×148mm	200dpi	1,654	1,166	193万画素

撮影（スキャン）について

　紙文書を平面の台の上に置きます。カメラは紙文書から垂直に真上にくるようにします。その際、湾曲したり、折れ曲がっている紙文書はまっすぐにします。

　この時、カメラが安定するように専用の台に固定して撮影することをお奨めします。（手ブレによるゆがみ防止、一定な距離の確保）。

手ブレ

　片手でラフに撮影すると手ブレにより画質が劣化します。

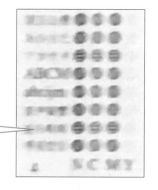

手ブレによる画質劣化
JIS X 6933テストチャートの4ポイント文字部
（手ブレのため、文字や図票が認識できない）

斜め撮影

　遠方ボケ（焦点が合わない）により画質が劣化します。

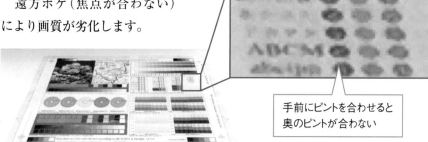

手前にピントを合わせると
奥のピントが合わない

書類が台形となる

　過度な台形の時は再度撮影（スキャン）してください。

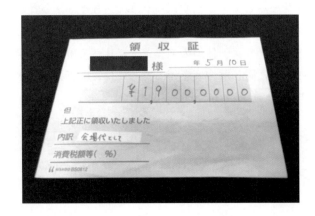

湾曲

　湾曲あるいは折り目のある書類を撮影する時は、国税関係書類を伸ばして撮影してください。

湾曲部の情報が認識できない

照明とカメラについて

　撮影はフラッシュを使用せずに行います。照明は指向性のないもの、あるいは間接照明などを使用します。照明が真上にあると照り返しの光が画像に入りやすいので、できるだけ横から（45度以下）照明を当てるようにしてください。

　光沢がある紙でも、照明の反射光がカメラに入らないことがISO13655（光学測定方法）に記載されています。光沢により紙文書にある文字が白く飛んで見えなくならないようにしてください。

　また、明るさは比較的暗い500ルクスくらいでも、カメラの感度を上げることで対応できることがあります。

デジタルカメラで撮影（スキャン）する場合は、画質を一定にすることができません。撮影後は必ず画像を確認し、不十分な画質の場合は、再度撮影してください。

テカリ

フラッシュ、直射日光、蛍光灯直下などでテカリが発生した場合は再度撮影（スキャン）してください。

暗所での撮影

過度に暗い所ではノイズの増加、手ブレ、オートフォーカスの失敗など画質の劣化が起こります。

約72ルクスで撮影した
サンプル（AF失敗による
ボケが発生している）

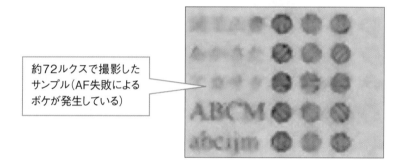

撮影条件のトレーサビリティを確保するために

総合的な見読性を評価する方法として、スキャナ用テストチャート（ISO12653-3）を撮影した画像を保存しておく方法があります。

使用する機種により同じ画素数でも、見読性が異なります。事前に確認をすませてください。また白飛びが発生していないかも併せて確認してください。

〈参考〉デジタルカメラの画質と撮影（スキャン）の注意点
JIS X 6933テストチャートの4ポイント文字の見読性

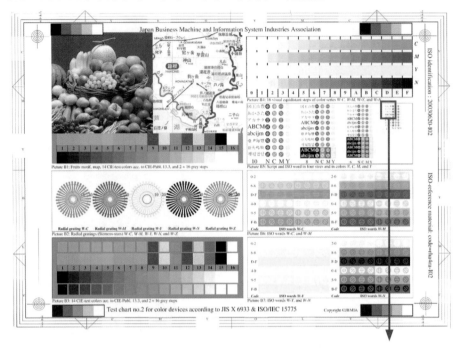

JIS X 6933テストチャートの
4ポイント文字図票の見読
性を比較したサンプル（機種
により、解像力が違う）

機種A	機種B	機種C

参考：非可逆圧縮強度別の画像
劣化サンプル
圧縮強度によりブロックノイズが多く
なる。
1/37は過度な圧縮で認識できない。

非圧縮	JPEG 圧縮 約1/29	JPEG 圧縮 約1/37

機種	画素数	縦横のドット数	ファイルサイズ※
機種A	1200万	4,032×3,024	2.54MB
機種B	800万	3,264×2,448	2.89MB
機種C	800万	3,280×2,460	1.39MB

※JIS X 6933をスキャンしたときの画像容量

階調の確認

　必要に応じて、ISO12653-3
スキャナ用テストチャートで
階調パターンを確認する。

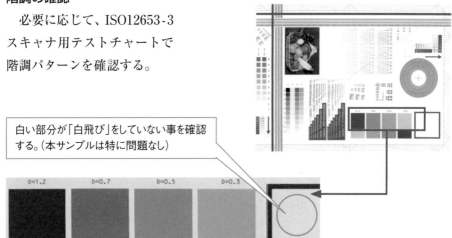

白い部分が「白飛び」をしていない事を確認
する。（本サンプルは特に問題なし）

見本

社内規程 〜スマートフォンによる国税関係書類のスキャン方法について〜

1. 事前の機器選定／設定の確認

(1) カメラからの出力画素数は 387 万画素以上であること。
撮像素子の画素数は、800 万画素以上のスマートフォンを推奨する。

(2) 新たにスマートフォンを選定するときは、必ずテストチャートで全域を撮影した上で、テストチャート JIS X 6933 の 4 ポイント文字図票の文字及び ISO 図形言語が認識できることを確認し、予め規程で定めたアプリケーション及び設定で撮影（スキャン）を行うこと。
テストチャートに ISO12653-3 を使用する場合は、4 ポイント文字及び ISO No.1 図票の140 図票が認識できること。

(3) 4 ポイント文字図票を認識できた時の、書類とカメラの距離を把握しておくこと。

［注意事項］
・スマートフォンの機種によっては撮像画素数を変更できるものがある。そのため撮影の際は、必ず（2）項で確認を行った設定を用いること。
・A4 サイズ全域の撮影で 4 ポイント文字を認識できない場合、カメラを近づけ撮影範囲を狭くして 4 ポイント文字を認識できるサイズの確認を行い、それ以下の書類サイズの撮影を可とする。
例えば、A5 サイズ以下で 4 ポイント文字が認識できるならば、その機器は A5 サイズ以下を使用可とする。
・テストチャートは、JIS X6933 または ISO12653-3 スキャナ用テストチャートを使用すること。

2. 撮影（スキャン）の方法と注意事項

(1) 撮影前に、必ず 1-(1) 項で定められた設定であることを確認すること。

(2) スキャンする際は、できるだけ大きく撮影するが、書類の端が切れないよう全体が映り込むようにすること。例えば A4 サイズを撮影する場合、書類全体が収まり、縁が見えるように撮影する。また書類とスマートフォンとの距離は 1-(3) 項で把握した距離以上に離して撮影しないこと。

(3) 原稿に対して、できるだけ真上から撮影する。（斜めから撮影しない）

(4) ズームなど拡大機能を使った撮影は行わないこと。

(5) 撮影後にアプリを使用して画像の加工を行わないこと。

(6) 周囲の照明に注意すること。
・過度に暗い所・明るさに濃淡がある場所で撮影しないこと。
・日光が差し込む環境を避ける。
・スマートフォンのフラッシュを使用してはならない。
・天井の照明の映り込み、反射光が映り込まないように撮影する。

(7) シャッターを押す時には、以下のことに注意すること。
・ピントがボケないよう、必ずオートフォーカスでピントが合った時に撮影すること。
・手ブレが起こらないように撮影すること。特に暗い環境で撮影を行う場合は注意すること。

3. 撮影（スキャン）後の確認

(1) 撮影後には、必ず撮影した画像の確認をすること。
・金額、署名などの重要部を拡大して、画像がボケていないか、影や照明の映り込みがないか、極度に変形した形に撮影されていないか等確認する。
・不備があった場合には、撮影のやり直しを行うこと。

第5章

電子帳簿保存法における
電子取引

5-1　電子取引の概要

　働き方改革が求められる中、テレワークなども徐々に定着し、非対面による事務手続きもだいぶ一般化してきました。従来の書面によるやり取りに代わる取引手段として、電子取引が様々な業種・業務の中で採用され広く利活用されるようになっています。電子取引を実現する様々なサービスが登場し、普及が進む中で電子取引を取り巻く環境は急速に変化している状況と思われます。

　ここでは、「税務関係書類の電子化にすぐに取り組めるよう」にするという本書の位置づけに従い、電子帳簿保存法で規定している電子取引についての解説を行います。

　電子帳簿保存法は、法人税法や所得税法などの税法の定めにより、紙保存が原則となる国税関係帳簿書類を、一定の要件を満たす事により、電磁的記録などによる保存を認めており、その保存方法についても規定しています。しかし電子取引に係る電磁的な記録については、電子帳簿保存法施行以前には保存義務がなかったため、電子取引に係る電磁的記録の保存について新たに規定が加えられています。

　電子帳簿保存法では取引に関して受け取ったり、交付したりする注文書、契約書、送り状、領収書、見積書やその他これらに準ずる書類に通常記載される情報（取引情報）の授受を電磁的な記録を用いた方法で行うことを電子取引と定めています。

　また、取引情報が電磁的な記録の授受によって行われる場合は、通信手段を問わず全て電子取引に該当するため、以下のような取引も電子取引として扱われます。

1.いわゆるEDI取引

2.インターネット等による取引

3.電子メールにより取引情報を授受する取引（添付ファイルによる場合も含む。）

4.インターネット上にサイトを設け、当該サイトを通じて取引情報を授受する取引

　つまり、インターネットや電子メール、EDI、その他の手段で取引先との間で取引情報の授受を電子的に行った場合は、電子取引として法令の要件に従って保存する義務があります。

　電子取引の範囲は、上記のように例示されていますが、従来からあるいわゆるEDI取引だけでなく、インターネットの普及やIT技術の革新により、様々な業務での利活用が進んでいるASP（Application Service Provider）事業者が提供する電子契約サービス、電子請求書発行サービスなどを介した取引を行ったものについても、電子取引として法令の要件に従った保存が必要になります。

　次節以降では、電子取引で行った取引情報などを保存する際の留意点について具体的に説明します。

5-2　電子取引の分類

　電子取引の範囲については、①EDI取引、②電子メールを利用した取引、③インターネット等による取引の大きく3つに分類できます。

【電子取引の分類】

それぞれの取引での業務概要やシステム例は下記の通りです。

【電子取引　分類別一覧】

分類	概要	対象業務例	取引	システム・サービス例
EDI 取引	異なる組織間で、取引のためのメッセージを、通信回線を介して標準的な規約を用いて、コンピューター間で交換する取引（※1）	・調達や購買に関する見積〜発注〜納品〜検収〜請求〜支払の一連業務	B to B	・EDI システム ・WEB-EDI システム ・サプライチェーンマネージメントシステム
		・金融機関を介した取引業務等（入金・振込・取引情報）	B to B	・ネットバンキングシステム ・全銀 EDI システム ・API を利用したシステム連携 ・Fintech サービス
電子メールを利用した取引	電子メールを利用した各種取引	・調達や購買に関する見積〜発注〜納品〜検収〜請求〜支払の一連業務 ・契約やその他取引	B to B B to C	・メールソフト ・ファイル転送サービス
インターネット等による取引	インターネット等を利用した各種取引	・経費の立替精算業務（精算書の電子化）	社内	・経費精算システム
		・契約業務	B to B	・電子契約
		・請求書配信業務	B to B	・請求書 WEB 配信システム
		・レシートの電子化（電子レシート※2）	B to B B to C	・電子レシートアプリ
	インターネット上のサイトを利用した各種取引	・物品等の購入（経費・仕入）	B to B B to C	・EC サイト（WEB サイト・スマホアプリ）
		・鉄道/航空・宿泊代の支払（出張・移動の交通費等）		
		・EC サイトを利用した販売（ネット販売）		
	その他	・FAX（※3）（電話回線・インターネット）	B to B B to C	・FAX サーバ ・FAX ソフト
		・タブレットによる電子申込		・電子申込システム

※1　通商産業省（現 経済産業省）の「電子計算機相互運用環境整備委員会（1989年度）」における定義。
※2　2018年2月に、経済産業省主導のもと電子レシートの実証実験が行われています。
※3　紙に出力せず、電子画像で保存する場合を指します。

（1）EDI取引

　EDI取引とは、異なる組織間で、取引のためのメッセージを、通信回線を介して標準的な規約を用いて、コンピューター間で交換することと定義しています。一般的には、複数の企業間における取引を行うことから、取引企業間での交換データの形式の統一や機密保持が必要となり、一定のデータ形式で標準化されています。

（2）電子メールを利用した取引

　電子帳簿保存法では、取引先と電子メールで取引情報の授受を行った場合には、添付されているファイルも含めて保存することとしています。

　電子メールの保存方法については、メールシステムの運用方法により異なると思われますが、メールアーカイブソフトなどを使用して別の記憶媒体に保存することが一般的です。

（3）インターネット等による取引

　インターネット等による取引は、様々なサービスが生まれ、非常に幅が広くなっています。一般的な取引としては、自社のホームページ等で受発注を行う取引、取引情報の授受をインターネット上で行うことなどがあげられます。また、ASP事業者が提供しているクラウドサービスを利用した取引も増えています。

　電子取引の中には、企業間の業務効率化を目的として、電子契約や請求書をインターネット上のサイトで授受するサービスがあります。それぞれ紙の保管コスト削減や、郵送料の削減、処理スピードの向上など、会社のバックオフィス業務効率化に繋がるサービスです。電子契約についていえば、印紙税が不要となるメリットもあります。

5-3　保存場所と保存期間

（1）保存場所

　保存場所とは、国税関係書類（取引関係書類）が、作成・受領された日本国内の事務所または納税地ということになります。また、サーバの設置場所については見読性・検索性などの要件を満たしていれば、たとえ海外であっても問題ありません。

（2）保存期間

　保存期間は、法人事業者の場合7年間となります。なお、欠損金の繰越控除をする法人は、最長で10年間の保存が必要となります。

納税地で見読性・検索性等の保存要件が満たされていれば
サーバがある保存場所自体は遠隔地で可（クラウド等含む）

保存要件を満たした状態

納税地又は事業所その他準ずる場所

7年間保存
（最長10年間保存）

5-4 電子取引の保存要件

（1）見読性の確保

　電子取引に係る電磁的記録の保存をする場所に、その電磁的記録を閲覧するためのパソコン、プログラム、ディスプレイ、プリンタを設置し、整然とした形式及び明瞭な状態で閲覧できることに加え、操作説明書を備え付けることを規定しています。

見読性の確保

操作
説明書

納税地又は事業所その他準ずる場所
（クラウドでも可）

（2）検索機能の確保

　対象の電子取引に係る記録事項について、下記となります。

①「取引年月日その他の日付」、「取引金額」、「取引先名称」を検索条件として設定できること。

②日付又は金額に係る記録項目については、その範囲を指定して条件を設定することができること。

③二以上の任意の記録項目を組み合わせて条件を設定することができること。

　なお、税務職員による質問検査権に基づくダウンロードの求めに応じることができる場合に、②、③の要件は不要となります。なお、判定期間（個人事業主の場合は前々年、法人の場合は前々事業年度）における売上高が5,000万円以下の事業者については全ての検索機能の確保の要件が不要となります。

（3）関係書類の備え付け

　電子取引データの授受システムなどのシステム概要書（システム全体の構成及び各システム間のデータの流れなど、データ処理過程を総括的に記載した設計書、システム概要書、フロー図、システム変更履歴書などの書類）やデータを出力や検索するための操作マニュアルなどを備え付けておくことが必要になります。

（関係書類の備付け）
システムの概要を
記載した書類

システム
概要

納税地又は事業所その他準ずる場所

　なお、オンラインマニュアルやオンラインヘルプ機能にシステム概要書と同等の内容が組み込まれている場合には、それが整然とした形式及び明瞭な状態で画面及び書面に、速やかに出力できるものであれば、システム概要書が備え付けられているものとして差し支え無いとされています。

（4）電子取引データからの書面保存廃止

　令和3年度における税制改正において、令和4年1月以降※行う電子取引データから書面に出力し保存することが廃止されました。従来は、財務省令に従って書面で保存することが容認されていましたが、本改正において、電子データで授受した電子取引データは要件に沿った保存が必要になりました。

　令和5年度の税制改正より新たな猶予措置として次のイ・ロの要件をいずれも満たしている場合には、改ざん防止や検索機能など保存時に満たすべき要件に沿った対応は不要となり、電子取引データを単に保存しておくことができることになりました。

　イ　保存時に満たすべき要件に従って電子取引データを保存することができなかったことについて、所轄税務署長が相当の理由があると認める場合（事前申請等は不要です。）

　ロ　税務調査等の際に、電子取引データの「ダウンロードの求め」及びその電子取引データをプリントアウトした書面の提示・提出の求めにそれぞれ応じることができるようにしている場合

　電子取引データの保存を行う場合、そのデータについて改ざん等を行い不正計算が行われ、税務申告した場合には、税務調査において賦課される重加

算税の額については、通常課される重加算税の額にその申告漏れに係る本税の10％に相当する金額を加算した金額と改正されましたので、改ざん等の不正が行われない社内体制を構築する必要があります。

5-5　保存上の措置

電子取引データの保存については、その真実性を確保する観点から、以下のいずれかの条件を満たす必要があります。

（1）タイムスタンプが付与されたデータを受領

取引情報の送信者がタイムスタンプを付与するケースです。この場合は、送信者及び受信者においてタイムスタンプの検証及び一括検証機能が必要となります。

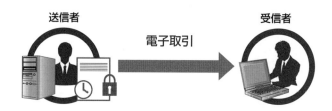

（2）受領後、タイムスタンプを付与

取引情報の受領先がタイムスタンプを付与する必要があるケースです。なお、データを受領後、約2カ月以内にタイムスタンプを付与し、当該取引データの保存担当者等の情報を確認することができるようにしておく措置です。この場合、タイムスタンプの検証及び一括検証機能が必要となります。

（3）データの訂正削除を行った場合にその記録が残るシステム又は訂正削除ができないシステムを利用

データを授受し保存するシステムにおいて、データの訂正削除を行った場合にその履歴の記録が残るシステム又は訂正削除ができないシステムを用い

るケースです。

この際、授受の方法と保存の処理について、ASPサービスで送受信や保存を行ったりEDI送受信システムなどで授受したデータを自動保存するようなシステムの場合は規程の備え付けなどは不要ですが、電子メールで送受信したデータやEDI送受信システムから出力されたデータを手動で保存するような場合は、規程の備え付けが必要となります。

①訂正削除を行った場合

履歴が残るシステムでは、取引履歴の訂正・削除の事実と内容が確認できる必要があります。

②訂正削除ができないシステム

訂正削除ができない場合には、取引の事実と内容が確認できます。

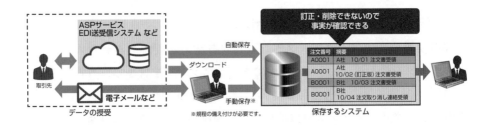

(4) 訂正削除の防止に関する事務処理規程を策定、運用、備付け

上記の(1)～(3)のいずれにおいても対応できない場合には、社内規程の整備により電子取引データを保存することになります。

①自らの規程のみによって防止する場合

・データの訂正削除を原則禁止
・業務処理上の都合により、データを訂正又は削除する場合(例えば、取引相手方からの依頼により、入力漏れとなった取引年月日を追記する等)の事務処理手続(訂正削除日、訂正削除理由、訂正削除内容、処理担当者の氏名の記録及

び保存）

・データ管理責任者及び処理責任者の明確化

②取引相手との契約によって防止する場合

・取引相手とデータ訂正等の防止に関する条項を含む契約を行うこと。

・事前に上記契約を行うこと。

・電子取引の種類を問わないこと。

　なお、国税庁からもサンプルが提示されています。実際には、事業規模などを踏まえ個々に検討をする必要もありますが、サンプルを利用することで検討が進めやすくなっていますので、ご確認ください。

付録 1

電子帳簿保存法取扱通達解説
（趣旨説明）

　「『電子帳簿保存法取扱通達の制定について』の一部改正について」（法令解釈通達）（令和5年6月23日付課総4-7ほか6課共同）による通達の改正に伴い、電子帳簿保存法取扱通達について新たに取扱いを定め又は所要の整備を行った項目を含めた趣旨等を説明しています。

> 国税庁ホームページ
> 電子帳簿保存法について
> https://www.nta.go.jp/law/joho-zeikaishaku/sonota/jirei/index.htm

用語の意義

　電子帳簿保存法取扱通達において、次に掲げる用語の意義は、別に定める場合を除き、それぞれ次に定めるところによる。

法・・・・・・・・・・・・・	電子計算機を使用して作成する国税関係帳簿書類の保存方法等の特例に関する法律をいう。
令・・・・・・・・・・・・・	電子計算機を使用して作成する国税関係帳簿書類の保存方法等の特例に関する法律施行令をいう。
規則・・・・・・・・・・・・・	電子計算機を使用して作成する国税関係帳簿書類の保存方法等の特例に関する法律施行規則をいう。
e－文書整備法・・・・・・・・	民間事業者等が行う書面の保存等における情報通信の技術の利用に関する法律の施行に伴う関係法律の整備等に関する法律をいう。
国税・・・・・・・・・・・	法第2条第1号((定義))に規定する国税をいう。
国税関係帳簿書類・・・・・・・	法第2条第2号((定義))に規定する国税関係帳簿書類をいう。
国税関係帳簿・・・・・・・・・	法第2条第2号((定義))に規定する国税関係帳簿をいう。ただし、法第4条((国税関係帳簿書類の電磁的記録による保存等))関係及び第8条((他の国税に関する法律の規定の適用))関係においては、規則第2条第1項に定めるものを除いたものをいう。
国税関係書類・・・・・・・・・	法第2条第2号((定義))に規定する国税関係書類をいう。
電磁的記録・・・・・・・・・・	法第2条第3号((定義))に規定する電磁的記録をいう。
保存義務者・・・・・・・・・・	法第2条第4号((定義))に規定する保存義務者をいう。
電子取引・・・・・・・・・・	法第2条第5号((定義))に規定する電子取引をいう。
電子計算機出力マイクロフィルム・	法第2条第6号((定義))に規定する電子計算機出力マイクロフィルムをいう。
電子計算機処理・・・・・・・・	規則第1条第2項第1号((定義))に規定する電子計算機処理をいう。
納税地等・・・・・・・・・	規則第1条第2項第2号((定義))に規定する納税地等をいう。
プログラム・・・・・・・・・	規則第2条第2項第1号((電磁的記録による国税関係帳簿の保存等の要件))に規定するプログラムをいう。
システム・・・・・・・・・	規則第2条第2項第1号イ((電磁的記録による国税関係帳簿の保存等の要件))に規定する電子計算機処理システムをいう。
特例国税関係帳簿・・・・・・・	規則第5条第1項((軽減された過少申告加算税の対象となる国税関係帳簿))に規定する特例国税関係帳簿をいう。
スキャナ保存・・・・・・・・	法第4条第3項前段((国税関係書類の電磁的記録による保存))の規定の適用を受けている国税関係書類に係る電磁的記録による保存をいう。

目　次

第1章　通則

法第2条((定義))関係

第2章　適用要件

法第4条((国税関係帳簿書類の電磁的記録による保存等))関係

法第2条((定義))関係

> （国税関係帳簿の範囲）
> 2−1　法第2条第2号((国税関係帳簿書類の意義))に規定する「国税関係帳簿」には、酒税法第46条((記帳義務))に規定する帳簿のように、国税に関する法律において記帳義務を規定することにより保存義務が課されている帳簿も含まれることに留意する。

【解　説】

　国税関係帳簿には、所得税法第232条や法人税法第150条の2に規定する帳簿のように、法文上で備付け、記帳及び保存が義務付けられているものと、酒税法第46条に規定する帳簿のように、法文上は記帳のみが義務付けられているものがある。このため、法第2条第2号に規定する「国税関係帳簿（国税に関する法律の規定により備付け及び保存をしなければならないこととされている帳簿）」の解釈において、後者のような規定振りとなっている帳簿は、これに該当しないのではないかという見方もないわけではない。

　しかしながら、法文上で記帳のみが義務付けられている帳簿であっても、記帳の前提として、その備付けがなされるべきことはいうまでもなく、また、記帳された帳簿が、更正決定等が行われ得る期間、保存されなければならないことも記帳義務の趣旨からして当然である（酒税法基本通達第46条「6」（帳簿の備付場所及び保存期間の取扱い）参照）。したがって、そのような帳簿にも、備付け及び保存の義務が課されているということができる。

　そこで、酒税法第46条に規定する帳簿を例に、そのような帳簿も法第2条第2号に規定する国税関係帳簿に該当する旨を明らかにしたものである。

> ★（電子取引の範囲）
> 2−2　法第2条第5号((電子取引の意義))に規定する「電子取引」には、取引情報が電磁的記録の授受によって行われる取引は通信手段を問わず全て該当するのであるから、例えば、次のような取引も、これに含まれることに留意する。
> ⑴　いわゆるEDI取引
> ⑵　インターネット等による取引
> ⑶　電子メールにより取引情報を授受する取引（添付ファイルによる場合を含む。）
> ⑷　インターネット上にサイトを設け、当該サイトを通じて取引情報を授受する取引

【解　説】

　法第2条第5号において、電子取引とは、「取引情報（取引に関して受領し、又は交付する注文書、契約書、送り状、領収書、見積書その他これらに準ずる書類に通常記載される事項をいう。）の授受を電磁的方式により行う取引をいう。」と規定されているが、インターネット等の急速な進展により、いわゆるEDI（Electronic Data Interchange）

取引以外にも、様々な取引形態が発生してきており、納税者が行っている取引が電子取引に該当するか否かの判断に迷うケースもあると考えられる。したがって、取引情報の授受が電磁的方式によって行われる取引は全て該当するのであるが、その内容をある程度明示する必要があることから、一般に行われている電子取引について念のため例示したものである。

　なお、本通達の(4)の取引は、例えばＡＳＰ（Application Service Provider）事業者を介した取引がこれに該当する。この場合、取引情報の授受が電磁的記録により行われることから電子取引に該当するが、取引情報に係る電磁的記録は保存義務者側では保存がなく、一般的にはＡＳＰ事業者等の管理下にある電子計算機に保存されることとなる。

　しかし、このような場合であっても、４－７の注書の考え方を踏まえ、ＡＳＰ事業者等に保存されている電磁的記録が保存義務者に帰属し、規則第４条第１項（（電子取引の取引情報に係る電磁的記録の保存））の要件を満たし、納税地等の電子計算機において取引情報に係る電磁的記録をディスプレイの画面及び書面に速やかに出力でき、国税に関する法律の規定に基づく保存期間保存されるなどして当該保存期間を通じて当該電磁的記録の内容を確認できることが契約書等で明らかにされている場合には、納税者側で保存がなされているものとして取り扱うこととする。

（参考）
　○　ＥＤＩとは、商取引に関する情報を企業間で電子的に交換する仕組みをいう。
　○　ＡＳＰ事業者等とは、ビジネス用のソフトウェア等をインターネットを通じてレンタルする事業者をいう。

（保存義務者が国税関係帳簿書類に係る納税者でない場合の例示）
（保存義務者が国税関係帳簿書類に係る納税者でない場合の例示）
２－３　規則第１条第２項第２号（（納税地等の意義））に規定する「保存義務者が、……国税関係帳簿書類に係る国税の納税者でない場合」の保存義務者には、例えば、次に掲げる者が、これに該当する。
⑴　所得税法施行令第 48 条（（金融機関の営業所等における非課税貯蓄に関する帳簿書類の整理保存等））の規定により、非課税貯蓄の限度額管理に関する帳簿等を保存しなければならないこととされている金融機関の営業所等の長
⑵　酒税法第 46 条（（記帳義務））の規定により、酒類の販売に関する事実を帳簿に記載しなければならないこととされている酒類の販売業者

【解　説】
　規則第１条第２項第２号では、規則第２条第９項（（過去分重要書類））及び第５条第１項（（軽減された過少申告加算税の対象となる国税関係帳簿））に規定する届出書の提出先を決定する際の基準としての「納税地等」を、「保存義務者が、国税関係帳簿書類に係る国税の納税者である場合には当該国税の納税地をいい、国税関係帳簿書類に係る国税の納税者でない場合には当該国税関係帳簿書類に係る対応業務を行う事務所……の所在地をいう。」と定義している。

　この「納税地等」の定義のうち「保存義務者が、国税関係帳簿書類に係る国税の納税者である場合」については、所得税法（源泉徴収に関する規定を除く。）又は法人税法

付録１　電子帳簿保存法取扱通達解説

2

を例にとれば理解が容易である（所得税法又は法人税法における帳簿書類の保存義務者は当該各税法上の納税者でもある。）。しかしながら、「保存義務者が、……国税関係帳簿書類に係る国税の納税者でない場合」については、一般になじみが薄いと思われるため、これに該当する例として、

イ　所得税法上の非課税貯蓄の限度額管理に関する帳簿など非課税貯蓄に関する帳簿書類の保存義務者としての「金融機関の営業所等の長（非課税貯蓄に関する帳簿書類の保存義務者ではあるが、利子等に係る源泉所得税の納税者（源泉徴収義務者）ではない。）」

（注）　源泉徴収義務者は、国税通則法第2条第5号に規定する納税者であるが、この場合の源泉徴収義務者は金融機関（法人）そのものであって、金融機関の営業所等の長ではない。

ロ　酒税法上の酒類の販売に関する帳簿の保存義務者としての「酒類の販売業者（酒類の販売に関する帳簿の保存義務者ではあるが、酒税の納税者ではない。）」

を掲げたものである。

法第4条((国税関係帳簿書類の電磁的記録による保存等))関係

> （国税関係帳簿に係る電磁的記録の範囲）
>
> 4－1　法第4条第1項((国税関係帳簿の電磁的記録による保存等))又は第5条第1項((国税関係帳簿の電子計算機出力マイクロフィルムによる保存等))に規定する「国税関係帳簿に係る電磁的記録」とは、規則第2条第2項各号又は第3条第1項各号の要件に従って備付け及び保存（以下「保存等」という。）が行われている当該国税関係帳簿を出力することができる電磁的記録をいう。
>
> 　したがって、そのような電磁的記録である限り、電子計算機処理において複数の電磁的記録が作成される場合にそのいずれの電磁的記録を保存等の対象とするかは、保存義務者が任意に選択することができることに留意する。
>
> （注）　この場合の国税関係帳簿に係る電磁的記録の媒体についても保存義務者が任意に選択することができることに留意する。

【解　説】

　電子計算機を使用して国税関係帳簿を作成する過程においては、そのシステムによって、最初の入力データとしての電磁的記録や電子計算機処理の各段階ごとにその電磁的記録が加工されて作成される各電磁的記録など、多種、多様の電磁的記録が作成されていると考えられる。

　ところで、この法律の適用に当たり、これら電子計算機処理の各段階ごとに作成される各電磁的記録のうち、いずれの電磁的記録を保存等の対象とすべきかについては、これを示す具体的な規定は存しないものの、この法律が、従前の書面による国税関係帳簿の保存等に代えて電磁的記録による保存等を認めようとするものであることからすれば、規則第2条第2項各号又は第3条第1項各号の要件に従って保存等が行われているもので、国税関係帳簿を書面等に出力することができるものであれば必要十分ということができる。したがって、そのような電磁的記録である限り、電子計算機処理において複数の電磁的記録が作成される場合に、そのいずれの電磁的記録を保存等の対象とするかは保存義務者が任意に選択することができることとなるので、その旨を明らかにしたものである。

　また、電磁的記録に係る記録、保存の具体的な媒体としては、一般に、ハードディスク（HD）、コンパクトディスク（CD）、DVD、USBメモリ、光磁気ディスク（MO）、磁気テープ（MT）等があるが、この法律の適用に当たっては、これが可動媒体に限定されるのではないか（ハードディスクでの保存は認められないのではないか）、CD－Rのように記録されたデータの書換えができない媒体に限定されるのではないかといった受け止め方をする向きもある。さらには、クラウドストレージ（サービス）での保存等が認められるのか不明瞭でもある。しかしながら、この電磁的記録の媒体等についても、この法律上これを限定するような具体的な規定は存せず、保存義務者の任意の選択に委ねているものと解されるので、その旨を併せて明らかにした。

なお、いずれの媒体によることとしても、保存義務者は、その媒体の管理手続等を事務処理規定等において明確にするとともに、管理責任者を定める等により、適切に管理・保管しなければならないことはいうまでもない。

　以上の考え方については、国税関係書類に係る電磁的記録についても同様である。

（参考）

　法第2条第3号に規定する「電磁的記録」とは、情報（データ）それ自体、あるいは記録に用いられる媒体のことではなく、一定の媒体上に情報として使用し得る（一定の手順によって読み出すことができる）ものとして、情報が記録・保存された状態にあるもの、具体的には、情報がHDやCD等に記録・保存された状態にあるものをいう。

★　（法第4条各項の規定を適用する国税関係帳簿書類の単位）

4－2　法第4条各項（（国税関係帳簿書類の電磁的記録による保存等））の規定の適用に当たっては、一部の国税関係帳簿又は国税関係書類について適用することもできるのであるから、例えば、保存義務者における次のような国税関係帳簿書類の作成・保存の実態に応じて、それぞれの区分のそれぞれの国税関係帳簿又は国税関係書類ごとに適用することができることに留意する。

⑴　法第4条第1項の規定を適用する場合

①　仕訳帳及び総勘定元帳のみを作成している場合

②　①に掲げる国税関係帳簿のほか、現金出納帳、売上帳、仕入帳、売掛金元帳、買掛金元帳などの国税関係帳簿を作成している場合

③　①又は②に掲げる国税関係帳簿を本店で作成するほか事業部若しくは事業所ごとに作成している場合

⑵　法第4条第2項の規定を適用する場合

①　注文書の写しのみを作成している場合

②　①に掲げる国税関係書類のほか、領収書の写し、見積書の写し、請求書の写しなどの国税関係書類を作成している場合

③　①又は②に掲げる国税関係書類を本店で作成するほか事業部若しくは事業所ごとに作成している場合

⑶　法第4条第3項の規定を適用する場合

①　作成又は受領した注文書、領収書、見積書、請求書などの国税関係書類を保存している場合

②　①に掲げる国税関係書類を本店で保存しているほか事業部若しくは事業所ごとに保存している場合

　なお、国税関係帳簿書類の電磁的記録による保存等に当たっては、電磁的記録による保存等を開始した日（保存等に代える日）及び電磁的記録による保存等を取りやめた日（保存等に代えることをやめた日）を明確にしておく必要があることに留意する。

【解　説】

　法第4条各項では、国税関係帳簿又は国税関係書類の全部又は一部について、一定の要件の下、電磁的記録の保存等をもって国税関係帳簿又は国税関係書類の保存等に代え

ることができる旨規定されているが、この規定における「一部」の意義については、そもそも、保存義務者が国税関係帳簿書類のうち一部の国税関係帳簿書類しか電子計算機により作成等していないような場合でも、その電子計算機により作成等する国税関係帳簿又は国税関係書類について、一定の要件の下で電磁的記録による保存等を行うことができるとするものであり、その場合においても、必ずしも、電子計算機により作成等する国税関係帳簿書類の全部について適用しなければならないとするものでもない。

したがって、法第4条各項の規定の適用に当たっては、例えば、保存義務者における次のような国税関係帳簿書類の作成・保存の実態に応じて、それぞれの区分のそれぞれの国税関係帳簿又は国税関係書類ごとに適用を受けることができることとなる。

イ　法第4条第1項の規定を適用する場合

 ⑷　仕訳帳及び総勘定元帳のみを作成している場合

 ⑾　⑷に掲げる国税関係帳簿のほか、現金出納帳、売上帳、仕入帳、売掛金元帳、買掛金元帳などの国税関係帳簿を作成している場合

 ㈠　⑷又は⑾に掲げる国税関係帳簿を本店で作成するほか事業部若しくは事業所ごとに作成している場合

ロ　法第4条第2項の規定を適用する場合

 ⑷　注文書の写しのみを作成している場合

 ⑾　⑷に掲げる国税関係書類のほか、領収書の写し、見積書の写し、請求書の写しなどの国税関係書類を作成している場合

 ㈠　⑷又は⑾に掲げる国税関係書類を本店で作成するほか事業部若しくは事業所ごとに作成している場合

ハ　法第4条第3項の規定を適用する場合

 ⑷　作成又は受領した注文書、領収書、見積書、請求書などの国税関係書類を保存している場合

 ⑾　⑷に掲げる国税関係書類を本店で保存しているほか事業部若しくは事業所ごとに保存している場合

なお、国税関係帳簿又は国税関係書類の保存等に当たっては、基本的には合理的に区分できる国税関係帳簿又は国税関係書類の種類の単位ごと等、一定の継続性をもって保存等が行われることから、その国税関係帳簿又は国税関係書類に係る電磁的記録の保存等を開始した日及び取りやめた日について認識できることが一般的であると考えられる。そのため、当該日について明確にしておく必要があることについて留意的に明らかにしたものである。

また、他の条項においても同様の規定があるが、考え方は同様であり、一の国税関係帳簿書類を単位として、適用等（過去分重要書類の届出を含む。）することができることとなる。

6

（自己が作成することの意義）

4－3　法第4条第1項及び第2項（（国税関係帳簿書類の電磁的記録による保存等））並びに第5条（（国税関係帳簿書類の電子計算機出力マイクロフィルムによる保存等））に規定する「自己が」とは、保存義務者が主体となってその責任において行うことをいい、例えば、国税関係帳簿書類に係る電子計算機処理を会計事務所や記帳代行業者に委託している場合も、これに含まれることに留意する。

【解　説】

　法第4条及び第5条では、「自己が……電子計算機を使用して作成する場合には」と規定されている。この場合の「自己が」の意義について、これを「自ら」あるいは「自分自身が」と狭義に解する向きもあるが、これは、「保存義務者が主体となってその責任において」という趣旨であることから、電子計算機処理が必ずしも保存義務者自身によって行われる必要はなく、例えば、それを会計事務所や記帳代行業者に委託している場合も、これに含まれるので、その旨を明らかにしたものである。

★（最初の記録段階から一貫して電子計算機を使用して作成することの意義）

4－4　法第4条第1項（（国税関係帳簿の電磁的記録による保存等））及び第5条第1項（（国税関係帳簿の電子計算機出力マイクロフィルムによる保存等））に規定する「最初の記録段階から一貫して電子計算機を使用して作成する場合」とは、帳簿を備え付けて記録を蓄積していく段階の始めから終わりまで電子計算機の使用を貫いて作成する場合をいうことに留意する。

　なお、帳簿を備え付けて記録を蓄積していく段階の始めとは、帳簿の備付け等開始の日を指すが、課税期間（国税通則法第2条第9号（（定義））に規定する課税期間をいう。以下4－4、4－10、7－3、8－1、8－7及び8－15において同じ。）の定めのある国税に係る帳簿については、原則として課税期間の初日となることに留意する。

【解　説】

　法第4条第1項及び第5条第1項に規定する「最初の記録段階から一貫して電子計算機を使用して作成する場合」とは、備え付けた帳簿に記録を蓄積していく過程において、手書きなど電子計算機を使用しない過程を踏まずに、記録を蓄積していく段階の始めから終わりまで電子計算機の使用を貫いて作成する場合をいうことを明らかにしたものである。

　この場合の帳簿を備え付けて記録を蓄積していく段階の始めとは、帳簿の備付け等開始の日を指すが、法人税における事業年度や所得税における年分のように、課税期間の定めのある国税に係る帳簿にあっては、課税期間の初日に帳簿が備え付けられるのが一般的であることから、この旨を念のため示したものである。

　なお、例外的に課税期間の中途の日が帳簿の備付け等開始の日となる場合としては、例えば、不動産所得、事業所得又は山林所得を生ずべき業務のいずれの業務も行ってい

ない個人が年の中途において新たに業務を開始する場合や、法人が新たに支店等を開設し、その支店等において新たに帳簿を作成するようなケースがある。

　また、課税期間の定めのない国税に係る帳簿又は保存義務者が帳簿に係る国税の納税者でない場合の当該保存義務者が備え付ける帳簿の備付け等開始の日については、当該保存義務者が、その帳簿に係る電磁的記録の備付け等をもってその帳簿の備付け等に代えようとしたと確認できる日として差し支えないものとする。

　おって、国税関係帳簿は、備え付けた帳簿に記録を蓄積していく段階を経て保存に至るものであるのに対し、国税関係書類は、記録を蓄積していく段階が存在しないことから、書類の作成の始めから終わりまで電子計算機の使用を貫いて作成するとの意味で、法第4条第2項及び第5条第2項において、単に「一貫して電子計算機を使用して作成する」と規定されているものであり、考え方は同様である。

（保存義務者が開発したプログラムの意義）
4－5　規則第2条第2項第1号((システム関係書類等の備付け))（同条第3項及び第6項第6号において準用する場合を含む。）に規定する「保存義務者が開発したプログラム」とは、保存義務者が主体となってその責任において開発したプログラムをいい、システム開発業者に委託して開発したものも、これに含まれることに留意する。

【解　説】

　規則第2条第2項第1号では、保存義務者が開発したプログラム以外のプログラムを使用する場合には、電子計算機処理システムの概要を記載した書類及び同システムの開発に際して作成した書類の備付けを要しないこととされている。これは、保存義務者がそのプログラムの著作権（又は所有権）を持たない場合（保存義務者以外の者が開発したプログラムを購入して使用しているような場合）に、これらの書類はそもそも著作権者から保存義務者（プログラムの使用者）に交付されないのが一般的であって、保存義務者において備え付けられることがないという実態を考慮したことによるものと考えられる。

　この場合において、「保存義務者が開発したプログラム」を狭義に解すれば、システム開発業者に委託して開発したプログラムは含まれないとも考えられるが、このような委託開発の場合には、そのプログラムの所有権者は保存義務者であり、上記の各書類は保存義務者の管理下に置かれるものであることから、これらの書類の備付けを不要とする理由は存しないこととなる。

　そこで、保存義務者が開発したプログラムには、委託開発に係るプログラムも含まれる旨を明らかにしたものである。

（備付けを要するシステム関係書類等の範囲）

4－6　規則第2条第2項第1号イからニまで（（システム関係書類等の備付け））（同条第3項及び第6項第6号において準用する場合を含む。）に掲げる書類は、それぞれ次に掲げる書類をいう。

　なお、当該書類を書面以外の方法により備え付けている場合であっても、その内容を同条第2項第2号（（電子計算機等の備付け等））（同条第3項において準用する場合を含む。以下4－7及び4－8において同じ。）に規定する電磁的記録の備付け及び保存をする場所並びに同条第6項第4号（（スキャナ保存における電子計算機等の備付け等））に規定する電磁的記録の保存をする場所（以下4－7において「保存場所」という。）で、画面及び書面に、速やかに出力することができることとしているときは、これを認める。

⑴　同条第2項第1号イに掲げる書類　システム全体の構成及び各システム間のデータの流れなど、電子計算機による国税関係帳簿書類の作成に係る処理過程を総括的に記載した、例えば、システム基本設計書、システム概要書、フロー図、システム変更履歴書などの書類

⑵　同号ロに掲げる書類　システムの開発に際して作成した（システム及びプログラムごとの目的及び処理内容などを記載した）、例えば、システム仕様書、システム設計書、ファイル定義書、プログラム仕様書、プログラムリストなどの書類

⑶　同号ハに掲げる書類　入出力要領などの具体的な操作方法を記載した、例えば、操作マニュアル、運用マニュアルなどの書類

⑷　同号ニに掲げる書類　入出力処理（記録事項の訂正又は削除及び追加をするための入出力処理を含む。）の手順、日程及び担当部署並びに電磁的記録の保存等の手順及び担当部署などを明らかにした書類

【解　説】

　規則第2条第2項第1号では、各種のシステム関係書類等を備え付けることとされているが、これらの書類の種類及び名称は様々であることから、同号イからニまでに掲げる各書類について、それぞれの内容と、該当する書類の一般的な名称を例示したものである。同条第6項第6号において準用する場合にあっては、記載されている書類のほか、本通達の⑶に掲げる書類には、例えば、スキャナ装置、タイムスタンプ、検索機能及び訂正削除管理機能に関する操作要領が含まれ、⑷に掲げる書類には、例えば、タイムスタンプに係る契約書が含まれることとなることに留意する。

　なお、個々の書類が同条第2項第1号イからニまでに掲げる複数の区分に該当する場合であっても、それぞれに区分して新たに作成して備える必要はない。

　また、これらの書類は、電磁的記録で保存されている例も多いことから、保存場所で画面及び書面に、整然とした形式及び明瞭な状態で、速やかに出力することができるものであれば、必ずしも書面により保存する必要はないことを併せて明らかにした。

（電磁的記録の保存場所に備え付ける電子計算機及びプログラムの意義）

4－7　規則第2条第2項第2号及び第6項第4号（（電子計算機等の備付け等））に規定する「当該電磁的記録の電子計算機処理の用に供することができる電子計算機、プログラム」とは、必ずしも国税関係帳簿書類の作成に使用する電子計算機及びプログラムに限られないのであるから留意する。

（注）　規則第2条第2項第2号及び第6項第4号の規定の適用に当たり、保存場所に電磁的記録が保存等をされていない場合であっても、例えば、保存場所に備え付けられている電子計算機と国税関係帳簿書類の作成に使用する電子計算機とが通信回線で接続されているなどにより、保存場所において電磁的記録をディスプレイの画面及び書面に、それぞれの要件に従った状態で、速やかに出力することができるときは、当該電磁的記録は保存場所に保存等がされているものとして取り扱う。

【解　説】

　規則第2条第2項第2号及び第6項第4号では、電磁的記録の備付け及び保存をする場合に、当該電磁的記録の電子計算機処理の用に供することができる電子計算機を備え付けることとされている。

　この場合の電子計算機は、必ずしもその電磁的記録の作成過程において使用されたものである必要はなく、その電磁的記録の出力等の電子計算機処理の用に供することができるものであればよいことから、この旨を明らかにしたものである。

　ところで、国税関係帳簿書類に係る電磁的記録は、各税法において帳簿書類を保存すべきこととされている場所（規則第2条第2項第2号に規定する電磁的記録の備付け及び保存する場所並びに同条第6項第4号に規定する電磁的記録を保存する場所（以下これらを併せて「保存場所」という。））に保存等をすることを要するが、情報処理センターで処理している場合や情報処理業者等に委託して処理している場合などにあっては、これが保存場所以外の場所に保存等をされている場合もある。このような場合でも、例えば、保存場所の電子計算機と電磁的記録を作成する電子計算機とが通信回線で接続されているなどにより、保存場所において電磁的記録をディスプレイの画面及び書面に、それぞれの要件に従った状態で、速やかに出力することができるときには、特段の弊害もないことから、当該電磁的記録は保存場所に保存等をされているものとして取り扱うこととし、この旨を併せて明らかにした。

★（整然とした形式及び明瞭な状態の意義）

4－8　規則第2条第2項第2号（（電子計算機等の備付け等））、第3条第1項第2号（（マイクロフィルムリーダプリンタの備付け等））並びに第4条第1項（（電子取引の取引情報に係る電磁的記録の保存））及び第3項（（電子取引の取引情報に係る電磁的記録の保存に関する猶予措置等））に規定する「整然とした形式及び明瞭な状態」とは、書面により作成される場合の帳簿書類に準じた規則性を有する形式で出力され、かつ、出力される文字を容易に識別することができる状態をいう。

【解　説】

　規則第２条第２項第２号並びに第４条第１項及び第３項に規定する「整然とした形式及び明瞭な状態」の程度については、明文の規定は存しないが、一般的には、記録項目の名称とその記録内容の関連付けが明らかであるなど、書面の帳簿書類に準じた規則性をもった出力形式と、容易に識別することができる程度の文字間隔、文字ポイント及び文字濃度をもった出力状態が確保される必要があると解される。そこで、この旨を明らかにしたものである。

　また、規則第３条第１項第２号に規定する電子計算機出力マイクロフィルムによる保存の場合にあっては、マイクロフィルムリーダプリンタへの画面表示時又は書面への印刷時において上記の要件を満たすような形式等により、フィルム上へのデータ出力がなされていることを要する。

(注)１　出力形式については、書面の帳簿のような罫線を含んだ形式が必ずしも求められるものではないが、一方、いわゆるダンプリストのようなデータを羅列しただけの形式が認められるものでもない。

　　　２　ディスプレイへの画面表示においては、一の記録事項を横スクロールによって表示するような表示形式も認められるものの、書面への出力を当該画面のハードコピーによっている場合で、かつ、一の記録事項が複数枚の書面に分割して出力されるような出力形式は、一覧的に確認することが困難となることから、整然とした形式に該当しないこととなる。

★（検索機能の意義）

４−９　規則第２条第３項において準用する同条第２項並びに同条第６項第５号（（検索機能の確保））及び第５条第５項第１号ハ（（優良な電子帳簿に関する検索機能の確保））に規定する「電磁的記録の記録事項の検索をすることができる機能」とは、蓄積された記録事項から設定した条件に該当する記録事項を探し出すことができ、かつ、検索により探し出された記録事項のみが、ディスプレイの画面及び書面に、整然とした形式及び明瞭な状態で出力される機能をいう。この場合、検索項目について記録事項がない電磁的記録を検索できる機能を含むことに留意する。

　なお、蓄積された記録事項から設定した条件に該当する記録事項を探し出すことができるとは、原則として、保存する電磁的記録から一課税期間を通じて必要な条件設定を行って検索ができることをいうが、一課税期間を通じて検索することが困難であることにつき合理的な理由があると認められる場合で、保存媒体ごとや一課税期間内の合理的な期間等に区分して必要な条件設定を行って検索することができることとしているときには、これを認める。

【解　説】

　規則第２条第３項において準用する同条第２項並びに同条第６項第５号及び第５条第５項第１号ハに規定する検索機能とは、蓄積された記録事項から設定した条件に該当する記録事項を探し出すことができ、かつ、探し出された記録事項のみがディスプレイの画面及び書面に、整然とした形式及び明瞭な状態で出力される機能をいう。したがっ

てどのような条件を指定しても抽出されない電磁的記録が存在する、つまり特定の電磁的記録が検索の対象外となることは、検索ができるとはいえないと考えられるため、たとえ検索項目に係る記録事項がない場合であっても、ある検索項目が空欄であることを条件として検索できるようにする旨を明らかにしたものである。

なお、平成17年度の税制改正前の通達の注書において、検索機能には検索結果を並べ替える機能（いわゆるソート機能）等は含まれないことが記載されていたが、この通達においてもその考え方に変更はなく、ソート機能等を義務付けるものではない。しかしながら近年のコンピュータシステムではソート機能は通常の機能として組み込まれているものも多いと考えられることから、あえて明示しないこととしたものである。

また、書面による国税関係帳簿書類の場合は、課税期間ごとに整理・保管され、その一課税期間ごとの帳簿又は書類の中から、必要なものを探し出していくことが一般的であることから、電磁的記録の検索機能についても、原則として、保存する電磁的記録から一課税期間を通じて必要な条件設定を行って検索することができる必要があることを明らかにしたものである。

ただし、例えばデータ量が膨大であるため一課税期間の電磁的記録を複数の保存媒体に保存せざるを得ないなど、保存する電磁的記録に対して一課税期間を通じて必要な条件設定を行って検索することが困難であることにつき、合理的な理由があると認められる場合には、その保存媒体ごとや一課税期間内の合理的な期間ごとに必要な条件設定を行って検索できればよいことを併せて明らかにしている。

（範囲を指定して条件を設定することの意義）

4－10　規則第2条第6項第5号ロ（（検索機能の確保））及び第5条第5項第1号ハ⑵（（優良な電子帳簿に関する検索機能の確保））に規定する「その範囲を指定して条件を設定することができる」とは、課税期間ごとに、日付又は金額の任意の範囲を指定して条件設定を行い検索ができることをいうことに留意する。

【解　説】

規則第2条第6項第5号ロ及び第5条第5項第1号ハ⑵では、日付及び金額についてはその範囲を指定して条件を設定することができることとされている。これは、書面による帳簿書類の場合であれば手に取りかつ目で見て探すことが可能であるが、電磁的記録ではそれが不可能であることから保存の要件とされているものである。

書面による国税関係帳簿書類の場合は、各課税期間ごとに整理・保管され、その一課税期間ごとの帳簿又は書類の中から、必要なものを探し出していくことが一般的であることから、電磁的記録における検索機能の日付又は金額の場合の範囲指定においても、一課税期間ごとであれば、任意の範囲を指定して条件設定を行い検索ができる必要があることを明らかにしたものである（4－9参照）。

なお、電磁的記録における検索機能の日付の場合の範囲指定においても、二課税期間以上又は別々の帳簿及び書類の種類等をまたがって範囲指定できることを保存義務者に求めるものではない。

　　（注）　税務職員による質問検査権に基づく電磁的記録のダウンロードの求めに応じることができるようにしている場合には、この範囲を指定して条件を設定できる機能及び二以上の任意の記録項目を組み合わせて条件を設定できる機能の確保は不要となる。

　　　また、電子取引の取引情報に係る電磁的記録の保存に当たっては、①その判定期間に係る基準期間の売上高が5,000万円以下（令和5年12月31日までに行う電子取引については1,000万円以下）の事業者である場合又はその電磁的記録について整然とした形式及び明瞭な状態で出力された書面を取引年月日その他の日付及び取引先ごとに整理されたものの提示若しくは提出の求めに応じることができる場合であって、かつ、②上記の電磁的記録のダウンロードの求めに応じることができるようにしているときには、全ての検索機能の確保の要件が不要となる。

（二以上の任意の記録項目の組合せの意義）

4－11　規則第2条第6項第5号ハ（（検索機能の確保））及び第5条第5項第1号ハ⑶（（優良な電子帳簿に関する検索機能の確保））に規定する「二以上の任意の記録項目を組み合わせて条件を設定することができること」とは、個々の国税関係帳簿書類に係る電磁的記録の記録事項を検索するに当たり、当該国税関係帳簿書類に係る検索の条件として設定した記録項目（取引年月日その他の日付、取引金額及び取引先）（同号ハについては、取引年月日、取引金額及び取引先）から少なくとも二の記録項目を任意に選択して、これを検索の条件とする場合に、いずれの二の記録項目の組合せによっても条件を設定することができることをいうことに留意する。

【解　説】

　規則第2条第6項第5号ハ及び第5条第5項第1号ハ⑶に規定する「二以上の任意の記録項目を組み合わせて条件を設定することができること」のうち「二以上」とは、検索の条件として設定した記録項目（取引年月日その他の日付、取引金額及び取引先）（同号ハについては、取引年月日、取引金額及び取引先）のうち少なくとも二の記録項目をいい、また、「任意の記録項目を組み合わせて条件を設定することができること」とは、当該二の記録項目を任意に選択して、これを検索の条件とする場合に、いずれの二の記録項目の組合せによっても条件を設定することができることをいう旨を明らかにしたものである。

　　（注）　税務職員による質問検査権に基づく電磁的記録のダウンロードの求めに応じることができるようにしている場合には、この範囲を指定して条件を設定できる機能及び二以上の任意の記録項目を組み合わせて条件を設定できる機能の確保は不要となる。

　　　また、電子取引の取引情報に係る電磁的記録の保存に当たっては、①その判定期間に係る基準期間の売上高が5,000万円以下（令和5年12月31日までに行う電子取引については1,000万円以下）の事業者である場合又はその電磁的記録について整然とした形式及び明瞭な状態で出力された書面を取引年月日そ

の他の日付及び取引先ごとに整理されたものの提示若しくは提出の求めに応じることができる場合であって、かつ、②上記の電磁的記録のダウンロードの求めに応じることができるようにしているときには、全ての検索機能の確保の要件が不要となる。

★（検索できることの意義）

4－12　規則第2条第6項第5号（(検索機能の確保)）に規定する「検索をすることができる機能を確保しておくこと」とは、システム上検索機能を有している場合のほか、次に掲げる方法により検索できる状態であるときは、当該要件を満たしているものとして取り扱う。

⑴　国税関係書類に係る電磁的記録のファイル名に、規則性を有して記録項目を入力することにより電子的に検索できる状態にしておく方法

⑵　当該電磁的記録を検索するために別途、索引簿等を作成し、当該索引簿等を用いて電子的に検索できる状態にしておく方法

【解　説】

　規則第2条第6項第5号では、国税関係書類に係る電磁的記録（電子取引の取引情報に係る電磁的記録を含む。）の記録事項の検索をすることができる機能を確保しておくこととされているが、保存システムに検索機能を有するものに限らず、例えば次のような方法により、検索対象となる記録事項を含んだファイルを抽出できる機能を確保している場合には、同号の要件を満たしているものとして取り扱う旨を明らかにしたものである。

イ　当該電磁的記録のファイル名に、規則性を持った形で記録項目を入力（例えば、取引年月日その他の日付（西暦）、取引金額、取引先の順で統一）して一覧性をもって管理することにより、フォルダ内の検索機能を使用して検索できる状態にしておく方法

ロ　エクセル等の表計算ソフトにより索引簿等を作成し、当該エクセル等の検索機能を使用して当該電磁的記録を検索できる状態にしておく方法

（国税に関する法律の規定による提示又は提出の要求）

4－13　規則第2条第2項第3号及び第6項、第4条第1項及び第3項並びに第5条第5項第1号及び第2号ホに規定する「国税に関する法律の規定による……提示又は提出の要求」については、国税通則法第74条の2から第74条の6までの規定による質問検査権の行使に基づく提示又は提出の要求のほか、以下のものが対象となる。

⑴　国税通則法の規定を準用する租税特別措置法、東日本大震災からの復興のための施策を実施するために必要な財源の確保に関する特別措置法（復興特別所得税・復興特別法人税）及び一般会計における債務の承継等に伴い必要な財源の確保に係る特別措置に関する法律（たばこ特別税）の規定による質問検査権の行使に基づくもの（措法87の6⑪等、復興財確法32①、62①、財源確保法19①）

⑵　非居住者の内部取引に係る課税の特例、国外所得金額の計算の特例等に係る同種の事業を営む者等に対する質問検査権の行使に基づくもの（措法40の3の3、措法41の19の5等）

⑶　国外財産調書・財産債務調書を提出する義務がある者に対する質問検査権の行使に基づくもの（国送法7②）

⑷　支払調書等の提出に関する質問検査権の行使に基づくもの（措法9の4の2等）

⑸　相手国等から情報の提供要請があった場合の質問検査権の行使に基づくもの（実特法9①）

⑹　報告事項の提供に係る質問検査権の行使に基づくもの（実特法10の9①等）

⑺　納税の猶予の申請に係る事項に関する調査に係る質問検査権の行使に基づくもの（国税通則法46の2⑪）

⑻　滞納処分に関する調査に係る質問検査権の行使に基づくもの（国税徴収法141）

【解　説】

　規則第2条第2項第3号及び第6項、第4条第1項及び第3項並びに第5条第5項第1号及び第2号ホにおいて「国税に関する法律の規定による……提示又は提出の要求」と規定されているところ、一般的な税務調査において行われる国税通則法第74条の2から第74条の6までの規定による質問検査権の行使に基づく提示又は提出の要求のほか、本通達に掲げるものも対象となるため留意的に示したものである。

★（電磁的記録の提示又は提出の要求に応じる場合の意義）

4－14　規則第2条第2項第3号及び第6項、第4条第1項並びに第5条第5項の「国税に関する法律の規定による……電磁的記録の提示又は提出の要求に応じること」とは、法の定めるところにより備付け及び保存が行われている国税関係帳簿又は保存が行われている国税関係書類若しくは電子取引の取引情報に係る電磁的記録について、税務職員から提示又は提出の要求（以下4－14において「ダウンロードの求め」という。）があった場合に、そのダウンロードの求めに応じられる状態で電磁的記録の保存等を行い、かつ、実際にそのダウンロードの求めがあった場合には、その求めに応じることをいうのであり、「その要求に応じること」とは、当該職員の求めの全てに応じた場合をいうのであって、その求めに一部でも応じない場合はこれらの規定の適用（電子帳簿等保存制度の適用・検索機能の確保の要件の緩和）は受けられないことに留意する。

したがって、その求めに一部でも応じず、かつ、規則第2条第6項第5号に掲げる要件（検索機能の確保に関する要件の全て）又は第5条第5項に定める要件（優良な電子帳簿に関する要件。なお、国税関係書類については、これに相当する要件）が備わっていなかった場合には、規則第2条第2項、第3項若しくは第6項、第3条又は第4条第1項の規定の適用に当たって、要件に従って保存等が行われていないこととなるから、その保存等がされている電磁的記録又は電子計算機出力マイクロフィルムは国税関係帳簿又は国税関係書類とはみなされないこととなる（電子取引の取引情報に係る電磁的記録については国税関係書類以外の書類とみなされないこととなる）ことに留意する。

また、当該ダウンロードの求めの対象については、法の定めるところにより備付け及び保存が行われている国税関係帳簿又は保存が行われている国税関係書類若しくは電子取引の取引情報に係る電磁的記録が対象となり、ダウンロードの求めに応じて行われる当該電磁的記録の提出については、税務職員の求めた状態で提出される必要があることに留意する。

【解　説】

「国税に関する法律の規定による……電磁的記録の提示又は提出の要求に応じること」とは、例えば国税通則法の質問検査権の規定に基づき、税務職員から法の定めるところにより備付け及び保存が行われている国税関係帳簿又は保存が行われている国税関係書類若しくは電子取引の取引情報に係る電磁的記録のダウンロード（当該電磁的記録を複製した写しとしての電磁的記録を提出すること）の求めがあった場合において当該求めに応じることをいい、規則第2条第2項においてこの要件は電子帳簿等保存の適用がある一方で、規則第2条第6項、第4条第1項及び第5条第5項においてこの要件を満たす場合には、検索機能の確保の要件のうち、記録項目の範囲を指定して条件を設定できる機能及び二以上の任意の記録項目を組み合わせて条件を設定できる機能は不要とされている。

　なお、税務職員からの法の定めるところにより備付け及び保存が行われている国税関係帳簿又は保存が行われている国税関係書類若しくは電子取引の取引情報に係る電磁的記録のダウンロードの求めに対し、その求めを受けた保存義務者が求められた一部分しかそのダウンロードに応じない（一部でも応じない）ような場合は、「国税に関する法律の規定による当該電磁的記録の提示又は提出の要求に応じることができるようにしている場合」には、該当しない。

　したがって、そのダウンロードの求めに応じない場合には、規則第２条第６項第５号に掲げる要件（検索機能の確保に関する要件の全て）又は第５条第５項に定める要件（優良な電子帳簿に関する要件。なお、国税関係書類については、これに相当する要件）が必要となるが、これらの要件が備わっていない場合には、規則第２条第２項、第３項若しくは第６項、第３条又は第４条の規定の適用に当たって、要件に従って保存等が行われていないこととなるため、保存等がされている当該電磁的記録又は電子計算機出力マイクロフィルムは国税関係帳簿又は国税関係書類とはみなされず（電子取引の取引情報に係る電磁的記録については国税関係書類以外の書類とはみなされず）、各税法に基づく帳簿書類の保存がなかったこととなることを留意的に明らかにしたものである。

　また、当該ダウンロードの求めについては、その対象は、当該電磁的記録が対象となることから、例えば、当該電磁的記録に関する履歴データ等のほか、当該電磁的記録を補完するための取引先コード表等も含まれることとなる。加えて、その提供形態については、当該電磁的記録において通常出力が可能な範囲で、求めに応じた方法（例えば出力形式の指定等）により提供される必要があるため、例えば、ＣＳＶ出力が可能であって、税務職員がＣＳＶ出力形式でダウンロードを求めたにも関わらず、検索性等に劣るそれ以外の形式で提出された場合は、当該ダウンロードの求めに応じたことにはならない。さらに、このダウンロードの求めに関する要件は、保存義務者において検索機能の確保の要件等に対応することが困難な場合であっても、保存すべき電磁的記録を複製した写しとしての電磁的記録が税務当局に提出されれば、税務当局の設備等を用いて検索等を行うことができることを踏まえて設けられたものである。そのため、このダウンロードの求めは、あくまで電磁的記録を複製した写しとしての電磁的記録の提出を求めるものであり、保存している電磁的記録を出力した書面を提示又は提出したり、電磁的記録を出力したディスプレイの画面を提示したりしたとしても、ここでいうダウンロードの求めに応じたこととはならない。

　おって、本規定の適用（検索機能の確保の要件の緩和）要件の対象とはならないが、税務調査においては、質問検査権の規定に基づき、税務職員が、当該国税関係帳簿書類以外の電磁的記録、例えば、その他パソコンに存在する取引に関するメールやメモデータといった電磁的記録についても提示又は提出を求める対象となることに留意する。

　（注）　規則第４条第３項における電磁的記録の提示又は提出の要求に応じる場合の意義についても同様に取り扱うことに留意する（７−14参照）。

（入力すべき記載事項の特例）

4−15　法第4条第3項（（国税関係書類の電磁的記録による保存））の適用に当たっては、国税関係書類の表裏にかかわらず、印刷、印字又は手書きの別、文字・数字・記号・符号等の別を問わず、何らかの記載があるときは入力することとなるが、書面に記載されている事項が、取引によって内容が変更されることがない定型的な事項であり、かつ、当該記載されている事項が規則第2条第6項第4号（（スキャナ保存における電子計算機等の備付け等））に規定する電磁的記録の保存をする場所において、同一の様式の書面が保存されていることにより確認できる場合には、当該記載されている事項以外の記載事項がない面については入力しないこととしても差し支えないこととする。

【解　説】

　国税関係書類の入力すべき範囲については、法第4条第3項で、「当該国税関係書類に記載されている事項を……電磁的記録に記録する場合には」と規定していることから、国税関係書類の表裏にかかわらず、原則として記載されている事項については全て入力する必要がある。

　したがって、裏面には印刷等がなく、全くの白紙である場合は裏面の入力を要しないが、例えば取引先の情報などの取引状況について、何らかの符号で裏面に記したりしている場合には、当該裏面も入力を要することとなる。

　ところで、書面に記載された事項には、保険契約申込書の裏面に印刷されている定型的な注意事項などのように、最初から紙に印刷された事項も含まれるのであるが、そのような定型的な記載事項は取引によって内容が変更されることがないことから、当該定型的な記載事項が記載されている書類を使用する前の状態で保存しているなどにより電磁的記録の保存をする場所で確認できる場合には、電磁的記録に記録した場合と同等と考えられるため、当該記載事項以外の記載事項がない面については入力をしないこととしても差し支えない旨を明らかにしている。

　なお、契約書など、いわゆるひな形を使用して作成する文書の場合は、そのひな形は単なる見本であり、通常内容を変更することが可能であるので、たとえひな形の内容を変更せずに文書を作成したものであっても、記載されている事項は全て入力することとなる。

（スキャナの意義）

4−16　規則第2条第5項に規定する「スキャナ」とは、書面の国税関係書類を電磁的記録に変換する入力装置をいう。したがって、例えば、スマートフォンやデジタルカメラ等も、上記の入力装置に該当すれば、同項に規定する「スキャナ」に含まれることに留意する。

【解　説】

　平成28年度の税制改正前においては、スキャナについて「原稿台と一体となったものに限る。」ことが要件とされていた。これは、社内において経理担当者等が経理処理

の際に領収書等の書面を確認した上でスキャナによる読み取りを行うことを念頭においた仕組みとされていたことによるものである。また、この「スキャナ」については法令上の定義はなく、一般的な用語を指しているものとしていたところであるが、「原稿台と一体となったものに限る。」とする要件があったため、いわゆる「スキャナ」として販売されている機器が用いられていた。

平成28年度の税制改正において、スマートフォン等を使用して社外において経理処理前に国税関係書類の読み取りを行い、そのデータによる経理処理を行えるよう、この「原稿台と一体となったものに限る。」とする要件が廃止され、用いることができる機器の選択肢が広くなった。

このため、本通達は、スキャナについて、書面の国税関係書類を電磁的記録に変換する入力装置であることを明らかにするとともに、スマートフォンやデジタルカメラ等の機器についても規則第2条第5項に規定する「スキャナ」に含まれることを例示的に明らかにしたものである。

★（速やかに行うことの意義）

4−17　規則第2条第6項第1号イ（（入力方法））に規定する「速やかに」の適用に当たり、国税関係書類の作成又は受領後おおむね7営業日以内に入力している場合には、速やかに行っているものとして取り扱う。

なお、同号ロに規定する「速やかに」の適用に当たり、その業務の処理に係る通常の期間を経過した後、おおむね7営業日以内に入力している場合には同様に取り扱う。

また、タイムスタンプを付す場合の期限である、同項第2号ロ（（スキャナ保存に係るタイムスタンプの付与））及び規則第4条第1項第2号（（電子取引に係るタイムスタンプの付与））にそれぞれ規定する「速やかに」の適用に当たっても、同様に取り扱う。

【解　説】

国税関係書類を入力する場合には、紙段階の改ざん可能性を低くする観点からは、当該国税関係書類の作成又は受領後直ちに行うことが望ましいのであるが、他の業務との関係上又は外出先で書類を作成又は受領する場合など、書類を作成又は受領した日であってもスキャナで読み取ることができない場合も一般的であると考えられる。

したがって、日次の処理を求めることも業務の実態に即しているとはいえないと考えられる。そこで、日次以外の一般的に考えられる期間の最小単位であり、また、短期間の業務処理サイクルの単位としても一般的に用いられる期間は1週間であることから、休日等をまたいで入力する場合があることも勘案し、7営業日を基本とすることが合理的と考えられる。

さらに、業種業態によっては必ずしも7営業日以内に入力することができない場合も考えられ、それらを一律に排除することは経済実態上合理的ではないことから、受領等の日の翌日から起算しておおむね7営業日以内に入力を行っている場合には、速やかに行っているものとして取り扱うこととしたものである。

なお、国税関係書類についてスキャナ保存する場合におけるその国税関係書類に係る記録事項へのタイムスタンプの付与及び電子取引の取引情報に係る電磁的記録の保存をする場合におけるその電磁的記録へのタイムスタンプの付与についても、上記の考え方と異なるところはないため、スキャナ保存及び電子取引の取引情報に係る電磁的記録の保存の要件であるタイムスタンプを付す場合の期限について、規則第２条第６項第２号ロ及び第４条第１項第２号（（タイムスタンプの付与））に規定する「速やかに」の適用に当たっても、同様に取り扱う旨、併せて明らかにしたものである。

★（業務の処理に係る通常の期間の意義）

４−18　規則第２条第６項第１号ロ及び第２号ロ（（入力方法））に規定する「その業務の処理に係る通常の期間」とは、国税関係書類の作成若しくは受領から入力まで又は作成若しくは受領からタイムスタンプを付すまでの通常の業務処理サイクルの期間をいうことに留意する。

　　なお、月をまたいで処理することも通常行われている業務処理サイクルと認められることから、最長２か月の業務処理サイクルであれば、「その業務の処理に係る通常の期間」として取り扱うこととする。

　　また、電子取引の取引情報に係る電磁的記録の保存の要件であるタイムスタンプに係る規則第４条第１項第２号ロ（（タイムスタンプの付与））に規定する「その業務の処理に係る通常の期間」の適用に当たっても、同様に取り扱う。

【解　説】

　規則第２条第６項第１号ロ及び第２号ロでは、「その業務の処理に係る通常の期間」と規定しているが、規則第５条第５項第１号イ⑵でも同様な規定がある。その考え方は、いずれも、企業等においてはデータ入力又は書類の事務処理などの業務を一定の業務処理サイクルで行うことが通例であり、また、その場合には適正な入力又は処理を担保するために、その業務処理サイクルを事務の処理に関する規程等で定めることが通例であるという、共通したものである。

　このような考え方から、規則第２条第６項第１号ロ及び第２号ロにおける「その業務の処理に係る通常の期間」とは、書類の事務処理、つまり国税関係書類の作成若しくは受領から入力（企業内でのチェックや決裁等を経てスキャナで読み取ること）まで又は作成若しくは受領からタイムスタンプを付すまでの通常の業務処理サイクルの期間をいうことを明らかにしている。

　なお、このように企業内チェック等が行われる場合には、月をまたいで処理することも通常行われている業務処理サイクルと認められることから、最長２か月の業務処理サイクルであれば、通常の期間として取り扱う旨を併せて明らかにしている。

　また、電子取引の取引情報に係る電磁的記録の保存におけるタイムスタンプの付与についても、上記の考え方と異なるところはないため、規則第４条第１項第２号（（タイムスタンプの付与））に規定する「その業務の処理に係る通常の期間」の適用に当たっても、同様に取り扱う旨、併せて明らかにしたものである。

（一の入力単位の意義）

４−19　規則第２条第６項第２号ロ（（タイムスタンプの付与））に規定する「一の入力単位」とは、複数枚で構成される国税関係書類は、その全てのページをいい、台紙に複数枚の国税関係書類（レシート等）を貼付した文書は、台紙ごとをいうことに留意する。

【解　説】

　　規則第２条第６項第２号ロでは、「一の入力単位」ごとにタイムスタンプを付すこととされている。この場合の「一の入力単位」とは、例えば、３枚で構成される請求書の場合には、意味として関連付けられたものとして、３枚で一つの国税関係書類を構成しているため、一度に読み取る３枚が一の入力単位となる。また、台紙に小さなレシートなどを複数枚貼付した場合は、物理的に関連付けられたものとして、複数の国税関係書類を一回のスキャニング作業で電子化することとなるため、台紙が一の入力単位となることを明らかにしたものである。

　　一方で、ここにいう入力単位とは、意味として関連付けられたもの又は物理的に関連付けられたものをいうのであるから、お互いに意味として又は物理的に関係を持たない複数の国税関係書類を一度にスキャニングしたからといって、それをもって一の入力単位ということにはならない。

　　なお、複数枚の国税関係書類を台紙に貼付してスキャニングした場合、検索機能によりそれぞれの国税関係書類ごとに適切に検索できる必要があり（４−９参照）、加えて、その国税関係書類のうち規則第２条第７項に規定する国税庁長官が定める書類（以下「一般書類」という。）以外のもの（以下「重要書類」という。）である場合にあっては、その国税関係書類に係る電磁的記録の記録事項と関連する帳簿の記録事項との関連性が明らかにされる必要があることに留意する。

（タイムスタンプと電磁的記録の関連性の確保）

４−20　規則第２条第６項第２号ロ（（タイムスタンプの付与））に規定する「タイムスタンプ」は、当該タイムスタンプを付した国税関係書類に係る電磁的記録の記録事項の訂正又は削除を行った場合には、当該タイムスタンプを検証することによってこれらの事実を確認することができるものでなければならないことに留意する。

【解　説】

　　規則第２条第６項第２号ロに規定するタイムスタンプは、当該タイムスタンプを付した電磁的記録の記録事項が訂正又は削除された場合には、当該タイムスタンプを検証することによってそのことが確認できる機能を有していることから、国税関係書類に係る電磁的記録の記録事項にタイムスタンプを付すことにより、当該電磁的記録の記録事項の訂正又は削除を行った事実を確認できることを目的の一つとしているものである。

　　ところで、国税関係書類に係る電磁的記録の記録事項にタイムスタンプを付したとしても、その後に何の記録も残らずに当該電磁的記録の記録事項をタイムスタンプが付されていない状態に戻せる場合や、電磁的記録の記録事項との適切な関連性を確保してい

ない場合などには、国税関係書類をスキャナで読み取った際に付したタイムスタンプの検証では電磁的記録の記録事項の訂正又は削除の事実が確認できなくなることがある。

　したがって、タイムスタンプを付した電磁的記録の記録事項の訂正又は削除を行った場合には、国税関係書類をスキャナで読み取った際に付したタイムスタンプを検証することによってこれらの事実を確認できるようにしておかなくてはならないことを念のため明らかにしたものである。

（タイムスタンプの有効性を保持するその他の方法の例示）

4－21　規則第2条第6項第2号ロ(1)（（タイムスタンプ））に規定する「その他の方法」とは、国税関係書類に係る電磁的記録に付したタイムスタンプが当該タイムスタンプを付した時と同じ状態にあることを当該国税関係書類の保存期間を通じて確認できる措置をいう。

【解　説】

　規則第2条第6項第2号ロ(1)では、タイムスタンプを付した記録事項が変更されていないことについて、国税関係書類の保存期間を通じて確認できることとされている。タイムスタンプの有効期間内等であれば、タイムスタンプの検証を行うことによってこれらのことを当該業務を行う者に対して確認することは可能であるが、タイムスタンプに有効期間等がある場合には、国税関係書類の保存期間の方が当該有効期間等より長いことがあり、有効期間等を過ぎてしまった場合はもはやその方法によることができないことがある。この場合は、有効期間等を過ぎてしまったとしても、タイムスタンプを付した時と同じ状態、つまり当該業務を行う者に対して確認したときと同様な結果を得られるような状態にする措置を講じる必要がある。したがって、そのことを明らかにしたものである。

　このような措置としては、例えば、タイムスタンプの有効期間等が過ぎる前に、当該タイムスタンプを付した記録事項に再度タイムスタンプを付すなどして、変更されていないことを確認することができる状態で当該情報を保存する方法がこれに該当することを明らかにしている。また、変更されていないことを確認するためにタイムスタンプを使用する場合、そのために使用するタイムスタンプは、パソコンのタイマーで作成したタイムスタンプなどではなく、信頼のおけるタイムスタンプでなければならないが、同号ロに規定するタイムスタンプについては信頼のおけるものと認められることとなる。

　なお、有効期限を超えたタイムスタンプについても、保存期間の満了までの期間が短期間であり、かつ、以下のイからハまでの状態が確認できる場合には、保存期間満了まではその信頼性が維持されているものであり有効性が保持されているものと認められる。

　イ　タイムスタンプの検証プログラムで、有効期限が切れていることを除いて、タイムスタンプが改ざんされていないことを検証し、対象記録事項のハッシュ値と改ざんされていないタイムスタンプに含まれる対象記録事項のハッシュ値が一致すること。

22

ロ　タイムスタンプが、総務大臣が認定する時刻認証業務を営む者から発行されたものであること。

ハ　タイムスタンプに用いた暗号アルゴリズムが危殆化していないこと。

　　（注）　令和４年度税制改正において、令和４年４月１日以後に保存が行われる国税関係書類及び電子取引の取引情報に係る電磁的記録に付す、その国税関係書類に係るスキャナ保存要件及び電子取引の取引情報に係る電磁的記録の保存要件におけるタイムスタンプについては、総務大臣が認定する時刻認証業務に係るものとされたが、同日から令和５年７月 29 日までの間に保存が行われる国税関係書類及び電子取引の取引情報に係る電磁的記録については、従前どおり一般財団法人日本データ通信協会が認定する業務に係るものとすることを可能とする経過措置が講じられている。

（認定業務）

４－22　規則第２条第６項第２号ロ（（タイムスタンプの付与））に規定する総務大臣が認定する時刻認証業務とは、電磁的記録に記録された情報にタイムスタンプを付与する役務を提供する業務をいい、時刻認証業務の認定に関する規程（令和３年総務省告示第 146 号）第２条第２項に規定する時刻認証業務（電子データに係る情報にタイムスタンプを付与する役務を提供する業務をいう。）と同義である。

【解　説】

　規則第２条第６項第２号ロでは、総務大臣が認定する時刻認証業務（電磁的記録に記録された情報にタイムスタンプを付与する役務を提供する業務をいう。）に係るタイムスタンプを付すこととされている。本通達は、総務大臣が認定する時刻認証業務とは時刻認証業務の認定に関する規程（令和３年総務省告示第 146 号）第２条第２項に規定する時刻認証業務であることを明らかにしたものである。

　　（注）　令和４年度税制改正において、令和４年４月１日以後に保存が行われる国税関係書類及び電子取引の取引情報に係る電磁的記録に付す、その国税関係書類に係るスキャナ保存要件及び電子取引の取引情報に係る電磁的記録の保存要件におけるタイムスタンプについては、総務大臣が認定する時刻認証業務に係るものとされたが、同日から令和５年７月 29 日までの間に保存が行われる国税関係書類及び電子取引の取引情報に係る電磁的記録については、従前どおり一般財団法人日本データ通信協会が認定する業務に係るものとすることを可能とする経過措置が講じられている。

（スキャナ保存における訂正削除の履歴の確保の適用）

4－23　規則第2条第6項第2号ハ(1)（（スキャナ保存における訂正削除の履歴の確保））に規定する「国税関係書類に係る電磁的記録の記録事項について訂正又は削除を行った場合」とは、既に保存されている電磁的記録を訂正又は削除した場合をいうのであるから、例えば、受領した国税関係書類の書面に記載された事項の訂正のため、相手方から新たに国税関係書類を受領しスキャナで読み取った場合などは、新たな電磁的記録として保存しなければならないことに留意する。

【解　説】

　規則第2条第6項第2号ハ(1)では、訂正又は削除を行う前の内容を確認できる電子計算機処理システムを使用することとされている。このため、例えば、一度スキャナで読み取り保存されている電磁的記録について、内容の変更があったとして新たに国税関係書類を相手方から受領した場合、新たに受領した国税関係書類をスキャナで読み取り、当初保存している電磁的記録の最新版として登録することが考えられなくもない。

　しかしながら、国税関係書類に係る電磁的記録は、紙の国税関係書類に代えて保存しているものであることから、紙と同数の電磁的記録が存在しなくてはならない。

（スキャナ保存における訂正削除の履歴の確保の特例）

4－24　規則第2条第6項第2号ハ(1)（（スキャナ保存における訂正削除の履歴の確保））に規定する「国税関係書類に係る電磁的記録の記録事項について訂正又は削除を行った場合」とは、スキャナで読み取った国税関係書類の書面の情報の訂正又は削除を行った場合をいうのであるが、書面の情報（書面の訂正の痕や修正液の痕等を含む。）を損なうことのない画像の情報の訂正は含まれないことに留意する。

【解　説】

　規則第2条第6項第2号ハ(1)では、国税関係書類に係る電磁的記録の記録事項の訂正を行った場合にはその内容が確認できる必要があることとされている。国税関係書類に係る電磁的記録の記録事項とは、文字の情報、色の情報などスキャナで読み取った当該国税関係書類の書面の情報をいうのであるから、これらを訂正する場合には、原則としてその訂正の内容が確認できなければならないこととなる。

　しかしながら、スキャナで画像を読み取る場合には、使用する者が意識することなしに何らかの画像に関する電磁的記録の補正が行われることが通常であり、このような補正までその前の内容を確認できることを求めることはスキャナ保存の実態に即していないとも考えられる。

　したがって、同号ハ(1)にいう電磁的記録の記録事項の訂正には、このような書類の情報を損なうことのない軽微な画像補正は含まれないことを明らかにしている。

　一方、訂正の痕や修正液の痕等が消えてしまうような画像補正の場合は、画像補正前の内容が確認できる必要があることとなる。

★（スキャナ保存における訂正削除の履歴の確保の方法）

4-25　規則第2条第6項第2号ハ⑴（（スキャナ保存における訂正削除の履歴の確保））に規定する「これらの事実及び内容を確認することができる」とは、電磁的記録を訂正した場合は、例えば、上書き保存されず、訂正した後の電磁的記録が新たに保存されること、又は電磁的記録を削除しようとした場合は、例えば、当該電磁的記録は削除されずに削除したという情報が新たに保存されることをいう。

　　したがって、スキャナで読み取った最初のデータと保存されている最新のデータが異なっている場合は、その訂正又は削除の履歴及び内容の全てを確認することができる必要があることに留意する。

　　なお、削除の内容の全てを確認することができるとは、例えば、削除したという情報が記録された電磁的記録を抽出し、内容を確認することができることをいう。

【解　説】

　規則第2条第6項第2号ハ⑴に規定する「これらの事実及び内容を確認することができる」という要件を満たす方法として、次のイ及びロを満たすようなシステムによっている場合には、この要件を満たすこととなる旨を明らかにしたものである。

イ　記録された電磁的記録は削除されないこと（削除の必要が生じた場合には、削除したという情報が記録され、物理的な削除がされないものであること。）

ロ　電磁的記録を訂正した場合には、上書き保存されないこと

　なお、削除したという情報が記録されている電磁的記録については、同項第5号に規定する検索機能により抽出が行われないこと及び同項第3号に規定する帳簿との関連性が確認できないこととしても差し支えないが、削除を行った事実及び内容を確認することができる必要があることから、削除したという情報が記録された電磁的記録を抽出し内容の確認ができる必要があることを念のため明らかにしたものである。

★（国税関係書類に係る記録事項の入力を速やかに行ったこと等を確認することができる場合（タイムスタンプを付す代わりに改ざん不可等のシステムを使用して保存する場合））

4-26　規則第2条第6項第2号ロ（（タイムスタンプの付与））に掲げる要件に代えることができる同号柱書に規定する「当該保存義務者が同号（規則第2条第6項第1号）イ又はロに掲げる方法により当該国税関係書類に係る記録事項を入力したことを確認することができる場合」については、例えば、他者が提供するクラウドサーバ（同項第2号ハに掲げる電子計算機処理システムの要件を満たすものに限る。）により保存を行い、当該クラウドサーバがNTP（Network Time Protocol）サーバと同期するなどにより、その国税関係書類に係る記録事項の入力がその作成又は受領後、速やかに行われたこと（その国税関係書類の作成又は受領から当該入力までの各事務の処理に関する規程を定めている場合にあってはその国税関係書類に係る記録事項の入力がその業務の処理に係る通常の期間を経過した後、速やかに行われたこと）の確認ができるようにその保存日時の証明が客観的に担保されている場合が該当する。

【解　説】

　規則第2条第6項第2号ロは、国税関係書類についてスキャナ保存する場合には、その国税関係書類に係る記録事項にタイムスタンプを付与することを要件として規定されており、同号柱書括弧書の「当該保存義務者が同号（規則第2条第6項第1号）イ又はロに掲げる方法により当該国税関係書類に係る記録事項を入力したことを確認することができる場合」には、当該タイムスタンプを付与することの要件に代えることができることとされているが、本通達は、このタイムスタンプに係る要件に代えることとなる場合の具体例を明らかにしたものである。

　この取扱いは、タイムスタンプ付与の代替要件として認められていることから、タイムスタンプが果たす機能である、ある時点以降変更を行っていないことの証明が必要となる。これは、スキャナ保存制度の適用要件として、スキャナによる入力要件（その保存をその作成若しくは受領後、「速やか」に行う方法又はその保存をその業務の処理に係る通常の期間を経過した後、「速やか」に行う方法により入力すること）があることから求められる要件であり、スキャナデータを所定の要件を満たす電子計算機処理システムへ格納する際には、当然にこの入力要件に従って保存を行う必要があるからである。

　したがって、保存義務者が合理的な方法でこの入力要件に従って保存を行ったことを証明する必要があるのであるから、その方法として、例えば、他者が提供するSaaS型のクラウドサービスが稼働するサーバ（自社システムによる時刻の改ざん可能性を排除したシステム）がNTPサーバ（ネットワーク上で現在時刻を配信するためのサーバ）と同期しており、かつ、スキャナデータが保存された時刻の記録及びその時刻が変更されていないことを確認できるなど、客観的にそのデータ保存の正確性を担保することができる場合がこれに該当する旨を明らかにしたものである。

　また、スキャナデータを異なるシステムやサーバに移行する際には、スキャナデータだけでなくデータを保存した時刻と、それ以降に改変されていないことの証明に必要な情報も引き継ぐ必要があることに留意する。

（帳簿書類間の関連性の確保の方法）

4−27　規則第2条第6項第3号（(帳簿書類間の関連性の確保)）に規定する「関連性を確認することができる」とは、例えば、相互に関連する重要書類及び帳簿の双方に伝票番号、取引案件番号、工事番号等を付し、その番号を指定することで、重要書類又は国税関係帳簿の記録事項がいずれも確認できるようにする方法等によって、原則として全ての重要書類に係る電磁的記録の記録事項と国税関係帳簿の記録事項との関連性を確認することができることをいう。

　　この場合、関連性を確保するための番号等が帳簿に記載されていない場合であっても、他の書類を確認すること等によって帳簿に記載すべき当該番号等が確認でき、かつ、関連する重要書類が確認できる場合には帳簿との関連性が確認できるものとして取り扱う。

（注）　帳簿との関連性がない重要書類についても、帳簿と関連性を持たない重要書類であるということを確認することができる必要があることに留意する。

　スキャナ保存できる国税関係書類は、取引に基づいて作成又は受領した書類であることから、帳簿のいずれかの記載事項と関連性を持っていると考えられる。紙の書類における保存においても、例えば、帳簿と直接には関連がないものと考えられるような国税関係書類であっても、一連番号などによって帳簿上のどの取引に係る国税関係書類なのか関連を確認できるようにしていることが通例であると考えられる。

　したがって、国税関係帳簿との間の相互関連性の確保が法令上必要とされている重要書類については、直接帳簿との関連性を持たないものと考えられるような重要書類を含め、原則として全ての重要書類について紙で重要書類を保管している場合と同様な方法などによって、関連性を確認することができるようにしなければならないことを明らかにしている。（国税関係帳簿の記録事項と必ずしも1対1の対応関係である必要はない。）また、規則第2条第6項第1号の記載事項の入力を行う前に帳簿作成をしている場合など、重要書類について帳簿作成の後にスキャナで読み取ることも想定されるため、何らかの方法で関連性が確認できる場合には、帳簿への相互関連性確保のための項目の記載は要しないこととする旨を明らかにしている。

　さらに、取引案件番号等により相互関連性を確保する場合であって、当該番号が付替え、統合、分割等された場合には、それらの関係を明らかにしておくことが必要となる。

　なお、帳簿との関連性がない重要書類についても、「関連性がない重要書類」ということを確認できる必要があることから、例えば、通常の取引では使用されない取引案件番号等を付し抽出できるようにするなどして、重要書類の内容を確認できる必要があることを併せて明らかにしている。

　　（注）　令和6年1月1日以後に保存が行われる一般書類のスキャナ保存においては、法令上、国税関係帳簿との間の相互関連性の確保は要件とされていないが、帳簿書類間の相互関連性については、上記のとおり何らかの方法で確認できるようにしていることが通例であると考えられる。

（関連する国税関係帳簿）

4－28　規則第2条第6項第3号（（帳簿書類間の関連性の確保））に規定する「関連する法第2条第2号に規定する国税関係帳簿」には、例えば、次に掲げる重要書類の種類に応じ、それぞれ次に定める国税関係帳簿がこれに該当する。

⑴　契約書　契約に基づいて行われた取引に関連する帳簿（例：売上の場合は売掛金元帳等）等

⑵　領収書　経費帳、現金出納帳等

⑶　請求書　買掛金元帳、仕入帳、経費帳等

⑷　納品書　買掛金元帳、仕入帳等

⑸　領収書控　売上帳、現金出納帳等

⑹　請求書控　売掛金元帳、売上帳、得意先元帳等

【解　説】

　重要書類に係る記録事項については、当該重要書類に関連する国税関係帳簿との間に

おいて、相互にその関連性を確認することができるようにしておくことが要件とされている。

　保存義務者によって作成されている帳簿の種類及び名称は様々であることから、重要書類の種類に応じ、一般的にはどのような帳簿が必要であるかを本通達は例示したものである。

　（注）　令和5年12月31日以前に保存が行われる国税関係書類のスキャナ保存については、一般書類に係る記録事項についても、国税関係帳簿との関連性を確認することができるようにしておくことが要件とされていることに留意する。

（4ポイントの文字が認識できることの意義）

4－29　規則第2条第6項第4号ニ（（スキャナ保存における電子計算機等の備付け等））の規定は、全ての国税関係書類に係る電磁的記録に適用されるのであるから、日本産業規格X6933又は国際標準化機構の規格12653－3に準拠したテストチャートを同項第2号の電子計算機処理システムで入力し、同項第5号に規定するカラーディスプレイの画面及びカラープリンタで出力した書面でこれらのテストチャートの画像を確認し、4ポイントの文字が認識できる場合の当該電子計算機処理システム等を構成する各種機器等の設定等で全ての国税関係書類を入力し保存を行うことをいうことに留意する。

　なお、これらのテストチャートの文字が認識できるか否かの判断に当たっては、拡大した画面又は書面で行っても差し支えない。

【解　説】

　規則第2条第6項第4号ニでは、国税関係書類に係る電磁的記録を国税庁長官の定めるところにより4ポイントの文字が認識できるような状態にしておくことが必要とされている。

　これは全ての国税関係書類に係る電磁的記録に適用されるのであるが、全ての国税関係書類に4ポイントの文字が含まれているわけではないことから、産業標準化法（昭和24年法律第185号）第20条第1項（日本産業規格）に規定する日本産業規格（いわゆるJIS規格）X6933又は国際標準化機構（いわゆるISO）の規格12653－3に準拠したテストチャートをスキャナ保存で使用するシステムで入力し、出力した画面及び書面においてこれらのテストチャートの4ポイントの文字の認識が可能となるように構成された、電子計算機処理システム等の各種機器やプログラムの設定及び使用方法等と同じ設定、使用方法等で、全ての国税関係書類の入力及び電磁的記録の保存を行うことをもって、4ポイントの文字が認識できるような状態であるとしたものである。そこで、このことを明らかにしたものである。

　なお、4ポイントの文字が認識できるとは、日本産業規格X6933のテストチャートにおいては4の相対サイズの文字及びISO図形言語を、国際標準化機構の規格12653－3のテストチャートにおいては4ポイントの文字及びISO No.1試験図票の140図票を認識できることをいう。

★（スキャナ保存の検索機能における記録項目）

4－30　規則第2条第6項第5号（（検索機能の確保））に規定する「取引年月日その他の日付、取引金額及び取引先」には、例えば、次に掲げる国税関係書類の区分に応じ、それぞれ次に定める記録項目がこれに該当する。

⑴　領収書　領収年月日、領収金額及び取引先名称

⑵　請求書　請求年月日、請求金額及び取引先名称

⑶　納品書　納品年月日及び取引先名称

⑷　注文書　注文年月日、注文金額及び取引先名称

⑸　見積書　見積年月日、見積金額及び取引先名称

（注）　一連番号等を国税関係帳簿書類に記載又は記録することにより規則第2条第6項第3号（（帳簿書類間の関連性の確保））の要件を確保することとしている場合には、当該一連番号等により国税関係帳簿（法第4条第1項（（国税関係帳簿の電磁的記録による保存等））又は第5条第1項（（国税関係帳簿の電子計算機出力マイクロフィルムによる保存等））を適用しているものに限る。）の記録事項及び国税関係書類（法第4条第3項を適用しているものに限る。）を検索することができる機能が必要となることに留意する。

【解　説】

　規則第2条第6項第5号に規定する「取引年月日その他の日付、取引金額及び取引先」の意義は、それぞれ、次のとおりであることから、この考え方に基づいて、主な国税関係書類の種類ごとに該当の具体的記録項目を例示したものである。

イ　取引年月日その他の日付　国税関係書類に記載すべき日付をいう。

　　なお、「取引年月日その他の日付」は、基本的には国税関係書類の授受の基となる取引が行われた年月日を指すが、当該国税関係書類を授受した時点でその発行又は受領の年月日として記載又は記録されている年月日を記録項目として用いても差し支えない。

　　（注）　上記の国税関係書類を授受した時点でその発行又は受領の年月日として記載又は記録されている年月日を記録項目として用いる場面としては、例えば、納品書を納品の都度取り交わすのではなく、月にそれぞれの納品日をまとめて記載した納品書を授受した場合において、一つの国税関係書類に複数の取引年月日が記載又は記録されることとなるときが考えられるが、この場合、その発行又は受領の年月日として国税関係書類に記載又は記録されている年月日を記録事項として用いることができる。

ロ　取引金額　国税関係書類に記載すべき取引の金額又は資産の譲渡等の対価の額等をいい、単価及び残高を含まない。

ハ　取引先　取引先名称（国税関係書類に記載すべき取引先名称）をいう。

　　なお、取引先名称は必ずしも名称でなく、取引先コードが定められ、当該コード表が備え付けられている場合には、当該コードによる記録でも差し支えない。

（電磁的記録の作成及び保存に関する事務手続を明らかにした書類の取扱い）

4－31　一般書類や過去分重要書類の保存に当たって、既に、電磁的記録の作成及び保存に関する事務手続を明らかにした書類を備え付けている場合において、これに当該事務の責任者の定めや対象範囲を追加して改訂等により対応するときは、改めて当該書類を作成して備え付けることを省略して差し支えないものとする。

【解　説】

　規則第2条第7項（（一般書類の保存））及び第9項（（過去分重要書類の保存））では、「当該電磁的記録の作成及び保存に関する事務の手続を明らかにした書類（当該事務の責任者が定められているものに限る。）」の備付けが必要とされている。スキャナ保存を行っている場合、規則第2条第6項第6号において準用する同条第2項第1号ニにより、「当該電磁的記録の作成及び保存に関する事務手続を明らかにした書類」を既に備え付けていることになるが、一般書類や過去分重要書類については、責任者の定めのある規程を作成しておく必要があるところ、この書類において「当該事務の責任者を定め」等を追加して改訂する等で対応するときは、一般書類や過去分重要書類の保存に当たって、別途、作成、備付けをすることを省略して差し支えないことを明らかにしたものである。

（一般書類及び過去分重要書類の保存における取扱い）

4－32　規則第2条第7項（（一般書類の保存））及び第9項（（過去分重要書類の保存））のスキャナ保存について、「国税関係書類に係る記録事項を入力したことを確認することができる場合」には、同条第6項第2号ロ（（タイムスタンプの付与））の要件に代えることができることに留意する。

　　なお、この「国税関係書類に係る記録事項を入力したことを確認することができる場合」とは、4－26の方法により確認できる場合はこれに該当する。

　　また、通常のスキャナ保存の場合と異なり、その国税関係書類に係る記録事項の入力が「同号（規則第2条第6項第1号）イ又はロに掲げる方法」によりされていることの確認は不要であり、入力した時点にかかわらず、入力した事実を確認できれば足りることに留意する。

【解　説】

　規則第2条第7項及び第9項のスキャナ保存についても、同条第6項の規定を読み替えて適用することとなり「当該保存義務者が同号（規則第2条第6項第1号）イ又はロに掲げる方法により当該国税関係書類に係る記録事項を入力したことを確認することができる場合」には、同項第2号ロの要件に代えることができることとなる。

　なお、「国税関係書類に係る記録事項を入力したことを確認」するに当たって、4－26で示した方法である、例えば、他者が提供するクラウドサーバ（同条第6項第2号ニに掲げる電子計算機処理システムの要件を満たすものに限る。）により保存を行い、当該クラウドサーバがＮＴＰ（Network Time Protocol）サーバと同期するなどにより、その国税関係書類に係る記録事項の入力が行われたことの確認ができるようにその保存日時の証明が客観的に担保されている場合がこれに該当する。

　また、規則第2条第7項及び第9項のスキャナ保存については、スキャナによる入力

要件は不要とされているため、その国税関係書類に係る記録事項の入力が「同号（規則第２条第６項第１号）イ又はロに掲げる方法」によりされていることまでの確認は不要であり、入力した時点にかかわらず、入力した事実を確認できれば足りることを留意的に明らかにしたものである。

（災害その他やむを得ない事情）

4－33　規則第２条第８項（（災害等があった場合のスキャナ保存の取扱い））及び第11項（（災害等があった場合の過去分重要書類のスキャナ保存の取扱い））並びに第４条第３項に規定する「災害その他やむを得ない事情」の意義は、次に掲げるところによる。

⑴　「災害」とは、震災、風水害、雪害、凍害、落雷、雪崩、がけ崩れ、地滑り、火山の噴火等の天災又は火災その他の人為的災害で自己の責任によらないものに基因する災害をいう。

⑵　「やむを得ない事情」とは、前号に規定する災害に準ずるような状況又は当該事業者の責めに帰することができない状況にある事態をいう。

なお、上記のような事象が生じたことを証明した場合であっても、当該事象の発生前から保存に係る各要件を満たせる状態になかったものについては、これらの規定の適用はないのであるから留意する。

【解　説】

　規則第２条第８項及び第11項並びに第４条第３項に規定する「災害その他やむを得ない事情」とは、一般的にはどのようなものが該当するかを本通達は例示したものであり、基本的には同じく「災害その他やむを得ない事情」の解釈を示した消費税法基本通達８－１－４、11－２－22と同内容を示したものである。

　なお、上記の事情が生じたことを証明するに当たっては、例えば以下のようなものによって確認することに留意する。

　⑴　地震等の天災　罹災証明書、損害保険料支払証明書等

　⑵　システム障害　当該システム障害が発生した運営会社等の証明

　また、これらの規定の対象は、当該事情が生じなかったとした場合に、財務省令に定める要件を満たして当該電磁的記録の保存をすることができるものに限られるのであるから、当該事情の発生に関わらず、そもそも要件を満たせる状態になかったものについては、上記のとおり証明した場合であっても、保存要件は免除されないことを留意的に明らかにした。

　おって、規則第２条第11項に規定する過去分重要書類に係る電磁的記録の保存をする保存義務者についての同項の規定の適用に当たっては、既に適用届出書を提出し、当該過去分重要書類の保存を行っている者がその保存要件を充足できないこととなった場合が対象であり、当該事情が生じた場合であっても、適用届出書を提出せずに過去分重要書類の保存を行うことができるものではないことに留意する。

（便宜提出ができる相当の理由の例示）

4−34　規則第2条第10項（（過去分重要書類の適用届出書の便宜提出））に規定する便宜提出ができる「相当の理由」には、例えば、次に掲げる場合が、これに該当する。

⑴　法第4条第3項（（スキャナ保存））の規定を適用する金融機関の営業所等の長が、非課税貯蓄の限度額管理に関する過去分重要書類について規則第2条第9項の規定の適用を受けようとする場合において、各営業所等ごとに行うべき届出手続を、その本店又は一の営業所等の所在地で一括して行う場合

⑵　法第4条第3項の規定を適用する複数の製造場を有する酒類製造者が、酒類の製造に関する事実を記載した過去分重要書類について規則第2条第9項の規定の適用を受けようとする場合において、各製造場ごとに行うべき届出手続を、本店又は一の製造場の所在地で一括して行う場合

【解　説】

　規則第2条第10項では、所轄外税務署長が相当の理由があると認めたときは、当該所轄外税務署長を経由して所轄税務署長に適用届出書を提出すること（便宜提出）ができることとされている。

　この場合において、便宜提出ができるのは、あくまでも所轄税務署長に直接提出するよりも所轄外税務署長を経由して提出する方が便宜であるという理由が存することを要するのであるから、例えば、金融機関や酒類製造者の営業所等若しくは製造場ごとに保存等をすべきこととされている国税関係帳簿書類に係る届出手続を、当該金融機関や当該酒類製造者の本店又は一の営業所等若しくは製造場の所在地で一括して行う場合などが該当することとなる。

（途中で電磁的記録等による保存等をやめた場合の電磁的記録等の取扱い）

4−35　保存義務者が法第4条第1項若しくは第2項（（国税関係帳簿書類の電磁的記録による保存等））又は第5条第1項若しくは第2項（（国税関係帳簿書類の電子計算機出力マイクロフィルムによる保存等））の適用を受けている国税関係帳簿書類について、その保存期間の途中で電磁的記録による保存等を取りやめることとした場合には、当該取りやめることとした国税関係帳簿書類については、取りやめることとした日において保存等をしている電磁的記録及び保存している電子計算機出力マイクロフィルムの内容を書面に出力して保存等をしなければならないことに留意する。

　また、法第4条第3項前段に規定する財務省令で定めるところにより保存が行われている国税関係書類に係る電磁的記録について、その保存期間の途中でその財務省令で定めるところに従った電磁的記録による保存を取りやめることとした場合には、電磁的記録の基となった国税関係書類を保存しているときは当該国税関係書類を、廃棄している場合には、その取りやめることとした日において適法に保存している電磁的記録を、それぞれの要件に従って保存することに留意する。

【解　説】

法第4条第1項若しくは第2項又は第5条第1項若しくは第2項の適用を受け、電磁的記録による保存等に代えている保存義務者は、それぞれの保存期間を満了するまでそれぞれの保存等に係る要件を満たした上で保存等を行う必要があるが、その途中で要件を満たせなくなった等の事情により、電磁的記録による保存等を取りやめることとした場合については、その電磁的記録による保存等を取りやめることとした国税関係帳簿又は国税関係書類については、取りやめることとした日以後の新たな記録分等について書面で保存等をしなければならなくなるほか、同日において保存等をしている電磁的記録及び保存している電子計算機出力マイクロフィルムの内容を書面に出力して、残りの保存期間、保存等をしなければならないことを明らかにしたものである。

併せて、法第4条第3項前段に規定する財務省令で定めるところにより保存が行われている国税関係書類に係る電磁的記録について、その保存期間の途中でその財務省令で定めるところに従った電磁的記録による保存を取りやめることとした場合には、その電磁的記録の基となった国税関係書類を保存しているときは当該国税関係書類を、廃棄している場合には、その取りやめることとした日において適法に保存している電磁的記録を、それぞれの要件に従って保存することを明らかにした。

（システム変更を行った場合の取扱い）

4−36　保存義務者がシステムを変更した場合には、変更前のシステムにより作成された国税関係帳簿又は国税関係書類に係る電磁的記録（電子計算機出力マイクロフィルムにより保存している場合における規則第5条第5項第2号ホ（（電磁的記録の並行保存等））の規定により保存すべき電磁的記録を含む。以下4−36において「変更前のシステムに係る電磁的記録」という。）については、原則としてシステム変更後においても、規則第2条（（国税関係帳簿書類の電磁的記録による保存等））、第3条（（国税関係帳簿書類の電子計算機出力マイクロフィルムによる保存等））又は第5条第5項（（優良な電子帳簿に関する保存要件））に規定する要件に従って保存等をしなければならないことに留意する。

　　この場合において、当該要件に従って変更前のシステムに係る電磁的記録の保存等をすることが困難であると認められる事情がある場合で、変更前のシステムに係る電磁的記録の保存等をすべき期間分の電磁的記録（法第4条第1項又は第2項（（国税関係帳簿書類の電磁的記録による保存等））に規定する財務省令で定めるところにより保存等が行われていた国税関係帳簿又は国税関係書類に係る電磁的記録に限る。）を書面に出力し、保存等をしているときには、これを認める。

　　また、上記の場合において、法第4条第3項前段に規定する財務省令で定めるところにより保存が行われている国税関係書類に係る電磁的記録については、変更前のシステムに係る電磁的記録の基となった書類を保存しているときは、これを認めるが、当該書類の保存がない場合は、同項後段の規定によりそのシステム変更日において適法に保存している電磁的記録の保存を行うことに留意する（4−35参照）。

　（注）　法第8条第4項（（過少申告加算税の軽減措置））の規定の適用を受けようとする保存義務者の特例国税関係帳簿の保存等に係るシステム変更については、書面

に出力し保存する取扱いによることはできないのであるから留意する。

【解　説】

　電磁的記録による保存等を行っている者が、国税関係帳簿の作成に使用するシステムを変えたり、一部システムの修正をし、その後も引き続き電磁的記録により保存等を行ったりする場合には、変更前のシステムに係る電磁的記録（以下「旧システムデータ」という。）を新システムで対応可能となるよう措置する（システム開発やデータ変換等を行う）など、新システムにおいても引き続き要件を充足しておく必要がある（旧システムデータを出力等できるよう変更前のシステム（見読機能部分及び法第4条第3項を適用していた国税関係書類に係る電磁的記録を出力等するシステムにあっては、検索機能・訂正削除履歴の確保機能その他の機能を含む。）を並存することも当然認められる。）ので、この旨を明らかにしたものである。

　なお、法第4条第1項又は第2項のシステムの場合は、会計システムそのものであることが多いと考えられることから、上記のような措置を講じて旧システムのデータ保存等をすることが困難なケースも生じ得ると考えられるが、そのようなケースにおいては、既に保存等をしている旧システムデータ（法第4条第1項又は第2項を適用していた国税関係帳簿書類に係る電磁的記録に限るものとし、電磁的記録により保存等すべき期間に係るものに限る。）を書面に出力し保存等をすることを認め、新システムデータによる電磁的記録（以下「新システムデータ」という。）による保存等をすることができる旨、明らかにしたものである。

　また、法第4条第3項前段に規定する財務省令で定めるところによる保存が行われている国税関係書類に係る電磁的記録に関しては、保存されている電磁的記録の基となった書類を保存することになるのであるが、当該書類を廃棄している場合には、当該電磁的記録に代わる書類はもはや存在しないことから、同項後段の規定により、当該電磁的記録の保存を行うことに留意する。

　おって、法第8条第4項（（過少申告加算税の軽減措置））の規定の適用を受けようとする保存義務者の特例国税関係帳簿の保存等に係るシステム変更については、旧データを書面に出力し保存等を行っている場合には、同項の規定の適用を受けることができないことに留意する。これは、当該規定の適用が、特例国税関係帳簿について引き続き要件を満たして保存等が行われているものに限られるためであるが（法第8条第4項及び令第2条）、本措置は、優良な電子帳簿を促進し、記帳水準の向上に資する観点から設けられたインセンティブ措置であり、この観点からは、たとえ、システム変更があったからといって、調査時に要件を満たしていない特例国税関係帳簿に係る電磁的記録等については、本措置の対象とならないことを明らかにしたものである。

法第7条（（電子取引の取引情報に係る電磁的記録の保存））関係

★ （電磁的記録により保存すべき取引情報）

7−1　法第7条（（電子取引の取引情報に係る電磁的記録の保存））の規定の適用に当たっては、次の点に留意する。

⑴　電子取引の取引情報に係る電磁的記録は、ディスプレイの画面及び書面に、整然とした形式及び明瞭な状態で出力されることを要するのであるから、暗号化されたものではなく、受信情報にあってはトランスレータによる変換後、送信情報にあっては変換前のもの等により保存することを要する。

⑵　取引情報の授受の過程で発生する訂正又は加除の情報を個々に保存することなく、確定情報のみを保存することとしている場合には、これを認める。

⑶　取引情報に係る電磁的記録は、あらかじめ授受されている単価等のマスター情報を含んで出力されることを要する。

⑷　見積りから決済までの取引情報を、取引先、商品単位で一連のものに組み替える、又はそれらの取引情報の重複を排除するなど、合理的な方法により編集（取引情報の内容を変更することを除く。）をしたものを保存することとしている場合には、これを認める。

（注）　いわゆるEDI取引において、電磁的記録により保存すべき取引情報は、一般に「メッセージ」と称される見積書、注文書、納品書及び支払通知書等の書類に相当する単位ごとに、一般に「データ項目」と称される注文番号、注文年月日、注文総額、品名、数量、単価及び金額等の各書類の記載項目に相当する項目となることに留意する。

【解　説】

　法第2条第5号において、電子取引とは、「取引情報の授受を電磁的方式により行う取引をいう。」と定義され、その取引情報の具体的な内容は、「取引に関して受領し、又は交付する注文書、契約書、送り状、領収書、見積書その他これらに準ずる書類に通常記載される事項」とされている。

　本通達においては、この電子取引の取引情報に係る電磁的記録の保存に関して、EDI取引を例にとりながら、留意すべき事項を明らかにしたものである。

　なお、通達の⑴から⑷に掲げる事項を説明すれば次のとおりである。

⑴　暗号化されたデータの取扱い

　規則第4条第1項では、法第7条に規定する保存義務者は、電子取引の取引情報に係る電磁的記録を規則第2条第2項第2号及び第6項第5号の要件に従って保存しなければならないとされている。このことからすれば、保存すべきデータは、暗号化されたデータではなく、トランスレータと呼ばれる汎用ソフトウェアにより、各企業のシステムに適合する固有のフォーマットのデータに変換したものということとなる。

　ただし、情報セキュリティの観点からデータを暗号化して保存することも一般的になっていることを踏まえると、暗号化されたデータを保存することを一律に認めないことは適当でなく、税務調査等の際に、確認が必要なデータを暗号化前の状態で速や

かに確認することができることとなっている場合には、暗号化後のデータを保存することとして差し支えない。

　なお、トランスレータによって各企業のシステムに適合する固有のフォーマットへデータを変換する時に、受信したデータのうち使用しない部分を破棄しているような場合は、その部分の保存は要しない。また、受信データを自己の複数の各業務システムに分割して引き継いでいるような場合は、その分割前の変換直後のものが保存すべきデータとなる。

(2)　メッセージの交換過程で発生する訂正又は加除のデータの取扱い

　ＥＤＩ取引では、当初送受信したデータ項目の訂正又は加除のデータも順次やり取りされているが、これらのデータは作成過程のものであるということができ、最終的に確定データとなるものであることから、これらの訂正又は加除のデータを個々に保存することなく、確定データのみを保存することも認められる。

　この場合における訂正又は加除のデータとは、確定データに至る前の情報をいうのであるから、例えば、見積書の場合、前の見積金額を変更して、新たな見積金額として確定する場合には、各々の見積金額が確定データとなるのであるから、最終的に合意に至った見積データのみを保存するのではなく、各々の見積データを保存することに留意する。

(3)　単価データ等のマスター情報の取扱い

　個別の見積りや発注ごとに送受信せずに、あらかじめ合意した内容のデータ（例えば、単価データ）を最初にまとめて送受信し、双方でデータ変換をするときにこれをマスター情報として利用している場合には、取引情報に係る電磁的記録はマスター情報により補完された状態でディスプレイ等の画面及び書面に出力されることを要する。

(4)　編集されたデータの取扱い

　データ保存の形態としては、例えば、見積依頼データと見積回答データについて別々に保存する場合又は双方を一緒にして保存する場合あるいは見積回答データのみを保存する場合、更には、見積りから決済までのデータを取引先や商品単位で一連のものに組み替えて保存する場合など、種々の形態が考えられるが、合理的な方法により編集（取引内容を変更することを除く。）をしたものを保存することとしている場合には、これも認められる。

　ただし、業務システムのデータを編集して送信している場合にその編集前の業務システムのデータを保存する方法又は受信後の業務システムに引き継がれた後のデータを編集して保存する方法は、相手方と送受信したデータとはいえないことから認められない。

(参考)

メッセージ

　ＥＤＩ取引で交換されるデータの単位。通常１件の取引が１つのメッセージとしてやりとりされる。メッセージは、データ項目の種類、各項目の文字数、使われる文字の種類、並び順などにより組み立てられ、先頭のメッセージヘッダと最後尾のメッセージトレーラで１つの区切りとなる。

データ項目

　　データ要素（データエレメント）ともいい、業務処理上での意味ある情報の最小単位。

トランスレータ（ＣＩＩトランスレータ）

　　ＣＩＩシンタックスルールに基づいて開発されたメッセージと、各企業の情報処理システムに固有なフォーマットのデータを、相互に変換するソフトウェア。

★（整然とした形式及び明瞭な状態の意義）【４－８の再掲】

７－２　規則第２条第２項第２号（（電子計算機等の備付け等））、第３条第１項第２号（（マイクロフィルムリーダプリンタの備付け等））並びに第４条第１項（（電子取引の取引情報に係る電磁的記録の保存））及び第３項（（電子取引の取引情報に係る電磁的記録の保存に関する猶予措置等））に規定する「整然とした形式及び明瞭な状態」とは、書面により作成される場合の帳簿書類に準じた規則性を有する形式で出力され、かつ、出力される文字を容易に識別することができる状態をいう。

【解　説】

　４－８と同じ。

★（取引年月日その他の日付及び取引先ごとに整理されたものの意義）

７－３　規則第４条第１項に規定する「取引年月日その他の日付及び取引先ごとに整理されたもの」とは、次に掲げるいずれかの方法により、電子取引の取引情報に係る電磁的記録を出力することにより作成した書面（整然とした形式及び明瞭な状態で出力されたものに限る。以下「出力書面」という。）が課税期間ごとに日付及び取引先について規則性を持って整理されているものをいう。

　⑴　課税期間ごとに、取引年月日その他の日付の順にまとめた上で、取引先ごとに整理する方法

　⑵　課税期間ごとに、取引先ごとにまとめた上で、取引年月日その他の日付の順に整理する方法

　⑶　書類の種類ごとに、⑴又は⑵と同様の方法により整理する方法

　　なお、上記のように整理された出力書面を基に、保存する電磁的記録の中から必要な電磁的記録を探し出せるようにしておく必要があり、かつ、探し出した電磁的記録をディスプレイの画面に速やかに出力できるようにしておく必要があることに留意する。

【解　説】

　規則第４条第１項では、電子取引の取引情報に係る電磁的記録の保存に当たっては、検索機能を確保することが要件として規定されており、同項柱書括弧書の「国税に関する法律の規定による……取引年月日その他の日付及び取引先ごとに整理されたものの提示若しくは提出の要求に応じることができるようにしている場合であって、当該電磁的記録の提示等の要求に応じることができるようにしているとき」には、当該検索機能の要件に代えることができることとされている。

この取扱いは検索機能の代替要件であることから、検索機能による検索時と同様、出力書面に基づいて必要な電磁的記録を探し出す場合も、一課税期間ごとに探し出すことができる必要があることを本通達は明らかにしたものである。

　併せて、その出力書面を整理する具体的な方法について、条文上明らかである⑴又は⑵の方法に加え、所得税法・法人税法の規定に基づき書面で保存する国税関係書類の管理の実務と同様、当該出力書面をその種類ごとに区分した上で、その区分ごとに⑴又は⑵の方法で整理することも認められることを⑶として明らかとしたものである。

　なお、これらの取扱いにより検索機能の要件に代える場合には、検索機能での検索により必要な電磁的記録をディスプレイの画面に速やかに出力することと同様に、整理された出力書面を基に、保存する電磁的記録の中から必要な電磁的記録を探し出すことができ、かつ、探し出した電磁的記録をディスプレイの画面に速やかに出力できる必要がある。

★（速やかに行うことの意義）【4－17の再掲】

7－4　規則第2条第6項第1号イ（（入力方法））に規定する「速やかに」の適用に当たり、国税関係書類の作成又は受領後おおむね7営業日以内に入力している場合には、速やかに行っているものとして取り扱う。

　なお、同号ロに規定する「速やかに」の適用に当たり、その業務の処理に係る通常の期間を経過した後、おおむね7営業日以内に入力している場合には同様に取り扱う。

　また、タイムスタンプを付す場合の期限である、同項第2号ロ（（スキャナ保存に係るタイムスタンプの付与））及び規則第4条第1項第2号（（電子取引に係るタイムスタンプの付与））にそれぞれ規定する「速やかに」の適用に当たっても、同様に取り扱う。

【解　説】

　4－17と同じ。

★（業務の処理に係る通常の期間の意義）【4－18の再掲】

7－5　規則第2条第6項第1号ロ及び第2号ロ（（入力方法））に規定する「その業務の処理に係る通常の期間」とは、国税関係書類の作成若しくは受領から入力まで又は作成若しくは受領からタイムスタンプを付すまでの通常の業務処理サイクルの期間をいうことに留意する。

　なお、月をまたいで処理することも通常行われている業務処理サイクルと認められることから、最長2か月の業務処理サイクルであれば、「その業務の処理に係る通常の期間」として取り扱うこととする。

　また、電子取引の取引情報に係る電磁的記録の保存の要件であるタイムスタンプに係る規則第4条第1項第2号ロ（（タイムスタンプの付与））に規定する「その業務の処理に係る通常の期間」の適用に当たっても、同様に取り扱う。

【解　説】

4 － 18 と同じ。

（規則第4条第1項第3号に規定するシステムの例示）
7 － 6　規則第4条第1項第3号イに規定する「当該電磁的記録の記録事項について訂
　正又は削除を行った場合には、これらの事実及び内容を確認することができること」
　とは、例えば、電磁的記録の記録事項を直接に訂正又は削除を行った場合には、訂正
　前又は削除前の記録事項及び訂正又は削除の内容がその電磁的記録又はその電磁的
　記録とは別の電磁的記録（訂正削除前の履歴ファイル）に自動的に記録されるシステ
　ム等をいう。
　　また、同号ロに規定する「当該電磁的記録の記録事項について訂正又は削除を行う
　ことができないこと」とは、例えば、電磁的記録の記録事項に係る訂正又は削除につ
　いて、物理的にできない仕様とされているシステム等をいう。

【解　説】
　規則第4条第1項第3号は、電磁的に受領した請求書等をデータのまま保存する場合
に、同号イ又はロに掲げるシステムを使用することにより、当該電磁的記録の真実性を
確保する要件を満たすこととしているが、本通達は、このシステムの具体例を明らかに
したものである。
　なお、同号イに掲げるものは、電磁的記録の記録事項の訂正又は削除を行った場合に
は、訂正前又は削除前の記録事項及び訂正又は削除の内容について、記録及び保存を行
うだけでは足りず、事後において、その内容を検索、閲覧及び出力を行うことができる
必要があることに留意する。
　また、同号ロに掲げるものは、電磁的記録の記録事項の訂正又は削除が物理的にでき
ない仕様とされている等、電磁的記録の記録事項を直接に訂正し又は削除することがで
きないシステムをいう。

（訂正及び削除の防止に関する事務処理の規程）

7－7　規則第4条第1項第4号（（電子取引の取引情報に係る電磁的記録の訂正削除の防止））に規定する「正当な理由がない訂正及び削除の防止に関する事務処理の規程」とは、例えば、次に掲げる区分に応じ、それぞれ次に定める内容を含む規程がこれに該当する。

⑴　自らの規程のみによって防止する場合

　① 　データの訂正削除を原則禁止

　② 　業務処理上の都合により、データを訂正又は削除する場合（例えば、取引相手方からの依頼により、入力漏れとなった取引年月日を追記する等）の事務処理手続（訂正削除日、訂正削除理由、訂正削除内容、処理担当者の氏名の記録及び保存）

　③ 　データ管理責任者及び処理責任者の明確化

⑵　取引相手との契約によって防止する場合

　① 　取引相手とデータ訂正等の防止に関する条項を含む契約を行うこと。

　② 　事前に上記契約を行うこと。

　③ 　電子取引の種類を問わないこと。

【解　説】

　規則第4条第1項第4号では、「正当な理由がない訂正及び削除の防止に関する事務処理の規程」を定めることとされているが、これは、当該規程によって電子取引の取引情報に係る電磁的記録の真実性を確保することを目的としたものである。

　したがって、真実性を確保する手段としては、保存義務者自らの規程のみによる方法のほか、取引相手先との契約による方法も考えられることから、これらの方法に応じて規程に必要な内容を例示したものである。

　なお、⑵の場合における具体的な規程の例としては「電子取引の種類を問わず、電子取引を行う場合には、事前に、取引相手とデータの訂正等を行わないことに関する具体的な条項を含んだ契約を締結すること。」等の条項を含む規程が考えられる。

（国税に関する法律の規定による提示又は提出の要求）【4－13の再掲】

7－8　規則第2条第2項第3号及び第6項、第4条第1項及び第3項並びに第5条第5項第1号及び第2号ホに規定する「国税に関する法律の規定による……提示又は提出の要求」については、国税通則法第74条の2から第74条の6までの規定による質問検査権の行使に基づく提示又は提出の要求のほか、以下のものが対象となる。

⑴　国税通則法の規定を準用する租税特別措置法、東日本大震災からの復興のための施策を実施するために必要な財源の確保に関する特別措置法（復興特別所得税・復興特別法人税）及び一般会計における債務の承継等に伴い必要な財源の確保に係る特別措置に関する法律（たばこ特別税）の規定による質問検査権の行使に基づくもの（措法87の6⑪等、復興財確法32①、62①、財源確保法19①）

⑵　非居住者の内部取引に係る課税の特例、国外所得金額の計算の特例等に係る同種の事業を営む者等に対する質問検査権の行使に基づくもの（措法40の3の3、措法41の19の5等）

⑶　国外財産調書・財産債務調書を提出する義務がある者に対する質問検査権の行使に基づくもの（国送法7②）

⑷　支払調書等の提出に関する質問検査権の行使に基づくもの（措法9の4の2等）

⑸　相手国等から情報の提供要請があった場合の質問検査権の行使に基づくもの（実特法9①）

⑹　報告事項の提供に係る質問検査権の行使に基づくもの（実特法10の9①等）

⑺　納税の猶予の申請に係る事項に関する調査に係る質問検査権の行使に基づくもの（国税通則法46の2⑪）

⑻　滞納処分に関する調査に係る質問検査権の行使に基づくもの（国税徴収法141）

【解　説】

4－13と同じ。

★（電磁的記録の提示又は提出の要求に応じる場合の意義）【4－14の再掲】

7－9　規則第2条第2項第3号及び第6項、第4条第1項並びに第5条第5項の「国税に関する法律の規定による……電磁的記録の提示又は提出の要求に応じること」とは、法の定めるところにより備付け及び保存が行われている国税関係帳簿又は保存が行われている国税関係書類若しくは電子取引の取引情報に係る電磁的記録について、税務職員から提示又は提出の要求（以下7－9において「ダウンロードの求め」という。）があった場合に、そのダウンロードの求めに応じられる状態で電磁的記録の保存等を行い、かつ、実際にそのダウンロードの求めがあった場合には、その求めに応じることをいうのであり、「その要求に応じること」とは、当該職員の求めの全てに応じた場合をいうのであって、その求めに一部でも応じない場合はこれらの規定の適用（電子帳簿等保存制度の適用・検索機能の確保の要件の緩和）は受けられないことに留意する。

　したがって、その求めに一部でも応じず、かつ、規則第2条第6項第5号に掲げる要件（検索機能の確保に関する要件の全て）又は第5条第5項に定める要件（優良な電子帳簿に関する要件。なお、国税関係書類については、これに相当する要件）が備わっていなかった場合には、規則第2条第2項、第3項若しくは第6項、第3条又は第4条第1項の規定の適用に当たって、要件に従って保存等が行われていないこととなるから、その保存等がされている電磁的記録又は電子計算機出力マイクロフィルムは国税関係帳簿又は国税関係書類とはみなされないこととなる（電子取引の取引情報に係る電磁的記録については国税関係書類以外の書類とみなされないこととなる）ことに留意する。

　また、当該ダウンロードの求めの対象については、法の定めるところにより備付け及び保存が行われている国税関係帳簿又は保存が行われている国税関係書類若しくは電子取引の取引情報に係る電磁的記録が対象となり、ダウンロードの求めに応じて行われる当該電磁的記録の提出については、税務職員の求めた状態で提出される必要があることに留意する。

【解　説】

　4－14と同じ。

★（ファクシミリの取扱いについて）

7－10　ファクシミリを使用して取引に関する情報をやり取りする場合については、一般的に、送信側においては書面を読み取ることにより送信し、受信側においては受信した電磁的記録について書面で出力することにより、確認、保存することを前提としているものであることから、この場合においては、書面による取引があったものとして取り扱うが、複合機等のファクシミリ機能を用いて、電磁的記録により送受信し、当該電磁的記録を保存する場合については、法第2条第5号に規定する電子取引に該当することから、規則第4条に規定する要件に従って当該電磁的記録の保存が必要となることに留意する。

【解　説】

　ファクシミリ（以下「ＦＡＸ」という。）とは、一般的に、紙媒体における文書や画像を電話回線等の通信回線によって遠隔地まで転送するシステムのこと、あるいは、そのようなシステムを利用するための装置のことを指し、現在普及しているＦＡＸの使用状況は、書類などの原稿を読み取って相手の機器に送信し、相手側で受信して印刷されるまでが一連の流れとなっている。この点、その通信方法においては電磁的記録によりやりとりされることから、法第2条第5号に規定する電子取引に該当するとも考えられるが、当該やり取りは送受信に係る技術的な側面に過ぎず、現在普及しているＦＡＸの一般的な使用状況を踏まえれば、送信者側も受信者側も書面により確認及び保存することを前提としていることから、そのようなやりとりは書面による取引である旨を明らかにしたものである。なお、当該書面については各税法の規定に従って保存する必要がある。

　一方、複合機等のファクシミリ機能（いわゆるペーパーレスＦＡＸ等を含む。）を用いて送受信する場合において、電磁的記録としてデータの取り出し及び保存を前提とし、そのような機能を用いて書面による出力をすることなく電磁的記録の保存を行う場合は、法第2条第5号に規定する電子取引に該当し、規則第4条に規定する要件に従って、当該電磁的記録の保存が必要となる旨併せて留意的に明らかにした。

　なお、印紙税が課税されることとなる文書（課税文書）をＦＡＸにより転送し、それを受信側において書面で出力したとしても、印紙税は課税されないことに留意する。

（災害その他やむを得ない事情）【4－33の再掲】

7－11　規則第2条第8項（（災害等があった場合のスキャナ保存の取扱い））及び第11項（（災害等があった場合の過去分重要書類のスキャナ保存の取扱い））並びに第4条第3項に規定する「災害その他やむを得ない事情」の意義は、次に掲げるところによる。

⑴　「災害」とは、震災、風水害、雪害、凍害、落雷、雪崩、がけ崩れ、地滑り、火山の噴火等の天災又は火災その他の人為的災害で自己の責任によらないものに基因する災害をいう。

⑵　「やむを得ない事情」とは、前号に規定する災害に準ずるような状況又は当該事業者の責めに帰することができない状況にある事態をいう。

　なお、上記のような事象が生じたことを証明した場合であっても、当該事象の発生前から保存に係る各要件を満たせる状態になかったものについては、これらの規定の適用はないのであるから留意する。

【解　説】

　4－33と同じ。

★（猶予措置における「相当の理由」の意義）

7－12　規則第4条第3項（（電子取引の取引情報に係る電磁的記録の保存に関する猶予措置等））に規定する「相当の理由」とは、事業者の実情に応じて判断するもので

> あるが、例えば、システム等や社内でのワークフローの整備が間に合わない場合等が
> これに該当する。

【解　説】

　規則第4条第3項に規定する「相当の理由」は、当該規定が電子取引の取引情報に係
る電磁的記録の保存要件への対応が困難な事業者の実情に配意して設けられたもので
あることを鑑みて、例えば、その電磁的記録そのものの保存は可能であるものの、保存
要件に従って保存するためのシステム等や社内のワークフローの整備が間に合わない
等といった、自己の責めに帰さないとは言い難いような事情も含め、要件に従って電磁
的記録の保存を行うことが困難な事情がある場合を対象とするものであり、資金的な事
情を含めた事業者の経営判断についても考慮がなされることとなる。

　ただし、システム等や社内でのワークフローの整備が整っており、電子取引の取引情
報に係る電磁的記録を保存要件に従って保存できる場合や資金繰りや人手不足等のよ
うな理由ではなく、単に経営者の信条のみに基づく理由である場合等、何ら理由なく保
存要件に従って電磁的記録を保存していない場合には、この猶予措置の適用はないこと
に留意する。

★（猶予措置適用時の取扱い）

7−13　規則第4条第3項（（電子取引の取引情報に係る電磁的記録の保存に関する猶
　　予措置等））の規定の適用に当たっては、電子取引の取引情報に係る電磁的記録の保
　　存を要件に従って行うことができなかったことについて相当の理由があると認めら
　　れ、かつ、その出力書面の提示又は提出の要求に応じることができるようにしている
　　場合であっても、その出力書面の保存のみをもってその電磁的記録の保存を行ってい
　　るものとは取り扱われないことに留意する。

【解　説】

　令和4年度の税制改正において、令和4年1月1日から令和5年12月31日までの間
に行う電子取引の取引情報に係る電磁的記録については、その電磁的記録の保存を要件
に従って行うための準備を整えることが困難な事業者の実情に配意し、税務調査等の際
に、出力書面の提示又は提出の要求に応じることができるようにしているときは、その
出力書面の保存をもって事実上その電磁的記録の保存をしているものとして取り扱わ
れることとされた。

　令和5年度の税制改正において、この宥恕措置は令和5年12月31日をもって廃止す
ることとされ、令和6年1月1日以降に行う電子取引の取引情報に係る電磁的記録の保
存については、その電磁的記録を要件に従って保存するための対応が間に合わない事業
者の実情に配意した猶予措置が新たに講じられた。

　本通達は、この新たな猶予措置について、出力書面の保存をもって事実上その電磁的
記録の保存をしているものと取り扱うとされていた従前の宥恕措置とは異なり、その適
用を受ける場合には、電磁的記録自体を保存するとともに、その電磁的記録及びその出
力書面について提示又は提出の求めに応じることができるようにしている必要がある
ことを念のため明らかにしている。

（注）　令和５年度税制改正において講じられた猶予措置の適用に当たって、令和３年度税制改正前に出力書面の保存とともに可能とされていた、その電磁的記録を出力したＣＯＭの保存をしている場合において、そのＣＯＭの提示又は提出の要求に応じることができるようにしているときは、上記の出力書面の提示又は提出の要求に応じることができるようにしているものとして取り扱って差し支えない。なお、この場合においても、その電磁的記録についても提示又は提出の要求に応じることができるようにしている必要があることに留意する。

★（猶予措置における電磁的記録及び出力書面の提示又は提出の要求に応じる場合の意義）

７－14　規則第４条第３項（（電子取引の取引情報に係る電磁的記録の保存に関する猶予措置等））の規定の適用に当たっては、電子取引の取引情報に係る電磁的記録について、税務職員から当該電磁的記録及び出力書面の提示又は提出の要求（以下７－14において「ダウンロード等の求め」という。）があった場合に、そのダウンロード等の求めに応じられる状態で電磁的記録の保存等を行い、かつ、実際にそのダウンロード等の求めがあった場合には、その求めに応じることをいい、「その要求に応じること」とは、当該職員の求めの全てに応じた場合をいうのであって、その求めに一部でも応じない場合は猶予措置の適用は受けられないことに留意する。

なお、その求めに一部でも応じない場合には、猶予措置の適用を受けるための要件を満たしたことにならないことから、その保存等がされている電磁的記録は国税関係書類以外の書類とみなされないこととなる。

また、当該ダウンロード等の求めの対象については、電子取引の取引情報に係る電磁的記録及び出力書面が対象となり、ダウンロード等の求めに応じて行われる当該電磁的記録及び出力書面の提出については、税務職員の求めた状態で提出される必要があることに留意する。

【解　説】

規則第４条第３項に規定する「国税に関する法律の規定による……電磁的記録及び当該電磁的記録を出力することにより作成した書面（整然とした形式及び明瞭な状態で出力されたものに限る。）の提示若しくは提出の要求に応じること」とは、例えば国税通則法の質問検査権の規定に基づき、税務職員から法の定めるところにより保存が行われている電子取引の取引情報に係る電磁的記録及び出力書面のダウンロード等の求めがあった場合において当該求めに応じることをいい、同項において電子取引の取引情報に係る電磁的記録の保存を要件に従って行うことができなかったことについて相当の理由があると認められ、かつ、この要件を満たす場合は、同条第１項の規定にかかわらず、当該電磁的記録の保存をすることができるとされている。

なお、税務職員からの法の定めるところにより保存が行われている電子取引の取引情報に係る電磁的記録及び出力書面のダウンロード等の求めに対し、その求めを受けた保存義務者が求められた一部分しかそのダウンロード等に応じない（一部でも応じない）ような場合は、同条第３項に規定する「国税に関する法律の規定による……電磁的記録

の提示若しくは提出の要求に応じることができるようにしているとき」には、該当しない。

　この場合、その保存等がされている電磁的記録は国税関係書類以外の書類とみなされず、各税法に基づく書類の保存がなかったこととなることを留意的に明らかにしたものである。

　　（注）　電磁的記録のダウンロードの求めについては、あくまで電磁的記録を複製した写しとしての電磁的記録の提出を求めるものであり、保存している電磁的記録を出力した書面を提示又は提出したり、電磁的記録を出力したディスプレイの画面を提示したりしたとしても、ここでいうダウンロード等の求めに応じたこととはならないことに留意する（4-14参照）。

★（所得税法第232条第2項に規定する書類の保存義務者が電子取引を行った場合に保存すべき電子取引の取引情報に係る電磁的記録の範囲について）

7-15　所得税法第232条第2項の規定により一定の書類を保存しなければならない保存義務者が電子取引を行った場合には、その電子取引の取引情報のうちその書類に通常記載される事項に係る電磁的記録を法第7条の規定により保存しなければならないが、この場合において、その書類以外の書類（その保存義務者が、その年において不動産所得、事業所得又は山林所得を生ずべき業務を行った場合において、これらの業務に関し保存しなければならないこととされる一定の書類を除く。）に通常記載される事項に係る電磁的記録については保存しないこととして差し支えないこととする。

【解説】

　電子帳簿保存法は、申告所得税・法人税の保存義務者が電子取引を行った場合には、その電子取引の取引情報（取引に関して受領し、又は交付する注文書、契約書、送り状、領収書、見積書その他これらに準ずる書類に通常記載される事項）に係る電磁的記録の保存義務を課しており、書面で授受した場合に保存しなければならないものを電磁的記録で授受した場合についても当該電磁的記録の保存義務を課す仕組みとなっている。

　所得税法第232条第2項では、「その年において雑所得を生ずべき業務を行う居住者又は第164条第1項各号に定める国内源泉所得に係る雑所得を生ずべき業務を行う非居住者で、その年の前々年分のこれらの雑所得を生ずべき業務に係る収入金額が3百万円を超えるものは、財務省令で定めるところにより、これらの雑所得を生ずべき業務に係るその年の取引のうち総収入金額及び必要経費に関する事項を記載した書類として財務省令で定める書類を保存しなければならない。」と規定しており、所得税法施行規則第102条第7項は、「業務に関して作成し、又は受領した請求書、領収書その他これらに類する書類（自己の作成したこれらの書類でその写しのあるものは、当該写しを含む。）のうち、現金の収受若しくは払出し又は預貯金の預入若しくは引出しに際して作成されたもの」（以下「現金預金取引等関係書類」という。）を、その保存義務の対象として規定している。

　所得税法第232条第2項の規定により現金預金取引等関係書類を保存しなければなら

ない者（以下「現金預金取引等関係書類の保存義務者」という。）は、法第7条に規定する所得税に係る保存義務者に該当し、電子取引を行った場合には、同条の規定により、当該電子取引の取引情報に係る電磁的記録を保存しなければならないことから、現金預金取引等関係書類に通常記載される事項の授受を電磁的方式により行った場合には、その電磁的記録を保存しなければならないことは明らかである。

　他方、現金預金取引等関係書類の保存義務者が電子取引を行った場合において、その現金預金取引等関係書類以外の書類（その保存義務者が、その年において不動産所得、事業所得又は山林所得を生ずべき業務を行った場合において、これらの業務に関し保存しなければならないこととされる一定の書類を除く。）に通常記載される事項については、電子取引の取引情報（取引に関して受領し、又は交付する注文書、契約書、送り状、領収書、見積書その他これらに準ずる書類に通常記載される事項）には該当しないものとして、その取引情報に係る電磁的記録については保存しないこととして差し支えないこととする。

　なお、所得税法第232条第2項の規定による保存義務については、雑所得を有する者のうち、講演料・執筆料や副業兼業収入等といった雑所得を生ずべき業務に係る雑所得を有する者が対象であることに留意する。

法第８条（（他の国税に関する法律の規定の適用））関係

★（過少申告加算税の軽減措置）

８－１　課税期間を通じて規則第５条第５項（（優良な電子帳簿に関する保存要件））に
定める要件を満たして特例国税関係帳簿の保存等を行っていなければ、当該課税期間
について法第８条第４項（（過少申告加算税の軽減措置））の規定の適用はないことに
留意する。

【解　説】

　法第８条第４項（（過少申告加算税の軽減措置））の規定の適用に当たっては、軽減措
置の適用を受けようとする過少申告加算税の基因となる修正申告等に係る課税期間の
初日（業務を開始した日の属する課税期間については、その業務を開始した日）から引
き続き所定の要件を満たして対象帳簿（特例国税関係帳簿）の保存等を行っている必要
がある（令２）。

　そのため、課税期間の途中から特例国税関係帳簿について規則第５条第５項の要件を
満たして保存等をしていた場合には、当該課税期間については過少申告加算税の軽減措
置の対象にはならないことを、本通達は念のため明らかにしたものである。

　また、法第８条第４項では「引き続き当該要件を満たしてこれらの備付け及び保存が
行われているものに限る。」とされていることから、当該要件については、保存期間を
通じて満たしている必要があるが、具体的には、本規定の対象となる課税期間に係る修
正申告書の提出又は更正の時に継続して当該要件を充足して備付け及び保存が行われ
ていることに留意する。

　なお、令和４年１月１日以後に法定申告期限が到来する国税について、修正申告書又
は更正に係る課税期間の初日から令和３年度改正前の法第４条第１項の承認を受けて
いる令和３年度改正後の特例国税関係帳簿に相当する国税関係帳簿に係る電磁的記録
の保存等をしている場合には、当該国税関係帳簿について、同日前の期間を含めた課税
期間を通して規則第５条第５項に定める要件を満たして保存等が行われているものと
して、過少申告加算税の軽減措置を適用することに留意する。

（「その他必要な帳簿」の意義）

8－2　規則第5条第1項に規定する「その他必要な帳簿」には、次に掲げる記載事項の区分に応じ、例えば、それぞれ次に定める帳簿がこれに該当する。

⑴　手形（融通手形を除く。）上の債権債務に関する事項　受取手形記入帳、支払手形記入帳

⑵　売掛金（未収加工料その他売掛金と同様の性質を有するものを含む。）に関する事項　売掛帳

⑶　その他債権に関する事項（当座預金の預入れ及び引出しに関する事項を除く。）貸付帳、未決済項目に係る帳簿

⑷　買掛金（未払加工料その他買掛金と同様の性質を有するものを含む。）に関する事項　買掛帳

⑸　その他債務に関する事項　借入帳、未決済項目に係る帳簿

⑹　有価証券（商品であるものを除く。）に関する事項　有価証券受払い簿（法人税のみ）

⑺　減価償却資産に関する事項　固定資産台帳

⑻　繰延資産に関する事項　繰延資産台帳

⑼　売上げ（加工その他の役務の給付その他売上げと同様の性質を有するもの等を含む。）その他収入に関する事項　売上帳

⑽　仕入れその他経費又は費用（法人税においては、賃金、給料手当、法定福利費及び厚生費を除く。）に関する事項　仕入帳、経費帳、賃金台帳（所得税のみ）

（注）　具体例のうち、有価証券受払い簿については法人税の保存義務者が作成する場合、賃金台帳については所得税の保存義務者が作成する場合に限って、それぞれ「その他必要な帳簿」に該当する。

【解　説】

　特例国税関係帳簿の範囲については、国税関係帳簿のうち規則第5条第1項に規定されている帳簿（以下8－2において「青色申告関係帳簿」という。）に限定されており、本通達は、この青色申告関係帳簿のうち「その他必要な帳簿」の具体例を明らかにしたものである。

　なお、消費税法における特例国税関係帳簿については、所得税法及び法人税法における青色申告関係帳簿か否かに関わらず、従来どおり以下の国税関係帳簿が対象となることに留意する。

・　消費税法第30条第7項に規定する帳簿
・　消費税法第38条第2項に規定する帳簿
・　消費税法第38条の2第2項に規定する帳簿
・　消費税法第58条に規定する帳簿

★（軽減対象となる過少申告の範囲）

8－3　法第8条第4項（（過少申告加算税の軽減措置））の規定の対象となるのは、過少申告加算税の額の計算の基礎となるべき税額のうち、「電磁的記録等に記録された事項に係る事実に係る税額」であるが、当該税額とは、法人税、地方法人税及び消費税（地方消費税を含む。）であれば当該基礎となるべき税額の全てをいい、所得税（復興特別所得税を含む。）であれば、当該基礎となるべき税額のうち、国税関係帳簿の備付け義務があり、かつ、当該帳簿に基づき計算される所得に係る税額が対象となる。

　　したがって、所得税（復興特別所得税を含む。）については、帳簿に基づき計算されない所得のほか、所得税の所得控除（保険料控除、扶養控除等）の適用誤り（帳簿に基づき計算される所得の申告漏れに伴う所得控除等の異動を除く。）についても法第8条第4項の規定の対象外となることに留意する。

【解　説】

　法第8条第4項（（過少申告加算税の軽減措置））の規定は、令和3年度税制改正により、改正以前の要件と同等の要件を満たした上で保存等がされた電子帳簿を信頼性の高い帳簿（優良な電子帳簿）として位置づけ、その普及促進のための優遇措置として、当該優良な電子帳簿に記録された事項について申告漏れがあった場合には、過少申告加算税を軽減することとして設けられた規定である。

　当該規定が、優良な電子帳簿を備え付けた場合の優遇措置であることからすれば、その軽減の対象となる過少申告加算税の額の計算の基礎となるべき税額は、特例国税関係帳簿に記録されていた（されるべき）事項に係る税額に限られることとなる。

　よって、その対象となる税額について、法人税、地方法人税及び消費税（地方消費税を含む。）の場合には、過少申告加算税の額の計算の基礎となるべき税額の計算において、一般的には全ての事項が総勘定元帳等の特例国税関係帳簿に記録されると考えられることから、当該基礎となるべき税額の全てが同項の規定の対象となる。

　一方、所得税（復興特別所得税を含む。）の場合は、帳簿の備付け義務があり、当該帳簿に基づき計算される事業所得、不動産所得及び山林所得の過少申告が対象となり、仮に、一時所得などの申告漏れ、所得税の所得控除（保険料控除、扶養控除等）の適用誤りにより過少申告があり、過少申告加算税が生じた場合には、同項の規定の対象とはならない旨を、本通達は明らかにしたものである。

　なお、修正申告等による所得金額の増加により所得税の所得控除等（配偶者控除、基礎控除等）が過大となり、帳簿に基づき計算される所得と帳簿に基づき計算されない所得があった場合には、帳簿に基づき計算される所得の申告漏れに伴う所得控除等の異動は、「電磁的記録等に記録された事項に係るもの以外の事実」に当たらないこととなり、法第8条第4項の規定の対象となることに留意する。

（「隠蔽し、又は仮装」の意義）

8－4　法第8条第4項（（過少申告加算税の軽減措置））及び第5項（（重加算税の加重措置））に規定する「隠蔽し、又は仮装」とは、国税通則法第68条（（重加算税））に規定する「隠蔽し、又は仮装」と同義であることに留意する。

　なお、法第8条第4項の規定の適用に当たって、国税通則法第 119 条第4項（（国税の確定金額の端数計算等））の規定により重加算税の全額が切り捨てられた場合についても、法第8条第4項ただし書に規定する「隠蔽し、又は仮装」に該当することに留意する。

【解　説】

　本通達は、法第8条第4項及び第5項に規定する「隠蔽し、又は仮装」とは、国税通則法第68条に規定する「隠蔽し、又は仮装」と同義であることを明示したものである。

　なお、法第8条第4項ただし書では「その税額の計算の基礎となるべき事実で隠蔽し、又は仮装されたものがあるときは、この限りでない。」とされていることから、過少申告加算税の軽減措置が適用されない同項に規定する電磁的記録等に記録された事項に係るもの以外の事実について、隠蔽し、又は仮装されたものがあるときも同項の規定の適用はないことに留意する。

　また、国税通則法第 119 条第4項の規定が適用されると、隠蔽し、又は仮装された事実があったとしても、重加算税が賦課されないこととなるが、このような場合における法第8条第4項の規定の適用関係については、同項ただし書において「その税額の計算の基礎となるべき事実で隠蔽し、又は仮装されたものがあるときは、この限りでない。」とされ、重加算税の税額が発生することを要件としていない。すなわち、その税額の計算の基礎となる事実が隠蔽し、又は仮装されたものであるかどうかで判断されることから、仮に国税通則法第 119 条第4項の規定の適用によって重加算税の全額が切り捨てられた場合であっても、法第8条第4項の規定による過少申告加算税の軽減措置は受けられないこととなる。本通達はその点についても併せて留意的に明らかにしたものである。

（「あらかじめ」の意義）

8－5　規則第5条第1項に規定する特例国税関係帳簿に係る電磁的記録又は電子計算機出力マイクロフィルムに記録された事項に関し修正申告等があった場合に法第8条第4項（（過少申告加算税の軽減措置））の規定の適用を受ける旨等を記載した届出書（以下8－5において「適用届出書」という。）が、同項の規定の適用を受けようとする国税の法定申告期限までに規則第5条第1項に規定する所轄税務署長等に提出されている場合には、その適用届出書は、あらかじめ、所轄税務署長等に提出されているものとして取り扱うこととする。

【解　説】

　規則第5条第1項（（特例国税関係帳簿の適用届出書））に規定する「あらかじめ」の適用に当たっては、その適用届出書が、過少申告加算税の特例措置の適用のために提出されるものであることから、その過少申告加算税の納税義務の成立の時期である法定申告期限（通法15②十四）までに提出があれば、この「あらかじめ」提出があったものと

取り扱うことを明らかにした。

（合併又は営業譲渡があった場合の法第8条第4項の規定の適用の取扱い）
8－6　合併又は営業譲渡があった場合において、被合併法人又は営業譲渡を行った者
　（以下8－6において「被合併法人等」という。）が提出していた法第8条第4項の
　規定の適用を受ける旨等を記載した届出書は、合併法人又は営業譲渡を受けた者（以
　下8－6において「合併法人等」という。）の特例国税関係帳簿には及ばないことか
　ら、合併法人等は、被合併法人等が当該届出書を提出していたことをもって、その特
　例国税関係帳簿について同項の規定の適用を受けられることにはならないことに留
　意する。

【解　説】
　合併又は営業譲渡があった場合において、被合併法人等が提出していた法第8条第4
項の規定を受ける旨等を記載した届出書の効力は、合併法人等が作成する特例国税関係
帳簿には及ぶものではないことを明らかにしたものである。

★（国税関係帳簿の備付けを開始する日の意義）
8－7　規則第5条第1項第3号に規定する「届出に係る特例国税関係帳簿に係る電磁
　的記録の備付け及び保存……をもって当該特例国税関係帳簿の備付け及び保存に代
　える日」とは、課税期間の定めのある国税に係る特例国税関係帳簿については、原則
　として課税期間の初日となることに留意する。
　（注）　課税期間の定めのない国税に係る特例国税関係帳簿の当該保存義務者が備え付
　　　ける特例国税関係帳簿の備付け及び保存に代える日については、保存義務者が、
　　　電磁的記録の備付け及び保存をもって特例国税関係帳簿の備付け及び保存に代え
　　　ようとしたと確認できる日としている場合には、これを認める。

【解　説】
　法第8条第4項（（過少申告加算税の軽減措置））の適用対象となる帳簿とは、規則第
5条第1項に規定する特例国税関係帳簿であることに加え、あらかじめ、同項に定める
届出書を所轄税務署長等に提出したものに限られる。
　この届出書に記載すべき事項として同項第3号に規定する「届出に係る特例国税関係
帳簿に係る電磁的記録の備付け及び保存……をもって当該特例国税関係帳簿の備付け
及び保存に代える日」とは、法人税における事業年度や所得税における年分のように、
課税期間の定めのある国税に係る国税関係帳簿にあっては、課税期間の初日から帳簿が
備え付けられるのが一般的であるため、この旨を念のため示したものである。
　なお、例外的に課税期間の中途の日が特例国税関係帳簿の備付け等開始の日となる場
合としては、例えば、不動産所得、事業所得又は山林所得を生ずべき業務のいずれの業
務も行っていない個人が年の中途において新たに業務を開始する場合や、法人が新たに
支店等を開設し、その支店等において新たに特例国税関係帳簿を作成するようなケース
がある。

また、課税期間の定めのない国税に係る特例国税関係帳簿の当該保存義務者が備え付ける国税関係帳簿の備付け等開始の日については、当該保存義務者が、その帳簿に係る電磁的記録の備付け等をもってその特例国税関係帳簿の備付け等に代えようとしたと確認できる日として差し支えないものとする。

（特例国税関係帳簿に係る電磁的記録の訂正又は削除の意義）

8－8　規則第5条第5項第1号イ⑴（（訂正削除の履歴の確保））に規定する「訂正又は削除」とは、電子計算機処理によって、特例国税関係帳簿に係る電磁的記録の該当の記録事項を直接に変更することのみをいうのではなく、該当の記録事項を直接に変更した場合と同様の効果を生じさせる新たな記録事項（いわゆる反対仕訳）を追加することもこれに含まれることに留意する。

【解　説】

　規則第5条第5項第1号イ⑴では、特例国税関係帳簿に係る電磁的記録の記録事項について訂正又は削除を行った場合に、これらの事実及び内容を確認することができるシステムを使用することとされている。

　この訂正又は削除の具体的な方法として、電子計算機処理によって、特例国税関係帳簿に係る電磁的記録の該当の記録事項を直接に変更する方法のほか、新たな記録事項（いわゆる反対仕訳）を追加することによって、該当の記録事項を直接に変更した場合と同様の効果を生じさせる方法も含まれることを留意的に明らかにしたものである。

（特例国税関係帳簿に係る電磁的記録の訂正削除の履歴の確保の方法）

8－9　規則第5条第5項第1号イ⑴（（訂正削除の履歴の確保））の規定の適用に当たり、例えば、次に掲げるシステム等によることとしている場合には、当該規定の要件を満たすものとして取り扱うこととする。

⑴　電磁的記録の記録事項を直接に訂正し又は削除することができるシステムで、かつ、訂正前若しくは削除前の記録事項及び訂正若しくは削除の内容がその電磁的記録又はその電磁的記録とは別の電磁的記録に自動的に記録されるシステム

⑵　電磁的記録の記録事項を直接に訂正し又は削除することができないシステムを使用し、かつ、その記録事項を訂正し又は削除する必要が生じた場合には、これを直接に訂正し又は削除した場合と同様の効果を生じさせる新たな記録事項（当初の記録事項を特定するための情報が付加されたものに限る。）を記録する方法（いわゆる反対仕訳による方法）

【解　説】

　規則第5条第5項第1号イ⑴に規定する「電磁的記録の記録事項について訂正又は削除を行った場合には、これらの事実及び内容を確認することができること」という要件を満たす方法として、現状におけるコンピュータ処理の実態を踏まえ、次のようなシステム等によっている場合には、この要件を満たすものとして取り扱うことを明らかにしたものである。

イ　訂正又は削除の履歴が自動的に記録されるシステム

電磁的記録として記録されている記録事項を直接に訂正し又は削除することができるシステムであり、かつ、訂正前若しくは削除前の記録事項及び訂正若しくは削除の内容がその電磁的記録又はその電磁的記録とは別の電磁的記録（訂正削除の履歴ファイル）に自動的に記録されるシステム

（注）　仕訳帳等の訂正又は削除はその内容が自動的に記録される場合であって、補助簿の記録事項を訂正又は削除するとその全てが同時かつ自動的に仕訳帳等にも反映されるときは、補助簿についても、ここでいう訂正又は削除の履歴が自動的に記録されるシステムに当たる。ただし、ここでいう訂正又は削除の履歴が自動的に記録されるシステムとは、全ての記録事項について訂正又は削除の内容が自動的に記録されるシステムをいい、一部の記録事項については訂正又は削除の内容が記録されない場合は含まないことから、補助簿の記録事項の訂正又は削除のうち仕訳帳等に記録されないものがある場合は含まない。

ロ　いわゆる反対仕訳により記録する方法

電磁的記録として記録されている記録事項を直接に訂正し又は削除することができないシステムを使用し、かつ、その記録事項を訂正し又は削除する必要が生じた場合には、これを直接に訂正し又は削除した場合と同様の効果を生じさせる新たな記録事項（当初の記録事項を特定するための情報が付加されたものに限る。）を記録する方法

（注）　反対仕訳の方法として、当初の記録事項の全体の反対仕訳と正当な仕訳を行う方法又は当初の記録事項と正当な記録事項との差を反対仕訳する方法のいずれの方法によるかは問わない。

（特例国税関係帳簿に係る電磁的記録の訂正削除の履歴の確保の特例）
8－10　規則第5条第5項第1号イ⑴（（訂正削除の履歴の確保））の規定の適用に当たり、電磁的記録の記録事項の誤りを是正するための期間を設け、当該期間が当該電磁的記録の記録事項を入力した日から1週間を超えない場合であって、当該期間内に記録事項を訂正し又は削除したものについて、その訂正又は削除の事実及び内容に係る記録を残さないシステムを使用し、規則第2条第2項第1号ニ（（電磁的記録の保存等に関する事務手続を明らかにした書類の備付け））に掲げる書類に当該期間に関する定めがあるときは、要件を充足するものとして取り扱う。

【解　説】

規則第5条第5項第1号イ⑴では、特例国税関係帳簿に係る電磁的記録の記録事項について訂正又は削除を行った場合に、訂正削除の履歴を確認できるシステムを使用することとされている。

この場合の訂正削除の履歴は、その全てについて残されることが望ましいが、入力後速やかにその入力内容を確認し入力誤りについて訂正又は削除をすることも一般的であり、そのような訂正又は削除についてまで、その履歴の確保を求めるのは、コンピュータ処理の実態に即さないとも考えられる。

　そこで、そのような訂正又は削除を行うための期間があらかじめ内部規程等（規則第2条第2項第1号ニに掲げる事務手続を明らかにした書類）に定められており、かつ、その期間が当該電磁的記録の記録事項を入力した日から1週間を超えない場合には、便宜上、その期間について訂正又は削除の履歴を残さないシステムを使用することを認めることとしたものである。

　なお、一定の期間について訂正削除の履歴を残さないシステムとしては、例えば、次の訂正又は削除の方法の区分に応じ、次のようなものが考えられる。

イ　記録事項を直接に訂正し又は削除する方法

　　電磁的記録の記録事項に係る当初の入力日から訂正又は削除をすることができる期間を自動的に判定し、当該期間内における訂正又は削除については履歴を残さないこととしているシステム

ロ　いわゆる反対仕訳により訂正し又は削除する方法

　　電磁的記録の記録事項に係る当初の入力日から訂正又は削除をすることができる期間を自動的に判定し、当該期間が経過するまでは記録事項を直接に訂正し又は削除することができるが、当該期間が経過した後においては反対仕訳の方法によってしか記録事項を訂正し又は削除することができないシステム

（追加入力の履歴の確保の方法）

8－11　規則第5条第5項第1号イ⑵（（追加入力の履歴の確保））の規定の適用に当たり、例えば、特例国税関係帳簿に係る電磁的記録の記録事項の入力時に、個々の記録事項に入力日又は一連番号等が自動的に付され、それを訂正し又は削除することができないシステムを使用する場合には、当該規定の要件を満たすこととなることに留意する。

【解　説】

　規則第5条第5項第1号イ⑵では、個々の記録事項の入力を、通常の業務処理期間を経過した後に行った場合に、その事実（通常の業務処理期間経過後に追加入力した事実）を事後において確認することができるシステムを使用することとされている。

　ところで、現状のコンピュータ処理においては、全ての電磁的記録の記録事項に、その入力時において入力日や一連番号等の情報が自動的に付されるシステムが相当程度普及しているが、これらの情報を訂正し又は削除することができないシステムにおいては、事後に、その入力日や一連番号等によって個々の記録事項の入力順序が分かることから、追加入力した事実を確認することができることとなる。

　そこで、これを規則第5条第5項第1号イ⑵の要件を満たすシステムの例として明らかにしたものである。

（帳簿間の関連性の確保の方法）

8－12　規則第5条第5項第1号ロ（（帳簿間の関連性の確保））の規定の適用に当たり、
　例えば、次に掲げる場合の区分に応じ、それぞれ次に掲げる情報が記録事項として記
　録されるときは、同号の要件を満たすものとして取り扱うことに留意する。

　⑴　一方の国税関係帳簿に係る記録事項（個々の記録事項を合計したものを含む。）が
　　他方の国税関係帳簿に係る記録事項として個別転記される場合　相互の記録事項が
　　同一の取引に係る記録事項であることを明確にするための一連番号等の情報

　⑵　一方の国税関係帳簿に係る個々の記録事項が集計されて他方の国税関係帳簿に係
　　る記録事項として転記される場合（⑴に該当する場合を除く。）　一方の国税関係帳
　　簿に係るどの記録事項を集計したかを明らかにする情報

【解　説】

　規則第5条第5項第1号ロでは、特例国税関係帳簿に係る電磁的記録の記録事項と当
該特例国税関係帳簿に関連する他の国税関係帳簿（当該他の国税関係帳簿も、電磁的記
録又は電子計算機出力マイクロフィルムによる保存等の適用を受けているものである
場合には、その電磁的記録又は電子計算機出力マイクロフィルムの記録事項）の記録事
項との間において、相互にその関連性を確認することができるようにしておくこととさ
れている。

　この規定の要件を満たす具体的な方法としては、次のような方法が考えられるので、
これを例示したものである。

イ　一方の国税関係帳簿に係る記録事項（例えば、日計や月計のように個々の記録事項
　を合計したものを含む。）を他方の国税関係帳簿に係る記録事項として個別転記する
　場合に、一連番号等の情報を双方の国税関係帳簿に係る記録事項として記録する方法

ロ　一方の国税関係帳簿に係る個々の記録事項を集計して他方の国税関係帳簿に係る
　記録事項として転記する場合に、他方の国税関係帳簿の摘要欄等に集計対象項目（勘
　定科目又は部門等）及び集計範囲（○月○日〜○月○日）を記録する方法

56

★（検索機能の意義）【4－9の再掲】

8－13　規則第2条第3項において準用する同条第2項並びに同条第6項第5号（（検索機能の確保））及び第5条第5項第1号ハ（（優良な電子帳簿に関する検索機能の確保））に規定する「電磁的記録の記録事項の検索をすることができる機能」とは、蓄積された記録事項から設定した条件に該当する記録事項を探し出すことができ、かつ、検索により探し出された記録事項のみが、ディスプレイの画面及び書面に、整然とした形式及び明瞭な状態で出力される機能をいう。この場合、検索項目について記録事項がない電磁的記録を検索できる機能を含むことに留意する。

　なお、蓄積された記録事項から設定した条件に該当する記録事項を探し出すことができるとは、原則として、保存する電磁的記録から一課税期間を通じて必要な条件設定を行って検索ができることをいうが、一課税期間を通じて検索することが困難であることにつき合理的な理由があると認められる場合で、保存媒体ごとや一課税期間内の合理的な期間等に区分して必要な条件設定を行って検索することができることとしているときには、これを認める。

【解　説】

　4－9と同じ。

★（特例国税関係帳簿に係る電磁的記録の検索機能における記録項目）

8－14　規則第5条第5項第1号ハ(1)（（検索機能の確保））に規定する「取引年月日、取引金額及び取引先」とは、例えば、次に掲げる特例国税関係帳簿の区分に応じ、それぞれ次に定める記録項目がこれに該当する。

(1)　仕訳帳　取引年月日及び取引金額

(2)　総勘定元帳　記載年月日及び取引金額

(3)　売上帳及び仕入帳などの補助記入帳　取引年月日、取引金額及び取引先名称

(4)　売掛金元帳、買掛金元帳などの補助元帳　記録又は取引の年月日、取引金額及び取引先名称

(5)　固定資産台帳、有価証券受払い簿（法人税のみ）及び賃金台帳（所得税のみ）など資産名や社員名で区分して記録している帳簿　資産名又は社員名

(注)　一連番号等により規則第5条第5項第1号ロ（（帳簿間の関連性の確保））の要件を確保することとしている場合には、当該一連番号等により特例国税関係帳簿の記録事項を検索することができるときについても要件を充足するものとして取り扱うことに留意する。

【解　説】

　規則第5条第5項第1号ハ(1)に規定する「取引年月日、取引金額及び取引先」の意義は、それぞれ、次のとおりであることから、この考え方に基づいて、主な特例国税関係帳簿ごとに該当の具体的な記録項目を例示したものである。

イ　取引年月日　特例国税関係帳簿に記録すべき日付（取引年月日、記載年月日、約定年月日、受入年月日等）をいう。

ロ　取引金額　特例国税関係帳簿に記録すべき取引の金額又は資産の譲渡等の対価の額等をいい、単価及び残高を含まない。

ハ　取引先　特例国税関係帳簿に記録すべき事項のうち、取引の相手方をいう。

（範囲を指定して条件を設定することの意義）【4－10の再掲】

8－15　規則第2条第6項第5号ロ（（検索機能の確保））及び第5条第5項第1号ハ⑵（（優良な電子帳簿に関する検索機能の確保））に規定する「その範囲を指定して条件を設定することができる」とは、課税期間ごとに、日付又は金額の任意の範囲を指定して条件設定を行い検索ができることをいうことに留意する。

【解　説】

4－10と同じ。

（二以上の任意の記録項目の組合せの意義）【4－11の再掲】

8－16　規則第2条第6項第5号ハ（（検索機能の確保））及び第5条第5項第1号ハ⑶に規定する「二以上の任意の記録項目を組み合わせて条件を設定することができること」とは、個々の国税関係帳簿書類に係る電磁的記録の記録事項を検索するに当たり、当該国税関係帳簿書類に係る検索の条件として設定した記録項目（取引年月日その他の日付、取引金額及び取引先）（同号ハについては、取引年月日、取引金額及び取引先）から少なくとも二の記録項目を任意に選択して、これを検索の条件とする場合に、いずれの二の記録項目の組合せによっても条件を設定することができることをいうことに留意する。

【解　説】

4－11と同じ。

（国税に関する法律の規定による提示又は提出の要求）【４－13の再掲】

8－17　規則第２条第２項第３号及び第６項、第４条第１項及び第３項並びに第５条第５項第１号及び第２号ホに規定する「国税に関する法律の規定による……提示又は提出の要求」については、国税通則法第74条の２から第74条の６までの規定による質問検査権の行使に基づく提示又は提出の要求のほか、以下のものが対象となる。

⑴　国税通則法の規定を準用する租税特別措置法、東日本大震災からの復興のための施策を実施するために必要な財源の確保に関する特別措置法（復興特別所得税・復興特別法人税）及び一般会計における債務の承継等に伴い必要な財源の確保に係る特別措置に関する法律（たばこ特別税）の規定による質問検査権の行使に基づくもの（措法87の６⑪等、復興財確法32①、62①、財源確保法19①）

⑵　非居住者の内部取引に係る課税の特例、国外所得金額の計算の特例等に係る同種の事業を営む者等に対する質問検査権の行使に基づくもの（措法40の３の３、措法41の19の５等）

⑶　国外財産調書・財産債務調書を提出する義務がある者に対する質問検査権の行使に基づくもの（国送法７②）

⑷　支払調書等の提出に関する質問検査権の行使に基づくもの（措法９の４の２等）

⑸　相手国等から情報の提供要請があった場合の質問検査権の行使に基づくもの（実特法９①）

⑹　報告事項の提供に係る質問検査権の行使に基づくもの（実特法10の９①等）

⑺　納税の猶予の申請に係る事項に関する調査に係る質問検査権の行使に基づくもの（国税通則法46の２⑪）

⑻　滞納処分に関する調査に係る質問検査権の行使に基づくもの（国税徴収法141）

【解　説】

4－13と同じ。

★（電磁的記録の提示又は提出の要求に応じる場合の意義）【4−14の再掲】

8−18　規則第2条第2項第3号及び第6項、第4条第1項並びに第5条第5項の「国税に関する法律の規定による……電磁的記録の提示又は提出の要求に応じること」とは、法の定めるところにより備付け及び保存が行われている国税関係帳簿又は保存が行われている国税関係書類若しくは電子取引の取引情報に係る電磁的記録について、税務職員から提示又は提出の要求（以下8−18において「ダウンロードの求め」という。）があった場合に、そのダウンロードの求めに応じられる状態で電磁的記録の保存等を行い、かつ、実際にそのダウンロードの求めがあった場合には、その求めに応じることをいうのであり、「その要求に応じること」とは、当該職員の求めの全てに応じた場合をいうのであって、その求めに一部でも応じない場合はこれらの規定の適用（電子帳簿等保存制度の適用・検索機能の確保の要件の緩和）は受けられないことに留意する。

　したがって、その求めに一部でも応じず、かつ、規則第2条第6項第5号に掲げる要件（検索機能の確保に関する要件の全て）又は第5条第5項に定める要件（優良な電子帳簿に関する要件。なお、国税関係書類については、これに相当する要件）が備わっていなかった場合には、規則第2条第2項、第3項若しくは第6項、第3条又は第4条第1項の規定の適用に当たって、要件に従って保存等が行われていないこととなるから、その保存等がされている電磁的記録又は電子計算機出力マイクロフィルムは国税関係帳簿又は国税関係書類とはみなされないこととなる（電子取引の取引情報に係る電磁的記録については国税関係書類以外の書類とみなされないこととなる）ことに留意する。

　また、当該ダウンロードの求めの対象については、法の定めるところにより備付け及び保存が行われている国税関係帳簿又は保存が行われている国税関係書類若しくは電子取引の取引情報に係る電磁的記録が対象となり、ダウンロードの求めに応じて行われる当該電磁的記録の提出については、税務職員の求めた状態で提出される必要があることに留意する。

【解　説】

　4−14と同じ。

（索引簿の備付けの特例）
8－19　規則第５条第５項第２号ハ（（索引簿の備付け））の規定の適用に当たり、次に掲げる場合には、同号ハの要件を満たすものとして取り扱う。
⑴　日本産業規格Ｚ6007に規定する計算機出力マイクロフィッシュ（以下8－19において「ＣＯＭフィッシュ」という。）を使用している場合において、ＣＯＭフィッシュのヘッダーに同号に規定する事項が明瞭に出力されており、かつ、ＣＯＭフィッシュがフィッシュアルバムに整然と収納されている場合
⑵　規則第５条第５項第２号ホ（（電磁的記録の並行保存等））に規定する「電子計算機出力マイクロフィルムの記録事項の検索をすることができる機能」が確保されている場合（当該機能が確保されている期間に限る。）
（注）　索引簿の備付方法については、4－6の本文なお書に掲げる方法と同様の方法によることを認める。

【解　説】
　規則第５条第５項第２号ハでは、電子計算機出力マイクロフィルム（以下「ＣＯＭ」という。）により国税関係帳簿書類を保存する場合には、特定のＣＯＭを探し出すことができる索引簿を備え付けることとされているが、他の方法により索引簿を備え付けている場合と同様の機能が確保されているときは、重ねて索引簿を備え付けさせる必要がないと考えられる。そこで、次の場合には、索引簿の備付けを省略することができることとして取り扱う旨を明らかにしたものである。
イ　規則第５条第５項第２号ハに規定する事項がＣＯＭフィッシュのヘッダーに出力され、かつ、ＣＯＭフィッシュがフィッシュアルバムに整然と収納されている場合
ロ　規則第５条第５項第２号ホに規定する「電子計算機出力マイクロフィルムの記録事項の検索をすることができる機能」が確保されている場合（当該機能が確保されている期間に限る。）
　なお、索引簿についても、システム関係書類等と同様に書面による備付けに限定せず、パソコン等により作成し、ＨＤ等で備え付けることができる旨を併せて明らかにした。

（電子計算機出力マイクロフィルムの記録事項の検索をすることができる機能の意義）
8－20　規則第５条第５項第２号ホ（（電磁的記録の並行保存等））に規定する「電子計算機出力マイクロフィルムの記録事項の検索をすることができる機能（同号ハに規定する機能に相当するものに限る。）」とは、規則第５条第５項第１号ハ（（検索機能の確保））に規定する検索機能に相当する検索機能をいうのであるから、当該検索により探し出された記録事項を含む電子計算機出力マイクロフィルムのコマの内容が自動的に出力されることを要することに留意する。

【解　説】
　規則第５条第５項第２号ホでは、電子計算機出力マイクロフィルムにより国税関係帳簿を保存する場合には、電磁的記録を３年間並行保存するか又は電子計算機出力マイク

ロフィルムの記録事項の検索をすることができる機能（規則第5条第5項第1号ハに規定する電磁的記録の場合の検索機能に相当する機能）を確保しておくこととされている。

　ところで、規則第5条第5項第1号ハに規定する検索機能とは、蓄積された記録事項から設定した条件に該当する記録事項を探し出すことができ、かつ、検索により探し出された記録事項のみが、ディスプレイの画面等に出力される機能をいうのであるから（8-13参照）、これを電子計算機出力マイクロフィルムになぞらえれば、検索により探し出された記録事項を含む電子計算機出力マイクロフィルムのコマの内容が自動的に出力されることを要することとなるので、その旨を明らかにしたものである。

（システム変更を行った場合の取扱い）【4-36の再掲】

8-21　保存義務者がシステムを変更した場合には、変更前のシステムにより作成された国税関係帳簿又は国税関係書類に係る電磁的記録（電子計算機出力マイクロフィルムにより保存している場合における規則第5条第5項第2号ホ（（電磁的記録の並行保存等））の規定により保存すべき電磁的記録を含む。以下8-21において「変更前のシステムに係る電磁的記録」という。）については、原則としてシステム変更後においても、規則第2条（（国税関係帳簿書類の電磁的記録による保存等））、第3条（（国税関係帳簿書類の電子計算機出力マイクロフィルムによる保存等））又は第5条第5項（（優良な電子帳簿に関する保存要件））に規定する要件に従って保存等をしなければならないことに留意する。

　　この場合において、当該要件に従って変更前のシステムに係る電磁的記録の保存等をすることが困難であると認められる事情がある場合で、変更前のシステムに係る電磁的記録の保存等をすべき期間分の電磁的記録（法第4条第1項又は第2項（（国税関係帳簿書類の電磁的記録による保存等））に規定する財務省令で定めるところにより保存等が行われていた国税関係帳簿又は国税関係書類に係る電磁的記録に限る。）を書面に出力し、保存等をしているときには、これを認める。

　　また、上記の場合において、法第4条第3項前段に規定する財務省令で定めるところにより保存が行われている国税関係書類に係る電磁的記録については、変更前のシステムに係る電磁的記録の基となった書類を保存しているときは、これを認めるが、当該書類の保存がない場合は、同項後段の規定によりそのシステム変更日において適法に保存している電磁的記録の保存を行うことに留意する（4-35参照）。

（注）　法第8条第4項（（過少申告加算税の軽減措置））の規定の適用を受けようとする保存義務者の特例国税関係帳簿の保存等に係るシステム変更については、書面に出力し保存する取扱いによることはできないのであるから留意する。

【解　説】

　4-36と同じ。

（重加算税の加重措置の対象範囲）

8－22　法第8条第5項に規定する「電磁的記録に記録された事項に関し……同法（国税通則法）第68条第1項から第3項まで（重加算税）の規定に該当するとき」とは、保存義務者が電磁的記録を直接改ざん等する場合のみならず、紙段階で不正のあった請求書等（作成段階で不正のあった電子取引の取引情報に係る電磁的記録を含む。）のほか、通謀等により相手方から受領した架空の請求書等を電磁的記録により保存している場合又は通謀等により相手方から受領した架空の電子取引の取引情報に係る電磁的記録を保存している場合等も含むことに留意する。

なお、法第8条第5項の規定による重加算税の加重措置と消費税法第59条の2第1項の規定による重加算税の加重措置については重複適用がないことに留意する。

【解　説】

国税関係書類に係るスキャナ保存制度においては、紙段階や電磁的記録の改ざんを防止し、適正公平な課税を確保する観点から、一定の要件に従って保存を行う必要がある旨が定められているが、こういった要件については、組織ぐるみで故意に不正を企図した場合等にまで防止できるものではなく、その効果は限定的である点を踏まえ、令和3年度の税制改正においては、適正事務処理要件の廃止等の事業者におけるペーパーレス化に十分寄与していない要件についての整備が行われたが、本措置は、こういった不正行為を未然に抑止するための担保措置として導入されたものである。

なお、本措置は、取引の相手方から受領した書類等が電子的に保存されている場合には、紙によってその書類等を保存する場合と比して、複製・改ざん行為が容易であり、また、その痕跡が残りにくいという特性に鑑みて、こうした複製・改ざん行為を未然に抑止する観点から重加算税を加重するものであり、電子取引の取引情報に係る電磁的記録の保存が行われている場合についても同様に対象とするものである。

また、法第8条第5項に規定する「電磁的記録に記録された事項に関し……同法（国税通則法）第68条第1項から第3項まで（重加算税）の規定に該当するとき」の範囲については、「電磁的記録に記録された事項に関し」とされており、「事項」は電磁的記録に限定されないことから、電磁的記録の直接的な改ざんや削除による不正行為に基づく期限後申告等のほか、書類の作成・受領後からスキャナ保存までの間に行われる紙段階での不正行為に基づく期限後申告等も含まれ得ることとなる。

さらに、相手方と通謀し、他者に架空の請求書等を作成させ、その請求書等について受領者側でスキャナ保存を行う場合や架空の電子取引情報をやりとりする場合についても、電磁的記録の特性を利用した複製や改ざん行為を容易に行い得る状態としていることから、本措置の対象から除外されていない点について留意が必要である。

なお、本措置については、過少申告加算税の軽減措置とは異なり、スキャナ保存による電磁的記録に関する不正行為に基づく重加算税については全ての税目が、電子取引の取引情報に係る電磁的記録に関する不正行為に基づく重加算税については申告所得税及び法人税がそれぞれ対象となることに留意する。

おって、例えば、一つの取引について、所得税（源泉徴収に係る所得税を除く。）及

び法人税に係る保存義務者が行うスキャナ保存に係る電磁的記録と電子取引の取引情報に係る電磁的記録があった場合について、各々に改ざん等があったときには、法第8条第5項が適用され10％の重加算税の加重措置が適用される。他方で、消費税に係る保存義務者が仕入税額控除の適用を受けるために保存する請求書等に関し、例えば、令和5年10月以降の仕入について、日々の納品書は電磁的記録（ＥＤＩ）により提供を受け、月次の請求書を書面で受領して、納品書に係る電磁的記録と月次請求書を併せて適格請求書の記載事項を満たすものとして保存することがあるが、納品書に係る電磁的記録は消費税法令の規定に基づき保存し、月次請求書は法の規定に基づきスキャナ保存をしている場合に、消費税に係る保存義務者がこれらに対してそれぞれ行う改ざん等については法第8条第5項と消費税法第59条の2第1項の両方の規定による重加算税の加重措置が重複適用されることはなく、法第8条第5項の規定により10％の重加算税の加重措置が適用されることに留意する。

（電磁的記録に係る重加算税の加重措置と国税通則法第68条第4項の重複適用）

8－23　法第8条第5項（（電磁的記録の記録事項に関連した仮装・隠蔽の場合の重加算税の加重措置））の規定の適用がある場合であっても、国税通則法第68条第4項（（短期間に繰り返して無申告又は仮装・隠蔽が行われた場合の加算税の加重措置等））の規定に該当するときは、重加算税の加重措置について重複適用があることに留意する。

【解　説】

　法第8条第5項の規定の適用がある場合であっても、国税通則法第68条第4項の規定に該当するときは、各々の重加算税の加重措置が適用される。

　したがって、例えば、過去5年以内に無申告加算税又は重加算税を課された納税者が、電磁的記録の記録事項に関連した仮装・隠蔽に基づく期限後申告等を行ったことが判明した場合には、法第8条第5項による重加算税の10％加重措置及び国税通則法第68条第4項による重加算税の10％加重措置のいずれも適用があることに留意する必要がある。

　ただし、法第8条第5項の規定による重加算税の加重措置と消費税法第59条の2第1項の規定による重加算税の加重措置については重複適用がない（8－22参照）。

付録2

電子帳簿保存法一問一答
（スキャナ保存関係）

付録2では、電子帳簿保存法一問一答の「スキャナ保存関係」を掲載しています。

国税庁ホームページ
電子帳簿保存法について
https://www.nta.go.jp/law/joho-zeikaishaku/sonota/jirei/index.htm

お問合せの多い内容について★を付しています。

目　　　次

用語の意義

本一問一答において、次に掲げる用語の意義は、それぞれ次に定めるところによる。

法・・・・・・・・・・・・・・・・・・・・・	電子計算機を使用して作成する国税関係帳簿書類の保存方法等の特例に関する法律をいう。
令3改正法・・・・・・・・・・・・・・・	所得税法等の一部を改正する法律（令和3年3月31日法律第11号）をいう。
規則・・・・・・・・・・・・・・・・・・・・	電子計算機を使用して作成する国税関係帳簿書類の保存方法等の特例に関する法律施行規則をいう。
令5改正規則・・・・・・・・・・・・・	電子計算機を使用して作成する国税関係帳簿書類の保存方法等の特例に関する法律施行規則の一部を改正する省令（令和5年財務省令第22号）をいう。
取扱通達・・・・・・・・・・・・・・・・	平成10年5月28日付課法5－4ほか6課共同「電子帳簿保存法取扱通達の制定について」（法令解釈通達）をいう。
国税・・・・・・・・・・・・・・・・・・・・	法第2条第1号（（定義））に規定する国税をいう。
国税関係帳簿書類・・・・・・・・・	法第2条第2号（（定義））に規定する国税関係帳簿書類をいう。
国税関係帳簿・・・・・・・・・・・・・	法第2条第2号（（定義））に規定する国税関係帳簿をいう。
国税関係書類・・・・・・・・・・・・・	法第2条第2号（（定義））に規定する国税関係書類をいう。
電磁的記録・・・・・・・・・・・・・・・	法第2条第3号（（定義））に規定する電磁的記録をいう。
保存義務者・・・・・・・・・・・・・・・	法第2条第4号（（定義））に規定する保存義務者をいう。
スキャナ保存・・・・・・・・・・・・・	法第4条第3項前段（（国税関係書類の電磁的記録による保存））の適用を受けている国税関係書類に係る電磁的記録による保存をいう。
スキャン文書・・・・・・・・・・・・・	法第4条第3項前段（（国税関係書類の電磁的記録による保存））の適用を受けて書面による保存に代えて一定の要件の下でスキャナで読み取って作成した電子化文書をいう。

付録2　電子帳簿保存法一問一答（スキャナ保存関係）

Ⅰ　通則
【制度の概要等】

> 問1　スキャナ保存制度はどのような内容となっていますか。

【回答】

　　スキャナ保存制度は、取引の相手先から受け取った請求書等及び自己が作成したこれらの写し等の国税関係書類（決算関係書類を除きます。）について、一定の要件の下で、書面による保存に代えて、スキャン文書による保存が認められる制度です（法4③）。

【解説】

　　電子帳簿保存法は、納税者の国税関係帳簿書類の保存に係る負担の軽減等を図るために、その電磁的記録等による保存等を容認しようとするものですが、納税者における国税関係帳簿書類の保存という行為が申告納税制度の基礎をなすものであることに鑑み、適正公平な課税の確保に必要な一定の要件に従った形で、電磁的記録等の保存等を行うことが条件とされています。

　　スキャン文書による保存については、平成17年度に創設されて以降、次のような改正がされています。

1　平成17年度（創設）

　　平成17年度の税制改正により、電子署名、タイムスタンプによりスキャン文書の変更等の検知が可能となったこと及びヴァージョン管理によるスキャン文書の変更履歴を保持することが可能になったことなどから、スキャン文書による保存を認めることとなりました（契約書等については、記載された契約金額又は受取金額が3万円未満のものについて認めることとなりました。）。

2　平成27年度（一部改正）

　　平成27年度の税制改正により、平成27年9月30日以後に行う承認申請から、次のような改正がされました。

⑴　契約書等に係る金額基準（3万円未満）を廃止し、適正な事務処理を担保する規程の整備等が要件とされたこと。

⑵　契約書等について、業務サイクル後速やかに入力を行っている場合の関連する国税関係帳簿の電子保存の承認要件が廃止されたこと。

⑶　入力者等の電子署名を不要とし、タイムスタンプを付すとともに、入力者等情報の確認が要件とされたこと。

⑷　一般書類（旧規則第3条第6項に規定する国税庁長官が定める書類）については、その書類の大きさに関する情報の保存が不要とされ、カラーではなくグレースケールでの保存でも要件を満たすこととされたこと。

3　平成28年度（一部改正）

　　平成28年度の税制改正により、平成28年9月30日以後に行う承認申請から、次のような改正がされました。

⑴　国税関係書類の受領者等（旧規則第3条第5項第2号ロに規定する国税関係書類を作成又は受領する者をいいます。以下同様となります。）が読み取る場合、次に掲げる事項が要件とされたこと。

　①　国税関係書類の作成又は受領（以下「受領等」といいます。）後、受領者等が署名を行った上で、特に速やか（3日以内）にタイムスタンプを付す。

　②　A4以下の大きさの国税関係書類については、大きさに関する情報の保存を要しない。

　③　相互けんせい要件について、受領者等以外の者が記録事項の確認（必要に応じて原本の提出を求めることを含みます。）を行うこととすることで足りる。

⑵　小規模企業者（中小企業基本法第2条第5項に規定する小規模企業者をいいます。以下同様となります。）である場合、いわゆる「適正事務処理要件」について、税務代理人が定期的な検査を行うことによって、相互けんせい要件が不要とされたこと。

(3)　スキャナについて、原稿台と一体型に限るとする要件が廃止されたこと。
4　令和元年度（一部改正）
　　令和元年度の税制改正により、承認を受ける前に作成又は受領した重要書類についても、令和元年9月30日以降に適用届出書を提出し、一定の要件を満たすことで、スキャナ保存することが可能となりました。
5　令和3年度（一部改正）
　　令和3年度の税制改正により、令和4年1月1日以後に保存を行う国税関係書類については承認制度が廃止されたほか、次のような改正がされました。
(1)　タイムスタンプ要件について、付与期間が記録事項の入力期間（最長約2月以内）と同様とされるとともに、受領者等がスキャナで読み取る際に行う国税関係書類への自署が不要とされたほか、電磁的記録について訂正又は削除を行った事実及び内容を確認することができるシステム（訂正又は削除を行うことができないシステムを含みます。）において、その電磁的記録を保存することにより、その入力期間内に記録事項を入力したことを確認することができる場合にはその確認をもってタイムスタンプの付与に代えることができることとされたこと。
(2)　適正事務処理要件（相互けんせい、定期的な検査及び再発防止策の社内規程整備等をいいます。）が廃止されたこと。
(3)　検索機能の確保の要件について、検索項目が取引等の年月日、取引金額及び取引先に限定されるとともに、保存義務者が税務職員による質問検査権に基づく電磁的記録のダウンロードの求めに応じることができるようにしている場合にあっては、範囲を指定して条件を設定できる機能及び項目を組み合わせて条件を設定できる機能の確保が不要とされたこと。
6　令和5年度（一部改正）
　　令和5年度の税制改正により、令和6年1月1日以後に保存を行う国税関係書類から、次のような改正がされました。
(1)　国税関係書類をスキャナで読み取った際の解像度、階調及び大きさに関する情報の保存時に満たすべき要件が廃止されたこと。
(2)　国税関係書類に係る記録事項の入力者等に関する情報の確認要件が廃止されたこと。
(3)　相互関連性要件について、国税関係書類に関連する国税関係帳簿の記録事項との間において、相互にその関連性を確認することができるようにしておくこととされる書類が、契約書・領収書等の重要書類に限定されたこと。

★問2　どのような書類がスキャナ保存の対象となりますか。

【回答】
　　国税に関する法律の規定により保存をしなければならないこととされている書類（国税関係書類）のうち、規則第2条第4項に規定する書類を除く全ての書類が対象となります。
　　なお、スキャナ保存により電磁的記録の保存をもって国税関係書類の保存に代える日前に作成又は受領した重要書類については、所轄税務署長等に適用届出書を提出したときは、一定の要件の下、スキャナ保存をすることができます。

【解説】
　　スキャナ保存の対象は、規則第2条第4項に規定する書類以外の国税関係書類です。
　　規則第2条第4項に規定する書類とは、具体的には棚卸表、貸借対照表及び損益計算書などの計算、整理又は決算関係書類であり、これ以外の国税関係書類がスキャナ保存の対象となります。
　　なお、売上伝票などの伝票類は、所得税法施行規則第63条第1項及び法人税法施行規則第59条第1項等に規定する保存すべき書類には当たらないことから、法第2条第2号（（定義））に規定する国税関係書類に該当しないので、スキャナ保存の適用はありません。
　　また、スキャナ保存により電磁的記録の保存をもって国税関係書類の保存に代える日前に作成又は受領した国税関係書類についても、適用届出書の提出等一定の要件の下、スキャナ保存することが可能です。

さらに、スキャナ保存に関しては平成17年国税庁告示第4号がありますが、この告示はスキャナ保存できる書類を定めたものではなく、スキャナ保存できる書類のうち、規則第2条第7項の規定により、次の要件を不要としてスキャナ保存が可能となる書類を定めたものです。

・　入力期間の要件、電子計算機処理システムの要件の一部（赤・緑・青それぞれ256階調（1677万色）以上で読み取れるスキャナ）、帳簿書類間の相互関連性の確保の要件及びカラーディスプレイ・カラープリンタの備付けの要件

　具体的には、この告示の各号に掲げている国税関係書類については、これらの要件が必要となり、各号に掲げている書類以外の国税関係書類については、これらの要件がなくてもスキャナ保存が可能となります。

国税関係帳簿書類のスキャナ保存の区分

帳　　　簿	仕訳帳 総勘定元帳 一定の取引に関して作成されたその他の帳簿	
計算、整理 又は 決算関係書類	棚卸表 貸借対照表・損益計算書 計算、整理又は決算に関して作成されたその他の書類	スキャナ保存対象

書類の名称・内容	書類の性格	書類の重要度（注）		スキャナ保存対象
・契約書 ・領収書 及び恒久的施設との間の内部取引に関して外国法人等が作成する書類のうちこれらに相当するもの 並びにこれらの写し	一連の取引過程における開始時点と終了時点の取引内容を明らかにする書類で、取引の中間過程で作成される書類の真実性を補完する書類	資金や物の流れに直結・連動する書類のうち特に重要な書類		速やかに入力 ・ 業務サイクル後速やかに入力
・預り証 ・借用証書 ・預金通帳 ・小切手 ・約束手形 ・有価証券受渡計算書 ・社債申込書 ・契約の申込書 （定型的約款無し） ・請求書 ・納品書 ・送り状 ・輸出証明書 及び恒久的施設との間の内部取引に関して外国法人等が作成する書類のうちこれらに相当するもの 並びにこれら（納品書を除きます。）の写し	一連の取引の中間過程で作成される書類で、所得金額の計算と直結・連動する書類	資金や物の流れに直結・連動する書類		
・検収書 ・入庫報告書 ・貨物受領証 ・見積書 ・注文書 ・契約の申込書 （定型的約款有り） 並びにこれらの写し及び納品書の写し	資金の流れや物の流れに直結・連動しない書類	資金や物の流れに直結・連動しない書類	重要度：低	又は 適時に入力

(注)　重要度が低以外のものがいわゆる重要書類(法第4条第3項に規定する国税関係書類のうち、規則第2条第7項に規定する国税庁長官が定める書類以外の書類)、重要度が低のものが一般書類(規則第2条第7項に規定する国税庁長官が定める書類)です。

問3　スキャナ保存を適用している場合、国税関係書類の書面（紙）は、スキャナで読み取った後、即時に廃棄しても問題ないでしょうか。

【回答】

令和4年1月1日以後に保存を行う国税関係書類については、以下（※）の場合を除いて、スキャナで読み取り、最低限の同等確認（電磁的記録の記録事項と書面の記載事項とを比較し、同等であることを確認（折れ曲がり等がないかも含みます。）することをいいます。以下同じです。）を行った後であれば、即時に廃棄して差し支えありません。

（※）　入力期間を経過した場合（【問29】のようなケースを除きます。）には、電磁的記録と合わせて国税関係書類の書面（紙）を保存する必要があります。

【解説】

令和3年度の税制改正において、適正事務処理要件（旧規則第3条第5項第4号。紙段階での改ざん等を防止するための仕組み）の規定が廃止され、令和4年1月1日以後に保存を行う国税関係書類については、定期的な検査を行う必要がなくなりました。そのため、スキャナで読み取り、折れ曲がり等がないか等の同等確認を行った後であれば、国税関係書類の書面（紙）は即時に廃棄することとして差し支えありません。

なお、印紙税の納税義務は課税文書を作成したときに成立するものであることから、スキャナ保存される国税関係書類の書面（紙）についても、印紙税の課税文書であれば収入印紙を貼付しなければなりませんが、収入印紙を貼付した後にスキャナで読み取って最低限の同等確認を行った後であれば、収入印紙が貼付された当該書面（紙）を即時に廃棄しても差し支えありません。

ただし、印紙税の過誤納があった場合の過誤納還付申請については、当該過誤納となった事実を証するため必要な文書（原本）の提示が必要であり、スキャナデータ（又はスキャナデータを出力した文書）に基づいて印紙税の過誤納還付を受けることはできませんのでご注意ください。

（注）　令和5年度の税制改正においては、目視等により、その国税関係書類の記録事項について4ポイントの文字・記号を明瞭に確認することができる場合には、国税関係書類のスキャナでの読み取りを行った際の解像度、階調及びその国税関係書類の大きさに関する情報の保存までを求める必要性が乏しいことを踏まえ、これらの情報の保存の要件が廃止され、これらの情報の保存が不要とされました。そのため、一定水準以上の解像度及びカラー画像による読み取りを含めた令和5年度の税制改正後の要件に従って保存がされている限り、仮にそのスキャナデータを出力した書面と紙原本が同じ大きさでなかったとしても問題ないことから、従来は国税関係書類（紙原本）の保存が必要とされていた「備え付けられているプリンタの最大出力より大きい書類を読み取った場合」であっても、その紙原本について、最低限の同等確認を行った後であれば、即時に廃棄しても差し支えありません。

問4　スキャン文書の保存により消費税の仕入税額控除は認められますか。

【回答】

認められます。

【解説】

スキャナ保存は法第4条第3項において「国税関係書類に記載されている事項を……電磁的記録に記録する場合には」とされており、その「国税関係書類」とは「国税に関する法律の規定により保存をしなければならないこととされている書類」をいうものとされています（法2二）。

消費税の仕入税額控除については、その適用を受けようとする事業者は、消費税法施行令第50条第1項により「請求書等を整理し……保存しなければならない」こととされていることから、当該請求書等は「国税関係書類」に該当し、法第4条第3項によるスキャナ保存をすることができます。

したがって、消費税の仕入税額控除の適用に当たり、法第4条第3項前段のスキャナ保存

の要件を満たし国税関係書類に係る電磁的記録を保存している場合には、その基となった書面（紙）を保存していない場合であっても消費税法第30条第7項に規定する請求書等が保存されていることとなります。

問5　「スキャナ」とは、どのようなものをいうのでしょうか。

【回答】
　「スキャナ」とは、書面（紙）の国税関係書類を電磁的記録に変換する入力装置をいい、いわゆる「スキャナ」や「複合機」として販売されている機器が該当することになります。
　また、例えば、スマートフォンやデジタルカメラ等についても、上記の入力装置に該当すれば、「スキャナ」に含まれることになります（取扱通達4－16）。
【解説】
　スキャナ保存制度の創設当時は、社内において経理担当者等が経理処理の際に領収書等の書面を確認した上でスキャナによる読み取りを行うことを念頭においた仕組みとされていたことから、スキャナについて「原稿台と一体となったものに限る。」ことが要件とされていましたが、平成28年度の税制改正において、スマートフォン等を使用して社外において経理処理前に国税関係書類の読み取りを行い、そのデータによる経理処理が行えるよう、この「原稿台と一体となったものに限る。」とする要件が廃止され、用いることができる機器の選択肢が広くなりました。
　なお、規則第2条第5項に規定するスキャナについては、次の要件を満たす必要があることに留意してください。
　⑴　スキャニング時の解像度である25.4ミリメートル当たり200ドット以上で読み取るものであること。
　⑵　赤色、緑色及び青色の階調がそれぞれ256階調以上で読み取るものであること（一般書類（規則第2条第7項に規定する国税庁長官が定める書類）をスキャナ保存する場合、白色から黒色までの階調が256階調以上で読み取るものであること。）。

問6　利用機器が私物であることについて、制約はありますか。

【回答】
　私物か否かについて、法令上の制約はありません。
【解説】
　私物か否かについて、法令上の制約はありませんが、私物か否かにかかわらず、保存場所において当該機器に係る操作マニュアルなどの備付けが必要となります（規則2条第6項第6号において準用する規則第2条第2項第1号ハ）。
　なお、操作マニュアルの備付けについては、【問18】を参照してください。

問7　従業員が立て替えた交際費等の領収書について、所要の事項を整理した精算書とともに提出させて、帳簿代用書類として使用していますが、このような帳簿代用書類は、スキャナ保存の対象とすることができますか。また、一般書類として適時入力方式の対象となりますか。

【回答】
　スキャナ保存の対象とすることができますが、一般書類から除かれているため適時入力方式の対象とはなりません。
【解説】
　1　法人税法施行規則第59条第4項等に規定する「帳簿代用書類」は、同条第1項第3号等の規定により保存しなければならないこととされている書類であることから、電子帳簿保存法では国税関係帳簿ではなく国税関係書類に該当することとなります（法2二）。

このため、スキャナ保存（法4③）の対象とすることができます。

2　「帳簿代用書類」は、規則第2条第7項に規定する国税庁長官が定める書類（一般書類）から除かれている（平成17年国税庁告示第4号）ことから、規則第2条第6項第1号に規定する速やかな入力などが必要となります（具体的な要件は、【問9】をご覧ください。）。

問8　スキャナの読取サイズよりも大きい書類を受領した場合、その書類を左面と右面に分けてスキャナで読み取ることでも差し支えないでしょうか。

【回答】

ディスプレイの画面及び書面に、整然とした形式かつ紙原本と同程度に明瞭な状態で、速やかに出力することができれば、左面と右面に分けるなど複数回に分けてスキャナで読み取ることでも差し支えありません。

【解説】

電子帳簿保存法では、国税関係書類を読み取るに当たっての要件として200dpi以上及び赤・緑・青それぞれ256階調以上であることを規定していますが（※）、その他は特に規定していませんので、1頁の書類が2頁にまたがるなど、分割されることなく整然とした形式で出力され、かつ、紙原本と同程度に明瞭な状態で速やかに出力することができるのであれば、読み取りの方法については問わないこととされています。

※　規則第2条第7項に規定する国税庁長官が定める書類（以下「一般書類」といいます。）の場合は、いわゆるグレースケールで保存することも可能です。

（注1）　備え付けられているスキャナが対応していないサイズの国税関係書類について、その国税関係書類（紙原本）を複写機などで縮小コピーして出力した書面を読み取ってスキャナ保存することは、法第4条第3項前段に規定する国税関係書類に記載されている事項をスキャナで読み取ることには当たらず、認められません。

（注2）　令和6年1月1日前に保存する国税関係書類については「書類の大きさに関する情報」を保存する必要がありましたが、一般書類の場合は、書類の大きさに関する情報を保存する要件はありません。また、国税関係書類の受領者等が読み取る場合で、当該書類の大きさがA4以下であるときは、書類の大きさに関する情報を保存する要件はありません。

Ⅱ 適用要件
【基本的事項】

★問9 スキャナ保存を行おうと考えていますが、どのような要件を満たさなければならないのでしょうか。

【回答】
　　国税関係書類のスキャナ保存に当たっては、真実性や可視性を確保するための要件を満たす必要があります（規則2）。
　　詳しくは次の表をご覧ください。

要　　件	重　要 書　類 (注1)	一　般 書　類 (注2)	過 去 分 重要書類 (注3)
入力期間の制限（書類の受領等後又は業務の処理に係る通常の期間を経過した後、速やかに入力）（規2⑥一イ、ロ）	○		
一定水準以上の解像度（200dpi以上）による読み取り（規2⑥ニイ(1)）	○	○	○
カラー画像による読み取り（赤・緑・青それぞれ256階調（約1677万色）以上）（規2⑥ニイ(2)）	○	※1	○
タイムスタンプの付与（規2⑥ニロ）	○※2	○※3	○※3
ヴァージョン管理（訂正又は削除の事実及び内容の確認等）（規2⑥ニハ）	○	○	○
スキャン文書と帳簿との相互関連性の保持（規2⑥三）	○		○
見読可能装置(14インチ以上のカラーディスプレイ、4ポイント文字の認識等)の備付け(規2⑥四)	○	※1	○
整然・明瞭出力（規2⑥四イ～ニ）	○	○	○
電子計算機処理システムの開発関係書類等の備付け（規2⑥六、同2②一）	○	○	○
検索機能の確保（規2⑥五）	○	○	○
その他			※4、※5

(注)1　決算関係書類以外の国税関係書類（一般書類を除きます。）をいう。
　　2　資金や物の流れに直結・連動しない書類として規則第2条第7項に規定する国税庁長官が定めるものをいう。
　　3　スキャナ保存制度により国税関係書類に係る電磁的記録の保存をもって当該国税関係書類の保存に代えている保存義務者であって、その当該国税関係書類の保存に代える日前に作成又は受領した重要書類をいう。
　　4　※1　一般書類の場合、カラー画像ではなくグレースケールでの保存可。
　　　　※2　入力事項を規則第2条第6項第1号イ又はロに掲げる方法により当該国税関係書類に係る記録事項を入力したことを確認することができる場合には、その確認をもってタイムスタンプの付与に代えることができる。
　　　　※3　当該国税関係書類に係る記録事項を入力したことを確認することができる場合には、タイムスタンプの付与に代えることができる。
　　　　※4　過去分重要書類については当該電磁的記録の保存に併せて、当該電磁的記録の作成及び保存に関する事務の手続を明らかにした書類（当該事務の責任者が定められているものに限られます。）の備付けが必要。
　　　　※5　過去分重要書類については所轄税務署長等宛に適用届出書の提出が必要。
　　5　令和6年1月1日前に保存する国税関係書類については、上記表の要件のほか「解像度及び階調情報の保存」、「大きさ情報の保存」及び「入力者等情報の確認」が必要。

問10 「その業務の処理に係る通常の期間」については、規則第2条第6項第1号ロ及び第2号ロ並びに第5条第5項第1号イ⑵にそれぞれ規定されていますが、その期間については同様に解してよいのでしょうか。

【回答】

　規則第2条第6項第1号ロ及び第2号ロに規定する「その業務の処理に係る通常の期間」とは、国税関係書類の受領等からスキャナで読み取るまで又は受領等からタイムスタンプを付すことができるようになるまでの通常の業務サイクルの期間をいい、規則第5条第5項第1号イ⑵に規定する「その業務の処理に係る通常の期間」とは、事務処理後データの入出力を行うまでの通常の業務サイクルの期間をいいます。

【解説】

　規則第2条第6項第1号ロ及び第2号ロ並びに第5条第5項第1号イ⑵では、いずれも「その業務の処理に係る通常の期間」と規定しています。それは、企業等においてはデータ入力又は書類の処理などの業務を一定の業務サイクル（週次及び月次等）で行うことが通例であり、また、その場合には適正な入力又は処理を担保するために、その業務サイクルを事務の処理に関する規程等で定めることが通例であるという共通した考え方によるものですが、規則第2条第6項第1号ロ及び第2号ロは国税関係書類に係る記録事項を入力する場合であり、第5条第5項第1号イ⑵は国税関係帳簿に係る記録事項を入力する場合であることから、「その業務」の内容が異なり、それぞれが次の≪その業務とその期間≫のとおり差があります。

　しかしながら、その業務の内容の差に着目した期間の差を設けることは、経理処理の実情と合わなくなることも考えられるため、規則第2条第6項第1号ロ及び第2号ロの事務処理期間については、最長2か月の業務サイクルであれば通常の期間として取り扱われることから（取扱通達4－18）、第5条第5項第1号イ⑵の事務処理終了後の入力までの期間についても同様に、最長2か月の業務サイクルであれば、通常の期間として取り扱われます。

≪その業務とその期間≫

イ　規則第2条第6項第1号ロ及び第2号ロの場合

　　その業務とは、企業等における書類の事務処理と考えられることから、その期間については、国税関係書類の受領等からスキャナで読み取るまで又は受領等からタイムスタンプを付すことができるようになるまでの業務サイクルの期間をいいます。

ロ　規則第5条第5項第1号イ⑵の場合

　　その業務とは、帳簿の元となるデータの入出力を含むことと考えられることから、その期間については、事務処理終了後データの入出力を行うまでの業務サイクルの期間をいいます。

問11　ディスプレイやプリンタ等について、性能や事業の規模に応じた設置台数等の要件はありますか。

【回答】

　ディスプレイやプリンタ等の性能や設置台数等は、要件とされていません。

【解説】

　電磁的記録は、その特性として、肉眼で見るためにはディスプレイ等に出力する必要がありますが、これらの装置の性能や設置台数等については、①税務調査の際には、保存義務者が日常業務に使用しているものを使用することとなること、②日常業務用である限り一応の性能及び事業の規模に応じた設置台数等が確保されていると考えられることなどから、法令上特に要件とはされていません。

　ただし、規則第2条第6項第4号では、ディスプレイ等の備付けとともに、「速やかに出力することができる」ことも要件とされています。このため、日常業務においてディスプレイ等を常時使用しているような場合には、税務調査では帳簿書類を確認する場面が多いことから、税務調査にディスプレイ等を優先的に使用することができるよう、事前に日常業務との調整等を行っておく必要があると考えます。

なお、小規模事業者では、使用できるディスプレイ等の台数が限定されているために、そのような調整を図った上でもなお税務調査にディスプレイ等を優先的に使用することが一時的に難しい状況が発生することも考えられますが、そのような場合には当該電磁的記録のコピー（複製データ）を作成して税務職員に提出できるようにしておくなどの対応に代える必要があります。

問12　電磁的記録の書面への出力に当たっては、画面印刷（いわゆるハードコピー）による方法も認められますか。

【回答】

　規則第2条第6項第4号において、電磁的記録の画面及び書面への出力機能として「整然とした形式であること」、「当該国税関係書類と同程度に明瞭であること」と規定されていますが、これはディスプレイに出力する際にファイル等が分割されることなく整然とした形式で出力することができ、かつ、紙原本と同程度に明瞭な状態で速やかに出力することができること（【問8】参照）、保存されている電磁的記録の情報が適切に再現されるよう読み取った書類と同程度に明瞭であること（【問35】参照）などが必要となります。

　そのため、そのような状態で、速やかに出力できれば、画面印刷（いわゆるハードコピー）であっても認められます。

【解説】

　電磁的記録の書面への出力に当たっては、「整然とした形式であること」、「当該国税関係書類と同程度に明瞭であること」などが必要となりますが、その形式については定めがないため、画面印刷（いわゆるハードコピー）であっても要件を満たせば認められます。

　なお、ディスプレイへの画面表示では、一の記録事項を横スクロールによって表示するような表示形式も認められるものの、当該画面のハードコピーにより書面に出力する場合で、一の記録事項が複数枚の書面に分割して出力されるような出力形式は、紙原本の内容を一覧的に確認することが困難となることから、整然とした形式に該当しないこととなります。

（注）　出力プログラムを使用した出力においても、上記のように複数の書面に分割した形で出力される形式である場合には、一の記録事項を一覧的に確認することができず整然とした形式に該当しないことから認められないこととなります。

問13　電磁的記録を外部記憶媒体へ保存する場合の要件はどういうものがありますか。

【回答】

　記憶媒体の種類にかかわらず保存時に満たすべき要件は同じであり、特定の外部記憶媒体に限った要件はありません。

【解説】

　電子帳簿保存法では、記憶媒体や保存すべき電磁的記録を限定する規定はないことから、国税関係帳簿書類に係る電磁的記録の媒体については保存義務者が任意に選択することができることとなります（取扱通達4－1）。

　また、保存時に満たすべき要件に関しても記憶媒体ごとに規定されていないことから、いずれの記憶媒体であっても同一の要件が適用されることとなります。

　なお、実際のデータの保存に際しては、サーバ等で保存していた電磁的記録と外部記憶媒体に保存している電磁的記録は当然に同一のものでなければなりません。このため、必要に応じて電磁的記録の保存に関する責任者を定めるとともに、管理規則を作成し、これを備え付けるなど、管理・保管に万全を期すことが望ましいと考えられます。

問14　電磁的記録の検索機能は、現在使用しているシステムにおいて確保しなければならないのでしょうか。

【回答】

変更前のシステムを用いること等により検索機能が確保されているのであれば、現在使用しているシステムにより検索ができなくても差し支えありません。

【解説】

規則第２条第６項第５号に規定する検索機能については、特に電子計算機についての定めはなく、また、同項第４号に規定する出力機能についても「当該電磁的記録の電子計算機処理の用に供することができる電子計算機」を備え付ければよいこととされていることから、これらの規定を満たすことができる電子計算機であれば、現在の業務において使用している電子計算機でなくても差し支えないこととなります。

例えば、システム変更等をした場合に、変更前のデータについては、変更前のシステムにおいて検索機能を確保している場合などがこれに該当します。

なお、このような場合には、検索に使用する電磁的記録がスキャナ保存をしている電磁的記録と同一のものであることを確認できるようにしておく必要があります。

| 問15 | 保存対象となるデータ量が膨大であるため複数の保存媒体に保存しており、一課税期間を通じて検索できませんが、問題はありますか。 |

【回答】

保存されている電磁的記録は、原則として一課税期間を通じて検索をすることができる必要があります。

【解説】

検索機能については、原則として一課税期間を通じて保存対象となる電子データを検索することができる必要があることから、検索機能のうち「その範囲を指定して条件を設定することができる」とは、課税期間ごとに日付又は金額の任意の範囲を指定して条件設定を行い検索ができることをいうとされており（取扱通達４−10）、原則として、一課税期間ごとに任意の範囲を指定して検索をすることができる必要があります。

しかしながら、データ量が膨大であるなどの理由で複数の保存媒体で保存せざるを得ない場合や、例えば、中間決算を組んでおり半期ごとに帳簿を作成している場合や書類の種類ごとに複数の保存媒体でデータ管理している場合など、一課税期間を通じて保存対象となる電子データを検索することが困難であることについて合理的な理由があるときには、その保存媒体ごとや一課税期間内の合理的な期間ごとに範囲を指定して検索をすることができれば差し支えありません（取扱通達４−９）。

なお、税務職員による質問検査権に基づくデータのダウンロードの求めに応じることができるようにしている場合には、この範囲を指定して条件を設定できる機能（及び項目を組み合わせて条件を設定できる機能）の確保は不要となります。

| 問16 | 検索結果後の抽出されたデータを、ディスプレイの画面及び書面に速やかに出力することができれば、検索には多少の時間を要しても構いませんか。 |

【回答】

検索開始から終了までも速やかにできる必要があります。

【解説】

「速やかに出力する」とは、具体的には、閲覧対象データを出力するために行った電子計算機の操作の開始時点から出力時点までを速やかにできることを意味していると考えられます。

この場合、その閲覧対象データを出力するに当たり、データの抽出作業が伴うときには、まず始めに検索を行い、その結果抽出されたデータを画面及び書面に出力することから、当然にその検索を開始した時から、該当する書類が画面及び書面に出力されるまでを速やかにできなければならないと考えられます。

したがって、「速やかに出力する」とは、抽出されたデータについて速やかに出力することができるだけでなく、検索についても速やかにできることが必要であると考えられます。

なお、条件に該当する記録事項の全てが、ディスプレイの画面及び書面に、整然とした形

式及び明瞭な状態で出力される場合のほか、視認性の観点から、重複する項目等について画面及び書面への表示を省略しているときについても、記録事項をデータとして保持しているときは、「電磁的記録の記録事項を検索することができる機能」を有していると考えられます。

○ 視認性の観点から表示を省略している例

（例）「国税　太郎」で検索した場合

取引先	取引日	取引金額	表示
国税　太郎	02.09.15	500,000	PDF
	02.09.20	1,000,000	PDF
	02.09.25	200,000	PDF
	02.10.15	300,000	PDF
	02.10.20	1,000,000	PDF

02.9.20以降の行は「国税太郎」の名前が重複するため、画面（紙出力）上、非表示としている。

※非表示としている項目のデータが欠落している場合、検索の要件を満たしているとはいえなくなる。

問17　バックアップデータの保存は要件となっていますか。

【回答】

バックアップデータの保存は要件となっていません。

【解説】

バックアップデータの保存については法令上の要件とはなっていませんが、電磁的記録は、記録の大量消滅に対する危険性が高く、経年変化等による記録状態の劣化等が生じるおそれがあることからすれば、保存期間中の可視性の確保という観点から、バックアップデータを保存することが望まれます。

また、必要に応じて電磁的記録の保存に関する責任者を定めるとともに、管理規則を作成し、これを備え付けるなど、管理・保管に万全を期すことが望ましいと考えられます。

問18　いわゆるオンラインマニュアルやオンラインヘルプ機能に操作説明書と同等の内容が組み込まれている場合、操作説明書が備え付けられているものと考えてもよいでしょうか。

【回答】

規則第２条第２項第１号のシステム関係書類等については、書面以外の方法により備え付けることもできることとしています（取扱通達４－６本文なお書）ので、いわゆるオンラインマニュアルやオンラインヘルプ機能に操作説明書と同等の内容が組み込まれている場合には、それが整然とした形式及び明瞭な状態で画面及び書面に、速やかに出力することができるものであれば、操作説明書が備え付けられているものとして取り扱って差し支えありません。

問19　クラウドサービスの利用や、サーバを海外に置くことは認められますか。

【回答】

規則第２条第６項第４号に規定する保存をする場所（以下「保存場所」といいます。）に備え付けられている電子計算機とサーバとが通信回線で接続されているなどにより、保存場所において電磁的記録をディスプレイの画面及び書面に、規則第２条第６項第４号イからニまでに規定する状態で速やかに出力することができるときは、クラウドサービスを利用する場合や、サーバを海外に置いている場合であっても、当該電磁的記録は保存場所に保存等がされているものとして取り扱われます。

【解説】

近年、コンピュータのネットワーク化が進展する中、通信回線のデータ送信の高速化も進み、コンピュータ間でデータの送受信が瞬時にできる状況となっていますが、電子帳簿保存法の趣旨（法第１条）を踏まえ、保存場所に備え付けられている電子計算機と国税関係帳簿書類の作成に使用する電子計算機とが通信回線で接続されていることなどにより、保存場所において電磁的記録をディスプレイの画面及び書面に、それぞれの要件に従って、速やかに出力することができるときは、当該電磁的記録は保存場所に保存等がされているものとして取り扱われます（取扱通達４－７注書き）。

そして、現在、企業が会計処理をはじめとする業務処理を外部委託する場合には、受託企業の大半が国内外の複数の場所にあるコンピュータをネットワーク化してデータ処理し、国内外のサーバにデータを保存している状況となっていますが、前述の点を踏まえれば、仮に電磁的記録が海外にあるサーバに保存されている場合（保存時に満たすべき要件を満たしている場合に限ります。）であっても、納税地にある電子計算機において電磁的記録をディスプレイの画面及び書面に、整然とした形式及び明瞭な状態で、かつ、スキャン文書の場合は、さらに、拡大又は縮小及び４ポイントの文字が認識することができる状態で速やかに出力することができる等、紙ベースの帳簿書類が納税地に保存されているのと同様の状態にあれば、納税地に保存等がされているものとして取り扱われます。

なお、バックアップデータの保存については、法令上の要件とはなっていませんが、通信回線のトラブル等による出力障害を回避するという観点からバックアップデータを保存することが望まれます。

問20　「国税関係書類に係る記録事項の入力」を入力期間内に行うこととされていますが、入力期間内に単なるスキャニング作業を終えていればよいのでしょうか。

【回答】

　　単にスキャニング作業を終えていればよいのではなく、入力期間内に、スキャニングした国税関係書類に係る電磁的記録の記録事項にタイムスタンプが付された状態又はその後の当該電磁的記録の記録事項に係る訂正又は削除の履歴等を確認することができるシステム（訂正又は削除を行うことができないシステムを含みます。）に格納した状態にしなければなりません。

【解説】

　　規則第2条第6項第1号では、国税関係書類に係る記録事項の入力を一定期間内に行うこととされています。これは、国税関係書類の受領等後できるだけ早く電磁的記録にすることによって紙の段階における改ざんの可能性を低くし、タイムスタンプを付した電磁的記録については、電磁的記録における改ざんを防ぐことができるため、当該国税関係書類に係る電磁的記録の真実性を確保する目的から設けられているものです。

　　したがって、このような趣旨から入力期間内に、単にスキャニング作業が終えていればよいのではなく、電磁的記録の真実性を確保するための同項第2号に規定するタイムスタンプを付し、その後の当該電磁的記録の訂正又は削除の履歴が確保された状態にする必要があります。また、令和3年度の税制改正により、電磁的記録の記録事項に係る訂正又は削除の履歴等を確認することができるシステム（訂正又は削除を行うことができないシステムを含みます。）に入力期間内に電磁的記録を保存したことが確認できる場合については、その確認をもってタイムスタンプの付与に代えることができることとされましたが、この入力期間内に保存したことが確認できる場合とは、例えば、他者が提供するクラウドサーバ（同号ハに掲げる電子計算機処理システムの要件を満たすものに限ります。）により保存を行い、当該クラウドサーバがNTP（Network Time Protocol）サーバと同期するなどにより、その国税関係書類に係る記録事項の入力がその作成又は受領後、速やかに行われたこと（その国税関係書類の作成又は受領から当該入力までの各事務の処理に関する規程を定めている場合にあってはその国税関係書類に係る記録事項の入力をその業務の処理に係る通常の期間を経過した後、速やかに行われたこと）の確認ができるようにその保存日時の証明が客観的に担保されている場合が該当します（取扱通達4−26）。

（注）　帳簿との相互関連性の確保（重要書類及び過去分重要書類に限ります。）及び検索機能の確保は当該電磁的記録の入力に含まれないことから、原則として当該電磁的記録を保存するまでに確保しなければなりませんが、国税関係書類の保存時点で帳簿が作成されていない場合には、決算終了後遅滞なくこれらの要件を満たしていれば認められます。

問21　「速やかに」入力する場合で、やむを得ない事由によりおおむね7営業日以内に入力できない場合は要件違反となるのでしょうか。

【回答】

　　おおむね7営業日以内に入力できない特別な事由がある場合に、そのおおむね7営業日以内に入力することができない事由が解消した後直ちに入力したときには、速やかに入力したものとして取り扱われます。

【解説】

　　本来国税関係書類の入力は、紙段階の改ざんの可能性を低くする観点からは、国税関係書類の受領等後直ちに行うことが望まれますが、休日等をまたいで入力する場合があることも勘案し、7営業日を基本とすることが合理的と考えられます。

　　さらに、業種業態によっては必ずしも7営業日以内に入力することができない場合（例えば、毎日事務所へ出勤しない勤務形態の社員が受領した書類の入力等）も考えられ、それらを一律に排除することは経済実態上合理的ではないことから、おおむね7営業日以内に入力すれば速やかに入力しているものとして取り扱うこととされています。

　　また、おおむね7営業日で入力できないような特別な事由が存在する場合には、その事由

が解消した後直ちに入力することによって、規則第2条第6項第1号イに規定する速やかに入力する目的は達せられると考えられます。

　なお、規則第2条第8項の規定により、災害その他やむを得ない事情が生じ、保存時に満たすべき要件を満たせなかったことを証明した場合には、保存時に満たすべき要件を満たしていなくても電磁的記録の保存を行うことができることとされています。

　おって、機器のメンテナンスを怠ったことにより、スキャナ機器の故障が生じた場合など明らかに保存義務者の責めに帰すべき事由が存在するときには、これらの取扱いはないこととなります。

問22　「業務の処理に係る通常の期間を経過した後、速やかに行う」とは何日以内に入力すればよいのでしょうか。

【回答】

　最長では、国税関係書類の受領等から2か月とおおむね7営業日以内に入力すればよいこととなります。

【解説】

　「その業務の処理に係る通常の期間」とはそれぞれの企業において採用している業務処理サイクルの期間をいい、また、おおむね7営業日以内に入力している場合には「速やかに」行っているものと取り扱う（取扱通達4－17）ことから、仮に2週間を業務処理サイクルとしている企業であれば2週間とおおむね7営業日以内、20日を業務処理サイクルとしている企業であれば20日とおおむね7営業日以内に入力すればよいこととなります。

　なお、最長2か月の業務処理サイクルであれば「その業務の処理に係る通常の期間」として取り扱う（取扱通達4－18）ことから、規則第2条第6項第1号ロに規定する「その業務の処理に係る通常の期間を経過した後、速やかに行うこと」については、国税関係書類の受領等から最長2か月とおおむね7営業日以内に入力すればよいこととなります。

　また、この場合、最長2か月とは暦の上での2か月をいうことから、例えば4月21日に受領した書類の場合、業務処理サイクルの最長2か月は6月20日であり、そのおおむね7営業日後までに入力すればよいこととなります。

問23　入力期間を誤って経過してしまった場合の取扱いはどのようになるのでしょうか。

【回答】

　入力期間を経過した国税関係書類についてもその他の保存時に満たすべき要件に沿って入力するとともに、当該国税関係書類を紙のまま保存することとなります。

【解説】

　誤って入力期間を経過した場合には、入力期間の制限というスキャナ保存における要件を満たしていない電磁的記録（法第4条第3項後段の規定により保存が行われている電子データ）となることから、当該電磁的記録をもって同項前段の規定による当該国税関係書類の保存に代えることはできず、元の書類は紙のまま保存することとなります。

問24　重要書類について速やかに入力又は業務サイクル後速やかに入力などの入力方式を、課税期間の中途で変更することは認められるのでしょうか。

【回答】

　入力方式ごとの要件を満たしていれば認められます。

【解説】

　入力方式については、「速やかに入力」（規則2⑥一イ）と「業務サイクル後速やかに入力」（規則2⑥一ロ）の方式がありますが、それぞれに規定する要件を満たしてスキャナで読み取ることにより、どちらの方式を採用してもよく、また、課税期間の中途で変更することも納税者の選択により行うことができます。

【解像度】

問25　スマートフォンやデジタルカメラ等を使用して読み取りを行った場合、解像度について、規則第２条第６項第２号イ⑴に規定する「スキャニング時の解像度である25.4ミリメートル当たり200ドット以上」の要件を満たしていることをどのように判断するのでしょうか。

【回答】

　　読み取った書類の大きさと画素数を基に判断することとなります。

【解説】

　　Ａ４サイズの大きさの書類を例にとると、Ａ４サイズの紙の大きさは、縦297㎜、横210㎜であり、１インチは25.4㎜です。

　　このＡ４サイズの紙の大きさは、インチ換算すると、縦約11.69インチ、横約8.27インチになります。

　　これを画素に換算すると、縦11.69インチ×200ドット＝2,338画素、横8.27インチ×200ドット＝1,654画素、そして、総画素を算出すると2,338画素×1,654画素＝3,867,052画素になります。

　　したがって、Ａ４サイズの紙が規則第２条第６項第２号イ⑴に規定する解像度の要件を満たすためには、約387万画素以上が必要となり（Ａ４サイズを画面最大で保存する際に必要な画素数です。）、このように、読み取った書類の大きさと画素数を基に解像度の要件が満たされていることを判断することとなります。

　　また、機器によっては、Ａ４サイズと縦横比が異なっている場合もあることから、そのような場合には、縦2,338画素、横1,654画素をそれぞれ満たしている必要があります。

　　なお、スマートフォンやデジタルカメラ等で読み取りを行った場合、画像の解像度が72dpiと表示される場合がありますが、これは、デジタルスチルカメラ用画像ファイルフォーマット規格（一般社団法人カメラ映像機器工業会・社団法人電子情報技術産業協会策定）において、「画像の解像度が不明のときには72dpiを記録しなければならない。」とされていることにより表示されるものであり、必ずしも画像の解像度を示すものではないことに注意してください。

　　おって、階調については、例えば、赤・緑・青、各256階調の場合、Exifの「Bits Per Sample」のタグに「８８８」が格納され、ファイルのプロパティに「24ビット」と表示される情報を参照することで保存時に満たすべき要件を満たしているかを確認することができます。

問26　令和５年度の税制改正後のスキャナ保存については、スキャナで読み取った際の解像度、階調及び大きさに関する情報の保持が不要となった一方、引き続き、規則第２条第６項第２号イ⑴に規定する「スキャニング時の解像度である25.4ミリメートル当たり200ドット以上」の要件を満たす必要があります。この解像度に関する保存時に満たすべき要件を満たしてスキャナ保存をしていることは、事後的にどのように確認・証明すればよいのでしょうか。

【回答】

　　ＪＰＥＧ形式やＴＩＦＦ形式のデータは、プロパティ情報に解像度と縦横の画素数、階調などが格納されておりますので、プロパティ情報から保存時に満たすべき要件を満たしているかを確認することができます。

　　また、ＰＤＦ形式のデータについても、スキャニング時の解像度等がプロパティ情報に含まれていることから、専用のソフトによりそれらのデータを参照することや、ＰＤＦファイルをＪＰＥＧファイルに変更し、そのプロパティ情報を参照することなどで保存時に満たすべき要件を満たしているかを確認することができます。

【解説】

　　令和５年度の税制改正において、スキャナで読み取った際の解像度、階調及び大きさに関する情報の保持が不要とされましたが、スキャナ保存については、引き続きスキャニング時の解像度が200dpi以上である必要があります。

　　税務調査等の際に税務職員から解像度の確認があった場合には、プロパティ情報を提示い

ただくなどの適宜の方法で、スキャニング時の解像度等を説明してください。

【タイムスタンプ】

★ 問27　総務大臣が認定する時刻認証業務に係るタイムスタンプとはどのようなものでしょうか。

【回答】

　　電子データがある時点に存在していたこと及び当該電子データがその時点から改ざんされていないことを証明する情報がタイムスタンプであり、確実かつ安定的なタイムスタンプの利用を一層拡大し、情報の信頼性を確保しつつ、海外とのデータ流通を容易にする観点から、時刻認証業務（電子データに係る情報にタイムスタンプを付与する役務を提供する業務）について、総務大臣による認定制度が設けられています。

（注）　使用するタイムスタンプは、規則第2条第6項第2号ロに規定する以下の要件を満たすものに限ります。

　①　当該記録事項が変更されていないことについて、当該国税関係書類の保存期間を通じ、当該業務を行う者に対して確認する方法その他の方法により確認することができること。

　②　課税期間中の任意の期間を指定し、当該期間内に付したタイムスタンプについて、一括して検証することができること。

　　なお、令和4年4月1日から令和5年7月29日までの間に保存が行われる国税関係書類又は電子取引の取引情報に係る電磁的記録のタイムスタンプ要件について、従前どおり、一般社団法人日本データ通信協会が認定する業務に係るものとすること（経過措置）も認められており、一般社団法人日本データ通信協会の認定を受けたタイムスタンプ事業者には、「タイムビジネス信頼・安心認定証」が交付され、以下に示す「タイムビジネス信頼・安心認定マーク」が使用できることとなっています。

（注）　「総務大臣が認定する時刻認証業務に係るタイムスタンプ」の総務大臣による認定の取得状況（認定を受けたタイムスタンプ事業者）については、タイムスタンプに関する総務省ホームページで確認することができます。総務大臣による認定を取得しないタイムスタンプ事業者に関する経過措置の終了に伴って注意すべき点は、そちらをご確認ください。

《タイムビジネス信頼・安心認定マーク》

　　　　　　　　　　　　　　　　　　　　　　　　認証番号等（※）

認定マークを使用できる場所

　　・ホームページ、名刺、説明書、宣伝広告用資料、取引書類　等

※　認証番号等とは、一般財団法人日本データ通信協会から発行される認定番号に続けて、認定回数を括弧内に記載しているものです。

付録2　電子帳簿保存法一問一答（スキャナ保存関係）

問28　タイムスタンプは、「一の入力単位ごと」に付すこととされていますが、このタイムスタンプが一の入力単位ごとに検証できるものである場合には、書類種別や部署ごとの電磁的記録の記録事項にまとめて付してもよいのでしょうか。

【回答】

　　まとめてタイムスタンプを付しても差し支えありません。

【解説】

　　規則第2条第6項第2号ロ（タイムスタンプ）の規定によれば、「一の入力単位ごとの電磁的記録の記録事項に、総務大臣が認定する時刻認証業務に係るタイムスタンプ……を付すこと」とされています。

　　このタイムスタンプを付す方法については、①一の入力単位である単ファイルごとにタイムスタンプを付す方法及び②複数ファイルにまとめてタイムスタンプを付す方法が考えられます。

　　上記②の方法の改ざんの検証については、通常、複数ファイルのうち1つの単ファイルが改ざんされた場合には、その複数ファイルのうち改ざんされた単ファイルのみを検証することができないため、その複数ファイルの全体について、変更されていないことの確認ができなくなります。

　　しかしながら、上記②の方法の改ざんの検証については、単ファイルのハッシュ値を束ねて階層化した上でまとめてタイムスタンプを付す技術を使用する方法によりタイムスタンプを付した場合には、改ざんされた単ファイルのみを検証することができ、また、このような方法であれば、一の入力単位である単ファイルごとにその単ファイルのハッシュ値を通じてタイムスタンプを付している状態となり、実質的には「一の入力単位ごと」にタイムスタンプを付しているものと解することができます。

　　したがって、この方法であれば、まとめてタイムスタンプを付しても差し支えありません。

問29　受領の日からその業務の処理に係る通常の期間を経過した後おおむね7営業日以内にタイムスタンプを付しましたが、その後、経理担当者が電磁的記録の記録事項の確認を行ったところ、折れ曲がりなどのスキャンミスが判明し、再度読み取りを行うことが必要となりました。既に領収書の受領の日からその業務の処理に係る通常の期間を経過した後おおむね7営業日を経過してしまいましたが、どのように対応すればよいでしょうか。

【回答】

　　折れ曲がりなど当該領収書等と同一性が確認でき、①当初の読み取りについて、受領の日からその業務の処理に係る通常の期間（最長2か月）を経過した後おおむね7営業日以内にタイムスタンプが付されていること、②当該スキャンミスを把握してからその業務の処理に係る通常の期間（最長2か月）を経過した後おおむね7営業日以内に再度タイムスタンプを付していること、③当該スキャンミスした電磁的記録についても読み取りし直した電磁的記録の訂正削除履歴（ヴァージョン管理）に基づき保存している場合は、再度読み取り、タイムスタンプを付すことをもって、受領の日からその業務の処理に係る通常の期間（最長2か月）を経過した後おおむね7営業日以内にタイムスタンプが付されているものとして取り扱います。

【解説】

　　単純な折れ曲がりなどのスキャンミスがあっても、書面とデータの同一性が確認できる場合、ミス等があったことをもって、当該書面についてスキャナ保存が不可能となることは合理的とは考えられません。そこで、こうした場合には、同じ書類を再度読み取りし直すだけの対応も可能と考えられますが、受領等から入力・タイムスタンプの付与までに要する期間について一定の制限が設けられていることなどを踏まえると、可能な限り速やかに再読み取りを行っていただくことが妥当と考えられます。そこで、その折れ曲がりのある画像と再度読み取りを行う画像との同一性が明らかである場合、①当初の読み取りがその業務の処理に係る通常の期間（最長2か月）を経過した後おおむね7営業日以内に行われ、タイムスタン

21

プも付されており、②当該スキャンミスを把握してからその業務の処理に係る通常の期間（最長2か月）を経過した後おおむね7営業日以内に再度タイムスタンプを付していて、③当該スキャンミスした電磁的記録についても読み取りし直した電磁的記録の訂正削除履歴（ヴァージョン管理）に基づき保存していることをもって、受領からその業務の処理に係る通常の期間（最長2か月）を経過した後おおむね7営業日以内にタイムスタンプが付されたものと考えることができます。

問30　訂正削除履歴の残る（あるいは訂正削除できない）システムに保存すれば、タイムスタンプの付与要件に代えることができるでしょうか。

【回答】

　そのシステムに入力期間内に入力したことを確認できる時刻証明機能を備えていれば、タイムスタンプの付与要件に代えることができます。

　なお、この場合であっても、スキャナ保存に係る他の要件を満たす必要があることにご留意ください。

【解説】

　国税関係書類についてスキャナ保存する場合には、その国税関係書類に係る記録事項にタイムスタンプを付与することが要件として規定されており（規2⑥二ロ）、当該保存義務者が訂正削除履歴の残る又は訂正削除できないシステムに保存する方法により規則第2条第6項第1号の入力期限内に当該国税関係書類に係る記録事項を入力したことを確認することができる場合には、その確認をもって当該タイムスタンプの付与要件に代えることができることとされています。

　この訂正削除履歴の残る（あるいは訂正削除ができない）システムでタイムスタンプ付与の代替要件を満たすためには、タイムスタンプが果たす機能である、ある時点以降変更を行っていないことの証明が必要となり、保存義務者が合理的な方法でこの期間制限内に入力したことを証明する必要があると考えられます。

　その方法として、取扱通達4－26では例えば、ＳａａＳ型のクラウドサービスが稼働するサーバ（自社システムによる時刻の改ざん可能性を排除したシステム）がＮＴＰサーバ（ネットワーク上で現在時刻を配信するためのサーバ）と同期しており、かつ、スキャナデータが保存された時刻の記録及びその時刻が変更されていないことを確認できるなど、客観的にそのデータ保存の正確性を担保することができる場合が明示されています。

　なお、タイムスタンプの付与要件に代えて訂正削除履歴の残る（あるいは訂正削除できない）システムに保存する場合であっても、スキャナ保存に係る他の要件を満たす必要があることにご留意ください。

★**問31　タイムスタンプの付与要件に代えて入力期間内に訂正削除履歴の残るシステムに格納することとする場合には、例えば、他社が提供するクラウドサーバにより保存を行い、当該クラウドサーバについて客観的な時刻証明機能を備えている必要があるとのことですが、自社システムで満たすことは可能でしょうか。**

【回答】

　時刻証明機能を他社へ提供しているベンダー企業以外は自社システムによりタイムスタンプ付与の代替要件を満たすことはできないと考えられます。

【解説】

　自社システムについては、保存された時刻の記録についての非改ざん性を完全に証明することはできないため、取扱通達4－26が求めるように保存日時の証明が客観的に担保されている場合に該当しないことから、原則として自社システムで当該代替要件を満たすことはできません。

　ただし、時刻証明機能を備えたクラウドサービス等を他社へ提供しているベンダー企業等の場合には、サービスの提供を受けている利用者（第三者）との関係性から当該システムの保存時刻の非改ざん性が認められることから、自社システムであっても例外的に客観性を担

保し得ると考えられます。

　したがって、当該サービスを提供しているベンダー企業以外で自社システムを使用して保存時に満たすべき要件を充足しようとする場合には、代替要件によらずタイムスタンプを付与することが必要となります。

【訂正削除履歴の確保】

> 問32　市販のヴァージョン管理ソフトを使用すれば、訂正又は削除の履歴の確保（ヴァージョン管理）の要件を満たしているといえるのでしょうか。

【回答】

　市販のヴァージョン管理ソフトを使用しても、必ずしも要件を満たしているとはいえません。

【解説】

　ソフト業界などでは、一般に新聞の版数管理のような、新しく作り直したものを第2版、第3版と関連付けていくことがヴァージョン管理と認識されていますが、スキャナ保存の要件であるヴァージョン管理においては、訂正したものを上書き保存するのではなく、その訂正の履歴を残すため第2版、第3版として管理（保存）するので、その内容は異なり、市販されているソフトには前者をヴァージョン管理とするものも存在するため、市販のヴァージョン管理ソフトを使用しているからといって、全てスキャナ保存の要件を満たしていることにはなりません。

　なお、スキャナ保存の要件であるヴァージョン管理とは、次に掲げることを全て満たすものである必要があります。

① 　スキャナで読み取った電子データは必ず初版として保存し、既に保存されているデータを改訂したもの以外は第2版以降として保存されないこと。
② 　更新処理ができるのは一番新しいヴァージョンのみとすること。
③ 　削除は物理的に行わず、削除フラグを立てるなど形式的に行うこととし、全ての版及び訂正した場合は訂正前の内容が確認できること。
④ 　削除されたデータについても検索を行うことができること。

> ★問33　具体的にどのようなシステムであれば、訂正又は削除の履歴の確保の要件を満たしているといえるのでしょうか。

【回答】

　スキャナ保存における訂正又は削除の履歴の確保については取扱通達4−24及び4−25で例示していますが、それを図示すれば次の図1から3のとおりです。

図1　訂正削除履歴の確保の方法

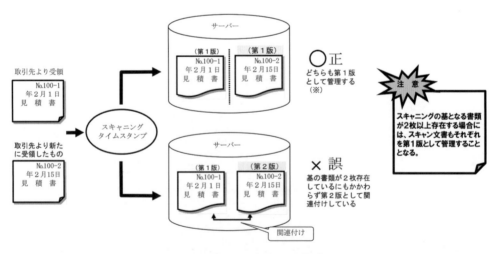

　※　どちらも第1版として管理することになるため、その後の処理を円滑に行う観点からは、旧見積書（2月1日付）の電磁的記録の記録事項を削除フォルダに移して保存する等を行うことが望ましい。

図2　更新処理の方法

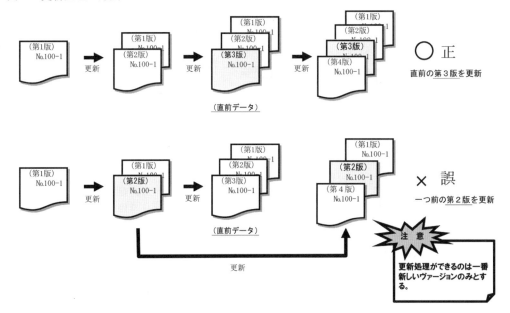

図3　訂正及び削除前の内容確認ができる

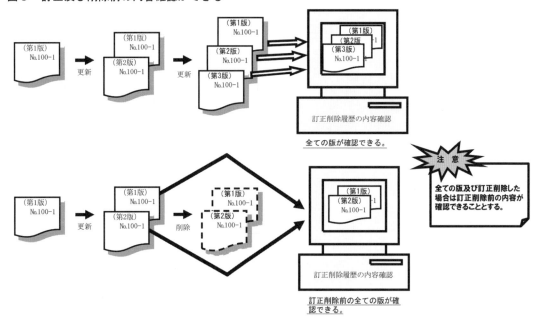

【回答】

　画像データを全く変更できないシステムであり、かつ、保存されているデータが読み取り直後のデータであることを証明できるシステムであれば、スキャナ保存における訂正又は削除を行うことができないものとして取り扱われます。

【解説】

　スキャナ保存における訂正又は削除の履歴の確保の要件は、訂正又は削除前のデータを確実に確認できることを目的にしたものですので、訂正削除ができないシステムで当該要件を満たす場合には、以下のようなシステムであれば、要件を満たすものとして取り扱われます。

　なお、訂正又は削除の履歴を確保しているシステムから、訂正削除ができないシステムへデータを移行する場合には、訂正又は削除の履歴も併せて移行する必要があります。

○　訂正削除ができないシステムの例

　　内容の書き換えができない保存媒体の場合で、保存媒体へのデータ記録年月日の記録、保存媒体自体に変更又は複製できない一連番号等を記録し、保存媒体自体の差し替え及び破棄を防止するなど、保存媒体自体の管理が適切に行われていることなどにより、保存されているデータが読み取り直後のデータであることを証明できるようなシステム（具体的には、例えば、他者であるクラウド事業者が提供するクラウドサービスにおいてスキャナ保存し、利用者側では訂正削除できないクラウドシステム）

【出力】

> 問35　「拡大又は縮小して出力することが可能であること」とは、Ａ４サイズの書類をＡ３
> サイズで出力できなければならないのでしょうか。

【回答】

　　読み取った書類と同じ用紙サイズの範囲で拡大、縮小できれば構いません。

【解説】

　　規則第２条第６項第４号ハで規定されている「拡大又は縮小して出力することが可能であること」とは、ディスプレイ及び書面に書類の一部分を拡大して出力することができればよく、拡大することに伴い、用紙のサイズを大きくして記録事項の全てを表示する必要はありません。また、小さな書類（レシート等）を出力する場合にはプリンタ及び用紙サイズの許す範囲で拡大し、又は大きな書類であれば縮小して記録事項の全てを出力することができれば構いません。

　　その他、例えば入力した書類がＡ３サイズであれば、Ａ４サイズの書類データ２つなどに分割されることなく、元のＡ３サイズの書類と同様の整然とした形式であること、保存されている電磁的記録の情報が４ポイントの文字・記号や階調が適切に再現されるよう読み取った書類と同程度に明瞭であることなどが必要となります。

> 問36　スキャン文書について圧縮して保存することは認められないのでしょうか。

【回答】

　　200dpi 以上の解像度及び赤・緑・青それぞれ256階調（※）以上で JIS X6933 又は ISO 12653-3 のテストチャートの画像を読み取り、ディスプレイ及びプリンタで出力した書面で４ポイントの文字が認識できるような状態であれば、圧縮して保存して差し支えありません。

　　なお、スキャナ保存を行う国税関係書類に４ポイントの文字が使用されていない場合であっても、上記の方法によって４ポイントの文字が認識できる各種機器等の設定等で全ての国税関係書類をスキャナで読み取り、保存しなければなりませんが、スマートフォンやデジタルカメラ等を使用して読み取った画像の場合、機器によって縦横比が異なることから、圧縮して保持する際には、読み取った書類の縦横それぞれが、解像度の要件を満たす必要があることに注意してください。

（※）　規則第２条第７項に規定する国税庁長官が定める書類（一般書類）の場合は、いわゆるグレースケールでの保存も可能です。

> 問37　４ポイントの大きさの文字を認識することが困難である場合に、解像度等はどのように設定して入力すればよいのでしょうか。

【回答】

　　JIS X6933又はISO 12653-3のテストチャートが手元にないなどの理由で４ポイントの大きさの文字が認識できる解像度等の設定が困難である場合には、読取解像度が200dpi以上かつ赤・緑・青それぞれ256階調（※）以上及び非圧縮（又は可逆圧縮）で入力していれば、４ポイントの大きさの文字が認識できるものとして取り扱われます。

（※）　規則第２条第７項に規定する国税庁長官が定める書類（一般書類）の場合は、いわゆるグレースケールでも可能です。

問38　JIS X6933に準拠したテストチャートのJISにおける使用方法としては、目視試験において50パーセント超の認識ができればよいこととなっていますが、国税関係書類のスキャナ保存においても、同様に4ポイントの文字及びISO図形言語のうち50パーセント超の認識ができる設定で入力すればよいのでしょうか。

【回答】

　　国税関係書類のスキャナ保存に当たり、JIS X6933に準拠したテストチャートについては、JIS X6933における4ポイントの文字及びISO図形言語が100パーセント認識できる設定で入力しなければなりません。

【解説】

　　JIS X6933に準拠したテストチャートのJISにおける使用方法としては、目視試験において各ポイントごとに、文字であれば34文字中18文字以上、ISO図形言語であれば各色ごとに8個中5個以上が認識できれば合格とされています（日本産業規格（JIS）X6933 4．8．1 f）3）目視試験）。したがって、JISにおいてはテストチャートの文字等のうち50パーセント超の文字の認識ができればよいこととなっており、言い換えれば50パーセント未満であれば認識できない文字等が存在しても構わないこととなっています。

　　しかしながら、国税関係書類のスキャナ保存においては、紙と同等の真実性及び可視性を確保するため、規則第2条第6項第4号ニにおいて「4ポイントの大きさの文字を認識することができること」と規定されており、認識できない文字の存在は認められていませんので、テストチャートの全ての文字等が認識できる設定で入力しなければなりません。

　　なお、ISO 12653-3に準拠したテストチャートについても、同様に、ISO 12653-3における4ポイント文字及び140図票がJIS X6933に準拠したテストチャートと同程度に認識できる設定で入力しなければなりません。

問39　4ポイントの文字が認識できる各種機器の設定（読取解像度、階調、圧縮のレベル等）については、スキャナ等の各種機器の購入時に、テストチャートを使用して行ったテストの結果によるものでよいのでしょうか。

【回答】

　　常に4ポイントの文字が認識できる設定等で入力する必要があることから、入力作業前にテストを行うことが望まれます。

【解説】

　　電子計算機処理システム等を購入した当初では4ポイントの文字が認識できる設定であっても、スキャナ機器等の調子などにより、毎回同じ設定では4ポイントの文字が認識できなくなる場合も想定されますので、日々の入力作業前にテストを行うことが望まれます。

> 問40　スキャナで読み取った画像データをテキスト化することができない場合でも、検索の
> 　　　条件として取引年月日その他の日付、取引金額及び取引先を設定することができなけれ
> 　　　ばならないのでしょうか。

【回答】

　　規則第2条第6項第5号の検索機能は、①取引年月日その他の日付、取引金額及び取引先を検索の条件として設定することができること、②日付又は金額に係る記録項目についてはその範囲を指定して条件を設定することができること、③二以上の任意の記録項目を組み合わせて条件を設定することができることが要件となります。

　　したがって、スキャナで読み取った画像データをテキスト化して保存することができる機能などが備わっていない場合であっても、スキャナで読み取った国税関係書類に係る取引年月日その他の日付、取引金額及び取引先を手入力するなどして、検索の条件として設定することができるようにする必要があります。

　　また、スキャナで読み取った画像データを保存しているフォルダ（以下「スキャナデータ保存フォルダ」といいます。）の中で、更に「取引先」ごとにフォルダを区分して保存しており、その区分したフォルダに保存している画像データに係る取引年月日その他の日付及び取引金額を手入力するなどして管理している場合に、スキャナデータ保存フォルダの中で「取引年月日その他の日付」及び「取引金額」について上記①から③までの検索の条件を設定することができるときは、検索機能の要件を満たすこととなります。

　　なお、税務職員による質問検査権に基づくデータのダウンロードの求めに応じることができるようにしている場合には、上記②及び③の機能の確保は不要となります。

（注）　スキャナ保存の検索機能における取引年月日その他の日付、取引金額及び取引先については、取扱通達4-30をご参照ください。

> 問41　1ヶ月分の取引がまとめて記載された納品書をスキャナ保存する場合、検索要件の記
> 　　　録項目については、記載されている個々の取引ごとの取引年月日その他の日付及び取引
> 　　　金額を設定する必要がありますか。

【回答】

　　検索要件の記録項目としては、個々の取引ごとの取引年月日及び取引金額として記載されているものをそれぞれ用いる方法のほか、その書類を授受した時点でその発行又は受領の年月日として記載されている年月日及びその書類に記載された取引金額の合計額を用いる方法としても、その取扱いが各課税期間において自社で一貫した規則性を持っていれば差し支えありません。

【解説】

　　検索機能における記録項目である「取引年月日その他の日付」とは、国税関係書類に記載すべき日付をいい、基本的にはその国税関係書類の授受の基となる取引が行われた年月日を指しますが、一つの国税関係書類に複数の取引がまとめて記載されているような場合、それは内訳として記載されているものなのか、それともあくまで個々の独立した取引であるが便宜的に一つの国税関係書類に記載されているものなのかについては、必ずしも判然としないことがあることから、その国税関係書類を授受した時点でその発行又は受領の年月日として記載されている日付をもって、検索機能における記録項目である「取引年月日その他の日付」として用いても、その取扱いが各課税期間において自社で一貫した規則性を持っている限り差し支えありません（取扱通達4-30参照）。

　　この場合における取引金額での検索については、「取引年月日その他の日付」が個々の取引年月日によって検索できるようにしているのであれば「取引金額」についても個々の取引金額で検索できるようにする必要があり、「取引年月日その他の日付」がその国税関係書類の発行又は受領の年月日によって検索できるようにしているのであれば「取引金額」についてもその国税関係書類に記載された取引金額の合計額で検索できるようにしておく必要があります。

★問42　検索要件の記録項目である「取引金額」については、税抜・税込どちらとすべきでしょうか。

【回答】

　帳簿の処理方法（税抜経理/税込経理）に合わせるべきと考えられますが、受領した国税関係書類に記載されている取引金額を検索要件の記録項目とすることとしても差し支えありません。

【解説】

　検索機能の確保の要件は、税務調査の際に必要なデータを確認することを可能とし、調査の効率性の確保に資するために設けられているものです。また、税務調査では帳簿の確認を基本とし、帳簿に関連する書類や取引情報の確認を行っていくことが想定されることから、基本的には帳簿と同じ金額で検索できるようにしておくべきと考えられます。

　ただし、税抜・税込を統一せずに、受領した国税関係書類に記載されている金額を記録項目としていても問題はありません。

★問43　単価契約のように、取引金額が定められていない契約書や見積書等については、検索要件における「取引金額」をどのように設定すべきでしょうか。

【回答】

　記載すべき金額がない書類については、「取引金額」を空欄又は０円と設定することで差し支えありません。ただし、空欄とする場合でも、取引金額が空欄であることを対象として検索できるようにしておく必要があります。

★問44　「ダウンロードの求め（電磁的記録の提示・提出の要求）」に応じることができるようにしておく場合の当該電磁的記録の提出について、提出する際のデータの形式や並び順については決まりがあるのでしょうか。また、記憶媒体自体についても提示・提出する必要はあるのでしょうか。

【回答】

　税務調査の際に税務職員が確認可能な状態で提出されるのであれば、電磁的記録の形式や並び順は問いませんが、通常出力できるであろうファイル形式等で提供される必要があります。

　また、「ダウンロードの求め」に応じることができるようにしておく場合については、当該電磁的記録を保存した記憶媒体の提示・提出に応じることができるようにしておくことまでは含まれていませんが、その記憶媒体についても、質問検査権に基づく確認の対象となる場合があります。

【解説】

　データのダウンロードを求める際には、通常出力が可能な範囲で税務職員が出力形式を指定することもありますが、出力可能な形式でダウンロードを求めたにもかかわらず、検索性等に劣るそれ以外の形式で提出された場合には、そのダウンロードの求めに応じることができようにしていたことにはなりません（取扱通達４－14 参照）。保存時に満たすべき要件を充足するためには、通常出力できるであろうファイル形式等で提供される必要がありますが、その内容について並び順等に関する統一的な決まりがあるわけではありません。

　なお、「ダウンロードの求め」は、記憶媒体自体の提示・提出までを求めるものではありませんが、税務調査の際には、税務職員が質問検査権に基づいて記憶媒体の確認を行う場合もあります。

問45 電子取引の取引情報に係る電磁的記録の保存で認められているような索引簿方式による検索機能の確保については、スキャナ保存についても適用は可能でしょうか。また、適用が可能な場合には、電子取引のものと兼ねた一覧表や保存システムによることも可能でしょうか。

【回答】

　一覧表を作成して、個々の保存ファイル名と対応させること（いわゆる索引簿方式）により検索機能を確保する方法は、スキャナ保存にも適用して差し支えありません。

　また、スキャナ保存と電子取引に係る取引情報に係る電磁的記録の保存について、同じ索引簿や保存システムを使用することも、検索により探し出された記録事項のみが整然とした形式及び明瞭な状態で出力されるのであれば、特段問題はありません。

　ただし、スキャナ保存を行う場合には、スキャンしたデータのヴァージョン管理などの他の要件を満たす必要があることにご留意ください。

　なお、この索引簿方式による検索機能の確保は、令和3年度の税制改正が適用される前のスキャナ保存においても認められます。

問46　適時に入力する方法が可能な一般書類とは、具体的にどのような書類が対象となるのでしょうか。

【回答】

　規則第2条第7項において、国税関係書類のうち国税庁長官の定める書類（一般書類）については、入力期間の制限なく入力することができることとされており、その書類については平成17年国税庁告示第4号により告示されています。

　この告示により、例えば、次のような書類が入力期間の制限なく適時に入力することができます。

イ　保険契約申込書、電話加入契約申込書、クレジットカード発行申込書のように別途定型的な約款があらかじめ定められている契約申込書

ロ　口座振替依頼書

ハ　棚卸資産を購入した者が作成する検収書、商品受取書

ニ　注文書、見積書及びそれらの写し

ホ　自己が作成した納品書の写し

問47　一般書類であれば、過去に遡って保存されている書類をスキャナ保存に代えてもいいのでしょうか。

【回答】

　資金や物の流れに直結・連動しない書類（平成17年国税庁告示第4号に定めるもの）（一般書類）で、要件に沿って保存することが可能であれば、過去に受領等した書類についてもスキャナ保存ができます。

【解説】

　スキャナ保存が可能か否かについては、要件に沿った保存が可能か否かで判断することとなります。規則第2条第6項第1号イ、ロでは、国税関係書類を受領等してから入力するまでの期間制限が規定されていますが、平成17年国税庁告示第4号に定める一般書類については規則第2条第7項により、この期間の制限がなく適時に入力できることから、これらの書類については、他の要件を満たす限り、過去において受領等した書類についてもスキャナ保存することが可能となります。

　なお、過去分の重要書類についても、適用届出書の提出後、入力期間の制限がなく適時に入力できます（【問53】参照）。

問48　一般書類について、タイムスタンプはいつまでに付せばいいのでしょうか。

【回答】

　一般書類へのタイムスタンプについては、次のいずれかにより付すこととなります。

①　作成又は受領後、おおむね7営業日以内（事務処理規程を定めている場合には、その業務の処理に係る通常の期間（最長2か月）を経過した後おおむね7営業日以内）に付す。

②　（①の期間を過ぎたものについては）正しく読み取られていることを確認した都度付す。

【解説】

　一般書類に係るタイムスタンプについては、「①作成若しくは受領後、速やかに又は②当該国税関係書類をスキャナで読み取る際に」付すこととされています。

　したがって、作成又は受領後、通常のスキャナ保存と同様の入力期間内に入力した後タイムスタンプを付与するか、その期間経過後に入力する場合には、「スキャナで読み取る際に」すなわち、正しく読み取られていることを確認した都度タイムスタンプを付す必要があります。

問49　規則第2条第7項に規定する国税庁長官が定める書類を定める告示（平成17年国税庁告示第4号）について、平成28年3月に改正が行われましたが、これはどのような改正でしょうか。

【回答】

　恒久的施設との間の内部取引に関して外国法人等が作成した書類について対応するよう改正したものです。

【解説】

　OECD承認アプローチ（AOA：Authorized OECD Approach）を踏まえ、平成26年度の税制改正により、外国法人等と恒久的施設との内部取引についても損益として認識することとされ、恒久的施設を有する外国法人等は、恒久的施設との間の内部取引に関して書類を作成し、保存しなければならないこととされました。

　平成17年国税庁告示第4号は、一般書類（規則第2条第7項に規定する国税庁長官が定める書類）を定める告示で、同告示の各号に掲げる書類以外の書類については、規則第2条第7項により入力期限の要件の緩和などがされています。

　上記の恒久的施設との間の内部取引に関して外国法人等が作成した書類のうち、同告示の各号に掲げる書類に相当するもの（及びその写し）について対応するよう改正したものです。

問50　規則第2条第7項に規定する国税庁長官が定める書類を定める告示（平成17年国税庁告示第4号）について、令和元年9月に改正が行われましたが、これはどのような改正でしょうか。

【回答】

　いわゆる重要書類に消費税法第30条第11項に規定する本人確認書類を追加するよう改正したものです。

【解説】

　令和元年度の税制改正（消費税法の一部改正）により、事業者が「金又は白金の地金」の課税仕入れを行った場合において、その課税仕入れの相手方の本人確認書類（運転免許証の写しなど）を保存しない場合には、当該課税仕入れに係る消費税額について仕入税額控除制度の適用を受けることができないこととされました（消費税法第30条第11項）。

　平成17年国税庁告示第4号は、一般書類（規則第2条第7項に規定する国税庁長官が定める書類）を定める告示で、同告示の各号に掲げる書類（いわゆる重要書類）以外の書類については、規則第2条第7項により入力期限の要件の緩和などがされています。

　本改正は、上記の本人確認書類について、いわゆる重要書類に相当するものとして改正したものです。

問51　スキャナ保存について、「災害その他やむを得ない事情」を証明した場合には保存時に満たすべき要件が不要となる旨の規定が設けられていますが、そのような事情があれば、電磁的記録の保存自体不要になるのでしょうか。

【回答】

　保存義務が免除されるものではありませんので、スキャナ保存に係る国税関係書類の紙原本の保存がない場合には、その国税関係書類に係る電磁的記録の保存が必要になります（取扱通達4－33）。

【解説】

　規則第2条第8項の規定は、災害その他やむを得ない事情により、保存時に満たすべき要件に従って電磁的記録の保存をすることができなかったことを証明した場合には、保存時に満たすべき要件を満たさなくても、当該電磁的記録の保存ができることを規定したものであり、保存義務が免除されているものではありません。

　したがって、スキャナ保存に係る国税関係書類の紙原本の保存がない場合には、その国税関係書類に係る電磁的記録の保存が必要になります。その紙原本及びそのスキャナデータを完全に消失してしまっている場合については、紙の書類を紛失した場合と何ら変わらないこ

とから、国税関係書類の保存がないこととなります。

　なお、電磁的記録については、災害等によりデータを保存していたパソコン本体が棄損した場合等、紙に比べてその確認が困難となる場面も多く想定されることから、納税者の責めに帰すべき事由がないときには、単に保存書類が存在しないことのみをもって、義務違反を問うことはありませんが、仮に紙の書類及びそのスキャナデータを消失してしまった場合であっても、可能な範囲で合理的な方法（取引の相手先や金融機関へ取引内容を照会するなど）により保存すべき国税関係書類を復元していただきたいと考えています。

　おって、災害その他やむを得ない事情がやんだ後に作成又は受領するものについては、規則第2条第8項の規定の適用はありません。そのため、保存時に満たすべき要件を備えた上でスキャナデータを保存する必要がありますので注意してください。

> 問52　規則第2条第6項第1号ロに規定する「各事務の処理に関する規程」及び同条第7項
> 　　の「事務の手続を明らかにした書類」との違いは何でしょうか。

【回答】

　「各事務の処理に関する規程」とは、作業責任者、処理基準及び判断基準等を含めた業務サイクルにおけるワークフローなどの企業の方針を定めたものです。それに対して「事務の手続を明らかにした書類」とは、責任者、作業の過程、順序及び入力方法などの手続を明確に表現したものをいいます。

【解説】

　規則第2条第6項第1号ロの「各事務の処理に関する規程」については、業務サイクルに応じた入力事務を行うことにより、改ざん等の誘因を制限するものですから、書類の受領又は作成を始めとする企業のワークフローに沿ったスキャニング、タイムスタンプの付与の時期等について規定し、その規程に沿った入力事務の処理を行う責任者を規定することにより責任の所在を明らかにするという企業の方針を定め、真実性を確保するためのものです。

　また、同条第7項の「事務の手続を明らかにした書類」は、責任者、入力の順序、方法などの処理手続、さらにはアウトソーシングの際の事務の手続を定めることによる、適切な入力を確保するためのものです。

　なお、これらの規程の例については、次頁を参照してください。

スキャナによる電子化保存規程

第1章　総則

（目的）
第1条　この規程は、○○における紙による国税関係書類について、××社製●●システム（以下「本システム」という。）を活用して、スキャナによる電子化を安全かつ合理的に図るための事項を定め、適正に利用・保存することを目的とする。

（定義）
第2条　この規程において、次の各号に掲げる用語の意義は、当該各号に定めるところによる。
　一　電子化文書　紙文書を電子化した文書をいう。
　二　管理責任者　本システムを円滑に運用するための責任者をいう。
　三　真実性を確保するための機能　電子化文書の故意又は過失による虚偽入力、書換え、消去及び混同を未然に防止し、かつ、改ざん等の事実の有無が検証できる機能をいう。
　四　機密性を確保するための機能　電子化文書へのアクセスを制限すること、アクセス履歴を記録すること等により、アクセスを許されない者からの電子化文書へのアクセスを防止し、電子化文書の盗難、漏えい、盗み見等を未然に防止する形態で保存・管理される機能をいう。
　五　見読性を確保するための機能　電子化文書の内容を必要に応じ電子計算機その他の機器を用いて検索し、画面又は書面に直ちに出力できるよう措置される機能をいう。

（運用体制）
第3条　○○における本システムの運用に当たっては、管理責任者及び作業担当者を置くものとし、事務分掌細則によりこれを定める。
2　管理責任者は、電子化文書を作成する作業担当者を管理し、電子化文書が法令等の定めに則って効率よく作成されることに責任を持つ。
3　管理責任者は、電子化文書の作成を外部委託する場合、外部委託業者が電子化文書作成に必要な法令等の知識と技能を持つことを確認し、これを条件に業務を委託することができる。

（利用者の責務）
第4条　本システムの利用者は以下の責務を負う。
　一　自身のIDやパスワードを管理し、これを他人に利用させない。
　二　本システムの情報の参照や入力（以下「アクセス」という。）に際して、IDやパスワードによって、本システムに利用者自身を認識させる。
　三　与えられたアクセス権限を越えた操作を行わない。
　四　参照した情報を目的外に利用しない。
　五　顧客及び関係者のプライバシーを侵害しない。

第2章　対象書類及び入力の時期

（対象書類）
第5条　○○におけるスキャナにより電子化する書類は、次の各号に定めるところによる。
　一　請求書
　二　納品書
　三　見積書（控）
　四　注文書

2　前項第３号及び第４号に定める書類は、これらを併せて、以下「一般書類」という。

（入力の時期）
第６条　第５条各号に定める書類については、書類を取得後、次の時期に入力する。
　一　請求書　速やか（おおむね７営業日以内）に入力
　二　納品書　毎月末までに受領したものを、翌々月７日までに入力
　三　見積書（控）　１月から６月までに発行したものは８月末までに、７月から12月までに発行したものは翌年２月末までに入力
　四　注文書　１月から６月までに受領したものは８月末までに、７月から12月までに受領したものは翌年２月末までに入力

第３章　機能要件

（管理機能等）
第７条　本システムによる電子化文書の作成及び管理機能は、次に定めるところによる。
　一　データフォーマット　電子化文書のデータフォーマットは、ＢＭＰ、ＴＩＦＦ、ＰＤＦ又はＪＰＥＧとする。
　二　階調性の確保　画像の階調性を損なうような画像補正は行わない。
　三　画像品質の確保　電子化文書の画像は、第10条で定めるところにより確認できること。
　四　両面スキャン　電子化文書の作成に当たっては、原則として、両面をスキャンする。
　　　ただし、裏面に記載のないものなどについては、この限りではない。
2　真実性を確保するための機能は、次に定めるところによる。
　一　タイムスタンプ　●●株式会社のタイムスタンプサービスを利用し、電子化文書には第６条各号に定める時期までにタイムスタンプを付与し、当該電子化文書の作成時期の証明及び改ざん等の事実の有無を検証できるようにする。
　　　なお、課税期間中の任意の期間を指定して当該期間内に付与したタイムスタンプについて、一括して検証できるようにする。
　二　ヴァージョン管理　記録した電子化文書のヴァージョン管理を行うに当たり、当初に記録した電子化文書を第１版とし、その後に訂正又は削除が行われても第１版の内容を保持する。
3　機密性を確保するための機能は、次に定めるところによる。
　一　アクセス管理　情報の利用範囲、更新履歴、機密度等に応じた管理区分を設定するとともに、情報にアクセスしようとする者を識別し認証できること。
　二　不正アクセスの排除　不正なアクセスを排除できること。
　三　利用ログ管理　本システムの管理責任者は、ログの情報等を利用して不正なアクセスの防止をすることとする。
4　見読性を確保するための機能は、次に定めるところによる。
　一　検索機能　記録されている電子化文書に検索のために必要な情報（検索項目）を付加し、かつ、その検索項目を活用して該当する電子化文書を抽出できること。
　二　検索項目設定機能　検索項目に、ⅰ）取引日付、ⅱ）取引金額、ⅲ）取引先名称が設定でき、日付又は金額の項目は範囲指定を可能とし、任意の２項目以上の検索項目を組み合わせて検索できること。
　三　帳簿との関連性を確保する機能　電子化文書には、管理用通番として伝票番号を付し、帳簿に記載される内容と関連付けを行う。
　　　ただし、一般書類については、帳簿との関連性を確保する機能を備える必要はない。
　四　整然とした形式で速やかに紙出力する機能　記録されている電子化文書及びログ等の管理情報をデータフォーマットの種類にかかわらずディスプレイやプリンタに整然とした形式で国税関係書類と同程度の明瞭さを確保しつつ速やかに出力することができること。
　五　４ポイント文字が認識できる機能　本システムは JIS X 6933 又は ISO12653-3 テストチャートの４ポイント文字が認識でき、電子化文書を拡大縮小表示できること。

第４章　機器の管理と運用

（機器の管理）
第８条　本システムの機器の管理及び運用に関する基準を遵守する。
2　電子化文書の情報が十分に保護されるように記録媒体の二重化、バックアップの採取等を行う。また、品質劣化が予想される記録媒体については定期的に記録媒体の移し替え等を行う。
3　外部ネットワーク接続により、不正アクセスによる被害やウィルスによる被害が発生しないように対策を施す。

（入力装置の設定）
第９条　入力装置の設定は、次に定めるところによる。
　　　ただし、一般書類に係る階調はグレースケールとしてもこれを認める。
　一　解像度　200ｄｐｉ以上とする。
　二　階調　電子化文書は赤、緑、青の各色256階調（24ビット/ピクセル）とする。

（出力装置の設定）
第10条　出力装置の設定は、次の各号に定めるところによる。
　　　ただし、一般書類については、第２号及び第３号の階調及び印刷装置をグレースケール以上の能力を持つ表示装置及びプリントできる印刷装置としてもこれを認める。
　一　表示装置のサイズ　14インチ以上の表示装置とする。
　二　表示装置の階調　赤、緑、青の各色256階調（24ビット/ピクセル）以上の能力を持つ表示装置とする。
　三　印刷装置の解像度及び階調　印刷装置はカラープリントできるものとする。

第５章　スキャニングの手順等

（書類の受領）
第11条　取引先から請求書を受領した営業責任者は、納品書及び検収報告書との照合を行い内容に誤りがないことを確認した後に、請求書を経理責任者に引き継ぐ。
2　取引先から納品書を受領した営業責任者は、注文書（控）及び納品された現物を確認した後に、納品書を経理責任者に引き継ぐ。
3　見積書を作成した営業責任者は、その控えを経理責任者に引き継ぐ。
4　取引先から注文書を受領した営業責任者は、出荷指示書を作成し、商品を出荷した後に、注文書及び出荷指示書を経理責任者へ引き継ぐ。

（仕訳伝票等の整理）
第12条　経理責任者は、回付された請求書に基づき決済手続、仕訳伝票の整理、買掛帳の整理等を行った後に、作業担当者が請求書をスキャナ用ボックスに保管する。
2　作業担当者は、回付された納品書、見積書、注文書及び出荷指示書をそれぞれごとに分類し、スキャナ用ボックスに保管する。

（スキャニングの準備）
第13条　作業担当者は、次の期日までにホチキス留めをはずし、折りたたみを広げスキャニングの準備を行う。
　一　請求書　請求書受領後、５日以内
　二　納品書　毎月末
　三　見積書（控）　１月から６月までに発行したものは７月末、７月から12月までに発行したものは翌年１月末
　四　注文書　１月から６月までに受領したものは７月末、７月から12月までに受領したものは翌年１月末
2　作業担当者は、スキャニングする書類について、前項各号ごとに枚数及び対象年月を確認し、

これを入力区分票に記載する。

（スキャニング処理）
第14条　作業担当者は、本システムを活用し、スキャニング処理を実施する。
　　なお、帳票ごとに1ファイルにするとともに、裏面のスキャナ漏れがないよう留意する。
2　作業担当者は、スキャン枚数及びスキャン画像を目視にて確認する。
3　作業担当者は、正確にスキャニングされていることを確認した後に、画像（電子化文書）及びCSV（検索項目）をサーバに転送し、管理責任者にこれを引き継ぐ。
4　管理責任者は電子化文書の確認を速やかに行う。
5　管理責任者は、第7条第2項第1号に定めるタイムスタンプを付与し、本システムに登録する。

（電子化文書の保存）
第15条　本システムにより電子化されたデータは、国税に関する法律の規定により保存しなければならないとされている期間まで保存する。

第6章　原本の廃棄等

（原本の廃棄）
第16条　作業担当者は、スキャニング処理を了した原本について、管理責任者のチェックが完了するまでの間、一時保管する。
2　この管理責任者のチェックが完了した原本については、作業担当者が文書管理規程に基づき、これを廃棄し、その旨を管理責任者に連絡する。
3　管理責任者は、廃棄結果を記録する。

（電子化文書の消去）
第17条　作業担当者は、保存期間が満了した電子化文書の一覧を作成し、管理責任者に連絡する。
2　管理責任者は、保存期間が満了した電子化文書の一覧を基に、該当するデータの消去を行い、消去結果を記録する。

附則

（施行）
第18条　この規程は、令和〇年〇月〇日から施行する。

※ 下記の書類（サンプル）については、こちらからダウンロードできます。

国税関係書類に係る電子計算機処理に関する事務の手続を明らかにした書類

（書類の受領）
1　営業責任者は、作成または受領した以下の書類について、経理責任者に引き継ぐ。
　⑴　取引先から請求書を受領した営業責任者は、請求書を経理責任者に引き継ぐ。
　⑵　取引先から納品書を受領した営業責任者は、納品書を経理責任者に引き継ぐ。
　⑶　見積書を作成した営業責任者は、その控えを経理責任者に引き継ぐ。
　⑷　取引先から注文書を受領した営業責任者は、出荷指示書を作成し、商品を出荷した後に、注文書及び出荷指示書を経理責任者へ引き継ぐ。

（スキャニングの準備）
2　作業担当者は、次の期日までにスキャニングの準備を行う。
　⑴　請求書　　　　　　　　請求書受領後、5日以内
　⑵　納品書　　　　　　　　毎月末
　⑶　見積書（控）　　　　　1月から6月までに発行したものは7月末
　　　　　　　　　　　　　　7月から12月までに発行したものは翌年1月末
　⑷　注文書　　　　　　　　1月から6月までに受領したものは7月末
　　　　　　　　　　　　　　7月から12月までに受領したものは翌年1月末

（スキャニング処理）
3　作業担当者は、××社製●●システムを活用し、スキャニング処理を実施する。

（管理責任者の確認）
4　作業担当者は、正確にスキャニングされていることを確認した後に、画像（電子化文書）及びＣＳＶ（検索項目）をサーバに転送し、管理責任者にこれを引き継ぐ。管理責任者は電子化文書と原本の確認を速やかに行う。

（タイムスタンプの付与）
5　管理責任者は、●●株式会社のタイムスタンプを付与し、本システムに登録する。

（電子化文書の保存）
6　本システムにより電子化されたデータは、国税に関する法律の規定により保存しなければならないとされている期間まで保存する。

> 問53　当社は過去分重要書類のスキャナ保存に当たって、対象となる書類が膨大にあるのですが、数か月間に渡ってスキャナ保存の作業を行うことも可能でしょうか。

【回答】

　過去分重要書類のスキャナ保存については入力期間の制限はありませんので、数か月間に渡ってスキャナ保存の作業を行うことも可能です。

【解説】

　令和元年度の税制改正により、スキャナ保存の承認を受けている保存義務者は、その承認を受けて保存を開始する日前に作成又は受領した重要書類（過去分重要書類）について、所轄税務署長等に適用届出書を提出したときは、一定の要件の下、スキャナ保存をすることができることとなりました（令和元年9月30日以後に提出する適用届出書に係る過去分重要書類から適用されます。なお、具体的な要件は、【問9】をご覧ください。）。適用届出書を提出した後は、その後の入力期間について制限はありません。これは、スキャナ保存の承認以前に作成・受領した書類が膨大であり、入力に相当の期間を要することが想定されるため、制限を設けないこととされたものです。そのため、例えば、数か月間に渡ってスキャナ保存の作業を行うことも可能です。

　ただし、適用届出書は従前において同一種類の過去分重要書類に係る適用届出書を提出している場合は提出することができません。これは、電磁的記録による保存等を断続的に行い、取りやめの都度、適用届出書の提出を繰り返し行うことにより、過去分重要書類について、その作成・受領後に「速やか」に行うことなく、継続的にスキャナ保存を可能とする潜脱行為を防止する観点から措置されたものとされています。

　なお、一般書類については、入力期間の制限なく適時に入力がすることができますので（【問46】参照）、適用届出書の提出は必要ありません。

> 問54　法人税に係る国税関係帳簿書類を本店のほか事業所ごとに作成、保存している場合、各事業所の長が各事業所の所在地の所轄税務署長に対して過去分重要書類の適用届出書を提出することができるのでしょうか。

【回答】

　法人自体が、本店所在地の所轄税務署長に対して過去分重要書類の適用届出書を提出する必要があります。

【解説】

　法人税に係る国税関係書類については、これを事業所の所在地に保存することも認められています（法人税法施行規則59①、同67②）が、①電子帳簿保存法では、適用届出書の提出主体を保存義務者とし（規則2⑨）、また、その保存義務者を「国税に関する法律の規定により……保存をしなければならないこととされている者」と定義している（法2四）こと、一方、②法人税法では、法人税に係る国税関係帳簿書類の保存義務者を法人自体としていること（法人税法126①及び150の2①）から、各事業所の長は保存義務者には該当しません。

　また、適用届出書は、納税地等の所轄税務署長等に対して提出する必要があり（規則2⑨）、この場合の「納税地等」については、「保存義務者が、国税関係帳簿書類に係る国税の納税者（国税通則法第2条第5号に規定する納税者をいう。）である場合には当該国税の納税地をいい……」と定義されています（規則1②二）。

　したがって、法人税に係る国税関係書類を各事業所に保存することとしている場合であっても、それに係る規則第2条第9項の適用届出書は、その法人自体が、その法人の法人税法上の納税地（本店又は主たる事務所の所在地）の所轄税務署長に対して提出する必要があります。

問55　法人の納税地はA市にあるが実体はB市にある場合に、過去分重要書類の適用届出書を、B市を所轄する税務署長を経由して提出することはできますか。

【回答】

　B市を所轄する税務署長を経由して提出することはできません。

【解説】

　過去分重要書類の適用届出書は、法人の実体が納税地に存するか否かにかかわらず、法人税の納税地を所轄する税務署長に提出することとなります。

　規則第2条第10項に規定する便宜提出は、一の納税者が複数の納税地等を有している場合を念頭においたものであり、一の納税者が複数の納税地を有していない場合には同項の規定の適用はありません。

問56　保存義務者が国税関係書類に係る国税の納税者である場合及び納税者でない場合の、この法律における納税地等は具体的にどのように判定することになりますか。

【回答】

　下図「帳簿書類の保存義務者・保存場所・納税者・納税地・納税地等の関係に係る類型」を参考としてください。

帳簿書類の保存義務者・保存場所・納税者・納税地・納税地等の関係に係る類型

	区　分	保存義務者	保存場所	納税者	納税地	対応業務の事務所	特例法の納税地等
1	法人が取引に関する事項を記載した帳簿 （法人税法126）	法　人 （法法126）	納税地 （一法人につき一箇所） （法規59）	○ （法法4）	法人の本店 （法法16）	－ 	法人の本店 （法法16）
	法人が取引に関して相手方に交付した領収書等の写し （法人税法126）	法　人 （法法126）	納税地又は事務所等 （法規59）	○ （法法4）	法人の本店 （法法16）	－ 	法人の本店 （法法16）
2	非課税貯蓄の限度額管理 （障害者マル優）に関する帳簿 （所得税法施行令48③）	金融機関の営業所等の長 （所令48③）	金融機関の営業所等	× （金融機関が源泉徴収義務を負う） （所法6）	－ （金融機関の営業所等―金融機関から見た納税地） （所法17）	金融機関の営業所等	金融機関の営業所等
3	酒類の製造に関する事実を記載した帳簿 （酒税法46、同令52①）	酒類製造者 （酒法46）	納税地 （本社とは別に複数存在） （酒法46）	○ （酒法6）	酒類製造場 （本社とは別に複数存在） （酒法53）	－ 	酒類製造場 （本社とは別に複数存在） （酒法53）
4	酒類の販売に関する事実を記載した帳簿 （酒税法46、同令52②）	酒類販売業者 （酒法46）	酒類販売場 （本社とは別に複数存在）	× 	－ 	酒類販売場 （本社とは別に複数存在）	酒類販売場 （本社とは別に複数存在） （酒法53）

（注）　「納税者」欄は、保存義務者が帳簿書類に係る国税の納税者であるかどうかである。

問57　過去分重要書類についても、災害その他やむを得ない事情に係る宥恕措置の適用はあるとのことですが、何か注意することはありますか。

【回答】

　災害その他やむを得ない事情があった場合であっても、過去分重要書類の適用届出書を提

出していない保存義務者についてまで、基準日（スキャナ保存により電磁的記録の保存をもって国税関係書類の保存に代える日をいいます。以下同じです。）前に作成又は受領した過去分重要書類について保存時に満たすべき要件を満たさずにスキャナ保存を認めるものではありませんので注意してください。

【解説】
　　規則第2条第11項の規定により、過去分重要書類に係る電磁的記録の保存をする保存義務者が、災害その他やむを得ない事情により、保存時に満たすべき要件に従って電磁的記録の保存をすることができないこととなったことを証明した場合には、その保存時に満たすべき要件にかかわらず、その電磁的記録の保存ができることとなります。

　　ただし、本規定の適用については、既に過去分重要書類の適用届出書を提出し、その過去分重要書類についてスキャナ保存を行っている保存義務者が、災害その他やむを得ない事情により保存時に満たすべき要件を充足できないこととなったことを証明した場合が対象です。

　　したがって、本規定が適用される事情が生じた場合であっても、過去分重要書類の適用届出書を提出していない保存義務者についてまで、基準日前に作成又は受領した過去分重要書類についてスキャナ保存を認めるものではありませんので注意してください。なお、その事情が生じる前に作成又は受領した国税関係書類を含め、その事情がやんだ後において過去分重要書類のスキャナ保存を行おうとする保存義務者については、過去分重要書類の適用届出書を提出した上でそのスキャナ保存を行うこととなります。

★問58　スキャナ保存の要件を満たさず保存されている電磁的記録は、どのように取り扱われるのですか。

【回答】

スキャナ保存の要件を満たさず保存されている電磁的記録については、各税法上の保存書類としては取り扱われません。

【解説】

スキャナ保存の要件を満たして保存が行われていない電磁的記録については、法第4条第3項後段の規定により保存が行われている場合であっても、その電磁的記録は国税関係書類とはみなされないこととなります（法8①）。

そのような場合には、各税法に定める保存義務が履行されていないこととなるため、仕入税額控除の否認や、青色申告の承認取消し等の対象となる可能性があります（スキャナ保存に係る国税関係書類（紙原本）の保存がある場合は除かれます。）。

★問59　自社で使用するスキャナソフト等について、電子帳簿保存法の要件を満たしているか分からないのですが、どのようにしたらよいですか。

【回答】

まずは当該ソフトウェアの取扱説明書等で電子帳簿保存法の要件を満たしているか確認してください。また、公益社団法人日本文書情報マネジメント協会（以下「JIIMA」といいます。）において、市販のソフトウェア及びソフトウェアサービス（以下「ソフトウェア等」といいます。）を対象に、電子帳簿保存法における要件適合性の確認（認証）を行っており、JIIMAが確認（認証）したソフトウェア等については、JIIMAのホームページ等でも確認することができます。

【解説】

従前は、使用するスキャナソフト等が電子帳簿保存法の要件に適合しているかについて、商品の表示等のみに頼っている状況でした。こうした状況を踏まえ、申請者の予見可能性を向上させる観点から、JIIMAがソフトウェア等の法的要件認証制度を開始しました。国税庁としてはこれを審査に活用することとし、また、旧承認制度の下で承認申請の手続負担を軽減させる観点から、JIIMAによる要件適合性の確認（認証）を受けたソフトウェア等を利用する場合については、承認申請書の記載事項や添付書類を一部省略することを可能としました。

令和3年度の税制改正による承認制度廃止後も、保存義務者の予見可能性を確保する観点から、認証を受けたソフトウェア等について引き続き国税庁のホームページに掲載することとしました。

なお、電子帳簿保存法の保存等の要件には、事務手続関係書類の備付けに関する事項等、機能に関する事項以外の要件もあり、それらを含め全ての要件を満たす必要がありますので注意してください。

問60　公益社団法人日本文書情報マネジメント協会により認証されたソフトウェア等とはどのようなものでしょうか。

【回答】

公益社団法人日本文書情報マネジメント協会（以下「JIIMA」といいます。）が電子帳簿保存法に規定する機能要件に適合するか機能の仕様について取扱説明書等で確認を行い、法的要件を満たしていると判断し認証されたソフトウェア等をいいます。

また、認証を受けたソフトウェア等は、国税庁及びJIIMAのホームページに記載される認証製品一覧表に明示されるほか、当該ソフトウェア等の説明書等に認証番号などが記載されています。

認証制度開始時からの電子帳簿（法４①）及びスキャナ保存（法４③）用のソフトウェア等に係る認証制度に加えて、令和３年４月以降は、電子書類（法４②）及び電子取引（法７）に係るソフトウェア等についても認証を行っています。

なお、認証を受けたソフトウェア等は、以下に示す「認証ロゴ」を使用できることから、そのソフトウェアがＪＩＩＭＡから認証されたものであるか否かについては、この認証ロゴによって判断することもできます。ただし、以下の「認証ロゴ」は令和５年６月現在で使用しているものを記載していますので、使用にあたっては説明書等で認証番号などを確認していただくようお願いします。

（参考）
《認証ロゴ（令和５年６月現在使用されている主なもの）》

　若しくは　　若しくは　

又は

　若しくは　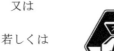　若しくは　

又は

　若しくは

認証ロゴを使用できる場所
認証製品の梱包材、製品マニュアル、技術マニュアル、仕様書　ＷＥＢページ　等

【国税庁HP の掲載場所】
　ホーム/法令等/その他法令解釈に関する情報/電子帳簿保存法関係/JIIMA 認証情報リスト

問61　スキャナ保存した電磁的記録に関連して改ざん等の不正が把握されたときには重加算税が加重されるとのことですが、具体的にはどのような場合に加重の対象となるのでしょうか。

【回答】
　スキャナ保存した電磁的記録を削除、改ざんするなどして、売上除外や経費の水増しが行われた場合のほか、保存された電磁的記録の内容が事業実態を表していないような場合（架空取引等）も重加算税の加重対象となります。

【解説】
　重加算税の加重措置の対象範囲については、取扱通達８－22を確認してください。
　なお、電磁的記録の直接的な改ざんや削除による不正行為のほか、書類の作成・受領後からスキャナ保存までの間に行われる紙段階での不正行為も対象となる場合があります。

問62　スキャナ保存を途中で取りやめることとした場合、その取りやめることとした日において保存している電磁的記録は、そのまま電磁的記録により保存することとしてもよいのでしょうか。

【回答】

　スキャナ保存を適用していた保存義務者が途中でスキャナ保存を取りやめることとした場合、電磁的記録の基となった書類を廃棄している場合は、その取りやめることとした日において保存している電磁的記録を、当該国税関係書類の保存期間が満了するまでそのままスキャナ保存の要件に従って保存することになりますが、電磁的記録の基となった書類を保存しているときは当該書類を保存する必要があります。

　また、仮に保存時に満たすべき要件を満たしてその電磁的記録の保存を行うことができない場合（スキャナ保存に係る国税関係書類（紙原本）の保存がある場合を除きます。）であっても、その電磁的記録の保存義務は課せられています（法4③後段）ので、その電磁的記録について、その書類の保存すべき期間が経過する日まで保存しておく必要があります。この場合、その電磁的記録は各税法上の国税関係書類とはみなされませんので注意してください。

　また、そのような場合には、各税法に定める保存義務が履行されていないこととなるため、仕入税額控除の否認や、青色申告の承認取消し等の対象となる可能性があります。

問63　タイムスタンプの代替要件として他者が提供する一定のクラウドサーバを利用してスキャナ保存を行っていますが、現在利用している旧サービスから新たなサービスに移行したい場合、その移行の日までにスキャナ保存した電磁的記録はどのように取り扱えばよいでしょうか。

【回答】

　保存義務者が旧サービスの利用を終了したとしても、そのスキャナ保存した電磁的記録の基となった書類の原本を別途保存していない限り、移行の日までにスキャナ保存している電磁的記録を、その書類の保存すべき期間が経過する日まで、スキャナ保存時の要件に従って保存する必要があります（【問62】参考）。

　なお、旧サービスに保存している電磁的記録の全てを新サービスに移行して一元管理・保存する対応（データ移行）も可能ですが、その場合には、旧サービスに保存している電磁的記録だけでなく、電磁的記録を保存した時刻と、それ以降に改変されていないことの証明に必要な情報についても、データ移行の前後でこれらの全てが改変されていないことを確保した状態で新サービスへのデータ移行を行う必要があることにご注意ください。

（参考）　電子帳簿保存法に沿った適切なデータ移行を行うための方法については、公益社団法人日本文書情報マネジメント協会（以下「JIIMA」といいます。）において、その考え方や移行時に特に注意すべきポイントを『電帳法スキャナ保存におけるデータポータビリティガイドライン～タイムスタンプ代替要件で確保されたデータの移行について～（第1.0版）』としてまとめ、そのホームページに掲載していますので、参考としてください。

【解説】

　スキャナ保存制度により保存が行われている国税関係書類について、その保存期間の途中でスキャナ保存の要件に従った電磁的記録による保存を取りやめることとした場合には、電磁的記録の基となった国税関係書類を保存しているときはその書類を、その書類を廃棄しているときには、その取りやめることとした日において適法に保存している電磁的記録を、それぞれの要件に従って保存する必要があります（取扱通達4－35）。

　これに関して、タイムスタンプの代替要件として他者が提供するクラウドサーバを利用してスキャン保存を行う場合に、スキャナデータを異なるシステムやサーバに移行する際には、スキャナデータだけでなくデータを保存した時刻と、それ以降に改変されていないことの証明に必要な情報も引き継ぐ必要があります（取扱通達4－26）。

　旧サービスから新サービスへの移行に当たっては、旧サービスから電磁的記録を取り出し、新サービスへ電磁的記録を取り込むまでの間は、当該電磁的記録について改ざん防止が担保

できない期間となることから、当該移行期間中においても改ざん防止措置を確保する必要があり、移行データの内容や構造等を整理した「移行データ仕様書」を作成する必要があることに留意してください。

　なお、電子帳簿保存法に沿った適切なデータ移行を行うための方法については、ＪＩＩＭＡにおいて、その考え方や移行時に特に注意すべきポイントを『電帳法スキャナ保存におけるデータポータビリティガイドライン～タイムスタンプ代替要件で確保されたデータの移行について～（第1.0版）』としてまとめ、そのホームページに掲載していますので、タイムスタンプの代替要件として他者が提供するクラウドサーバを利用してスキャン保存を行う場合に、スキャナデータを異なるシステムやサーバに移行する際には、当該ガイドラインを参考として適切なデータ移行を行ってください。

★問64　電子取引の取引情報に係る電磁的記録を出力した書面をスキャナ保存することは認められますか。

【回答】
　認められません。

【解説】
　令和３年度の税制改正においては、電子取引の取引情報に係る電子データを出力した書面等（出力書面等）は、真実性確保のための要件（改ざん防止措置）が特段課されておらず、他者から受領した電子データとの同一性が必ずしも十分に確保できているとは言えないことから、出力書面等による保存措置が廃止されたところです。したがって、他者から受領した電子データを書面等に出力して保存することは、電子帳簿保存法や他の税法に基づくものではありませんので、当然、その出力書面等は電子帳簿保存法に基づくスキャナ保存の対象となりません。

　ただし、電子帳簿保存法に従った電子データの保存が適切に行われている前提で、それとは別に各納税者が社内経理の便宜などのために書面等への出力を行うことや、スキャナで読み取るなどの処理を行うこと自体を禁止するものではありません。

（注）　上記は、令和４年度税制改正における経過措置として整備された宥恕措置や令和５年度税制改正において整備された猶予措置を踏まえて出力されている書面についても同様です。これは、令和４年度税制改正における当該宥恕措置や令和５年度税制改正における当該猶予措置では、法令上、出力書面について税務職員の求めに応じて提示・提出できることが要件のひとつとされており、その保存は求められていないためです。

問65　令和３年度の税制改正後のスキャナ保存の要件で保存を行えるのはいつからですか。
　　　また、令和５年度の税制改正後のスキャナ保存の要件で保存を行えるのはいつからですか。

【回答】

　　令和３年度の税制改正後の要件によりスキャナ保存を行うことができるのは、令和４年１月１日以後に保存する一定の国税関係書類です。

　　また、令和５年度の税制改正後の要件によりスキャナ保存を行うことができるのは、令和６年１月１日以後に保存する一定の国税関係書類です。

【解説】

　　令和３年度の税制改正後のスキャナ保存の規定は、令和４年１月１日以後に保存が行われる国税関係書類について適用されることとなります（令３改正法附則82③）。

　　また、令和５年度の税制改正後のスキャナ保存の規定は、令和６年１月１日以後に保存が行われる国税関係書類について適用されることとなります（令５改正規則附則２①）。

　　この「保存が行われる」とは、実際にスキャナ保存が行われることを意味しており、具体的には、入力（タイムスタンプ要件を満たすまでを指します。）が完了した日がスキャナ保存の行われた日となります。

　　したがって、その業務の処理に係る通常の期間を最長の２か月で設定している保存義務者については、

・令和４年１月１日から令和５年12月31日までの間に保存が行われる国税関係書類については、最も早いもので、おおむね令和３年10月末頃に作成又は受領した国税関係書類について令和４年１月１日以後に入力が完了した場合には、その国税関係書類については、「令和４年１月１日以後に（スキャナ）保存が行われる国税関係書類」に該当するため、令和３年度の税制改正後の要件が適用されることになります。

・令和６年１月１日以後に保存が行われる国税関係書類については、最も早いもので、おおむね令和５年10月末頃に作成又は受領した国税関係書類について令和６年１月１日以後に入力が完了した場合には、その国税関係書類については、「令和６年１月１日以後に（スキャナ）保存が行われる国税関係書類」に該当するため、令和５年度の税制改正後の要件が適用されることになります。

　　そのため、同一種類の書類のスキャンデータであっても、課税期間の途中から税制改正後の保存時に満たすべき要件に従って保存することは可能です（【問66】参照）。

問66　当社の課税期間は、令和５年４月１日から令和６年３月31日までですが、令和６年１月１日以後に保存する国税関係書類について新たにスキャナ保存を行いたいと考えています。その場合、課税期間の途中からスキャナ保存を行うことはできますか。

【回答】

　　法令に定めるスキャナ保存の要件を満たせば、課税期間の途中からでもスキャナ保存を行うことは可能です。

【解説】

　　スキャナ保存については、電子帳簿等保存のように、課税期間の始めから一貫して電磁的記録による保存を行う必要はありませんので、法令に定めるスキャナ保存の要件を満たせば、課税期間の途中からでもスキャナ保存を行うことは可能です。

　　また、スキャナ保存は国税関係書類の種類ごとに適用できますので、一部の国税関係書類のみをスキャナ保存により保存することも可能です。

　　なお、国税関係書類の保存に当たっては、基本的には合理的に区分できる書類の種類の単位ごと等、一定の継続性をもって保存が行われることから、スキャナ保存を開始した日（保存に代えた日）及びスキャナ保存を取りやめた日（保存に代えることをやめた日）を明確にしておく必要があります。

　（注）　令和３年度の税制改正により、令和４年１月１日以後に保存を行う国税関係書類に

ついては、事前に税務署長の承認を受ける必要はありません。

問67　令和3年度の税制改正前の承認済国税関係書類について、この改正前のスキャナ保存の要件のままスキャナ保存をしたいのですが、手続は必要でしょうか。

【回答】
　改正前の要件のままスキャナ保存する場合については、手続は必要ありません。

【解説】
　令和3年度の税制改正により、承認済国税関係書類については、なお従前の例によることとされています(令3改正法附則82③)。
　したがって、承認済国税関係書類については、令和3年度の税制改正前のスキャナ保存の要件のままスキャナ保存をするのであれば、手続は必要ありません。

★問68　令和3年度の税制改正前の承認済国税関係書類について、令和3年度の税制改正後のスキャナ保存の要件を適用してスキャナ保存をすることとした場合、改正前の承認済国税関係書類に係る取りやめの届出書を提出することとなるのでしょうか。

【回答】
　令和3年度の税制改正前の承認済国税関係書類について、令和3年度の税制改正後の要件で引き続きスキャナ保存を行う場合については、原則として、当該承認済国税関係書類に係る取りやめの届出書の提出が必要となりますが、以下について行っていただく場合は、当該承認済国税関係書類に係る取りやめの届出書を提出する必要はありません。
・　令和3年度の税制改正後の要件でスキャナ保存を開始した日について、管理、記録をしておくこと。
・　税務調査があった際に、上記の管理、記録しておいた内容について答えられるようにしておくこと。

【解説】
　令和3年度の税制改正により、令和4年1月1日に現にスキャナ保存の承認を受けている国税関係書類については、なお従前の例によることとされています（令3改正法附則82③、⑤三）。
　したがって、令和4年1月1日以後に改正後の要件により保存を行おうとする場合、原則として、改正後の要件による保存を開始する日より前に取りやめの届出書の提出が必要となります。その際には、承認を取りやめる年分を明示してその取りやめの届出書の提出をする必要があることに留意が必要です。
　しかしながら、引き続き国税関係書類に係るスキャナ保存を行おうとする場合においては、納税者の利便性向上という本改正の趣旨も踏まえ、改正前に既にスキャナ保存の承認を受けている保存義務者に対して追加の負担を求めるものとならないよう、保存義務者が、令和3年度の税制改正後の要件でスキャナ保存を開始した日について、後日明らかにできるような状態で適宜の方法により管理、記録をしておき、後日税務調査があった際に、令和3年度の税制改正後の要件でスキャナ保存を開始した日について説明できるような状態にしている場合には、令和3年度の税制改正前の承認に係る取りやめの届出書の提出があったものとみなして、別途、取りやめの届出書の提出は求めることとはしません。
　なお、改正前の承認については、改正前のスキャナ保存の要件で国税関係書類に係るスキャナ保存を行う日の最終日まで効力を有するものとして取り扱います。
　また、改正前の要件で国税関係書類に係るスキャナ保存を行おうとする場合には、その国税関係書類について引き続き承認を受けている必要があるため、承認を取りやめないよう留意が必要であり、引き続きその改正前の要件でスキャナ保存を行う年分を除外して、上記の取りやめの届出書の提出を行う必要があります。なお、承認を取りやめた場合には、国税関係帳簿書類の電磁的記録による保存等の場合と異なり、スキャナ保存に係る国税関係書類の出力書面等による保存は認められないことに留意が必要です。

付録 3

電子帳簿保存法一問一答
（電子取引関係）

付録3では、電子帳簿保存法一問一答の「電子取引関係」を掲載しています。

国税庁ホームページ
電子帳簿保存法について
https://www.nta.go.jp/law/joho-zeikaishaku/sonota/jirei/index.htm

【タイムスタンプ】

【その他】

した形式及び明瞭な状態で出力されたもの」とはどのようなものでしょうか。また、「保存義務者が国税に関する法律の規定による当該電磁的記録及び当該電磁的記録を出力することにより作成した書面…の提示若しくは提出の要求に応じることができるようにしている」とありますが、具体的にはどのような対応が求められるのでしょうか。

用語の意義

本一問一答において、次に掲げる用語の意義は、それぞれ次に定めるところによる。

法···························	電子計算機を使用して作成する国税関係帳簿書類の保存方法等の特例に関する法律をいう。
令3改正法···············	所得税法等の一部を改正する法律（令和3年3月31日法律第11号）をいう。
規則·······················	電子計算機を使用して作成する国税関係帳簿書類の保存方法等の特例に関する法律施行規則をいう。
令5改正規則·············	電子計算機を使用して作成する国税関係帳簿書類の保存方法等の特例に関する法律施行規則の一部を改正する省令（令和5年財務省令第22号）をいう。
取扱通達···············	平成10年5月28日付課法5－4ほか6課共同「電子帳簿保存法取扱通達の制定について」（法令解釈通達）をいう。
国税·······················	法第2条第1号((定義))に規定する国税をいう。
国税関係帳簿書類··········	法第2条第2号((定義))に規定する国税関係帳簿書類をいう。
国税関係帳簿·············	法第2条第2号((定義))に規定する国税関係帳簿をいう。
国税関係書類·············	法第2条第2号((定義))に規定する国税関係書類をいう。
電磁的記録···············	法第2条第3号((定義))に規定する電磁的記録をいう。
保存義務者···············	法第2条第4号((定義))に規定する保存義務者をいう。
電子取引···············	法第2条第5号((定義))に規定する電子取引をいう。
スキャナ保存·············	法第4条第3項前段((国税関係書類の電磁的記録による保存))の適用を受けている国税関係書類に係る電磁的記録による保存をいう。

I 通則
【制度の概要等】

問1　電子取引のデータ保存制度はどのような内容となっていますか。

【回答】

　　所得税(源泉徴収に係る所得税を除きます。)及び法人税の保存義務者が取引情報(注文書、領収書等に通常記載される事項)を電磁的方式により授受する取引（電子取引）を行った場合には、その取引情報を電磁的記録により保存しなければならないという制度です(法7)。

【解説】

　　所得税法及び法人税法では、取引に関して相手方から受け取った注文書、領収書等や相手方に交付したこれらの書類の写しの保存義務が定められていますが、同様の取引情報を電子取引により授受した場合には、その取引情報に係る電磁的記録を一定の方法により保存しなければならないこととされています。

　　なお、帳簿書類の電磁的作成、備付け、保存に関しては、別冊「電子帳簿保存法一問一答【電子計算機を使用して作成する帳簿書類関係】」において、スキャナ保存に関しては、別冊「電子帳簿保存法一問一答【スキャナ保存関係】」において解説します。

帳簿書類等の保存方法

【種類】	【作成方法】	【 保 存 方 法 】		

【電帳法4条（5条）による保存】

帳簿
仕訳帳
現金出納帳
売掛金元帳
固定資産台帳
売上帳
仕入帳 など

自己が最初から一貫して
コンピュータで作成 ⇒ 出力した紙 or

| オリジナルの電子データ（法4①） | or | COM（電子計算機出力マイクロフィルム）（法5①） |

その他
（手書きで作成など） ⇒ オリジナルの紙

書類
棚卸表
貸借対照表
損益計算書
注文書
契約書
領収書 など

発行（控）
受領

自己が一貫して
コンピュータで作成 ⇒ 出力した紙 or

| オリジナルの電子データ（法4②） | or | COM（電子計算機出力マイクロフィルム）（法5②） |

その他 ⇒ オリジナルの紙 or

スキャンした電子データ（法4③前段） ※ 一定の保存要件等有

【7条による保存】

電子取引 ※ の取引情報
（取引に関して受領し、又は交付する注文書、契約書、送り状、領収書、見積書その他これらに準ずる書類に通常記載される事項）⇒

オリジナルの電子データ（法7）
※ 一定の保存要件等有

※ 取引情報の授受を電磁的方法により行う取引をいう。

2

> 問2　電子取引とは、どのようなものをいいますか。

【回答】

「電子取引」とは、取引情報の授受を電磁的方式により行う取引をいいます（法2五）。

なお、この「取引情報」とは、取引に関して受領し、又は交付する注文書、契約書、送り状、領収書、見積書その他これらに準ずる書類に通常記載される事項をいいます。

具体的には、いわゆるEDI取引、インターネット等による取引、電子メールにより取引情報を授受する取引（添付ファイルによる場合を含みます。）、インターネット上にサイトを設け、当該サイトを通じて取引情報を授受する取引等をいいます。

> 問3　電子メールを受信した場合、どのように保存すればよいのでしょうか。

【回答】

電子メールにより取引情報を授受する取引（添付ファイルによる場合を含みます。）を行った場合についても電子取引に該当するため（法2五）、その取引情報に係る電磁的記録の保存が必要となります（法7）。具体的に、この電磁的記録の保存とは、電子メール本文に取引情報が記載されている場合は当該電子メールを、電子メールの添付ファイルにより取引情報（領収書等）が授受された場合は当該添付ファイルを、それぞれ、ハードディスク、コンパクトディスク、DVD、磁気テープ、クラウド（ストレージ）サービス等に記録・保存する状態にすることをいいます。

> ★ 問4　当社は以下のような方法により仕入や経費の精算を行っていますが、データを保存しておけば出力した書面等の保存は必要ありませんか。
> (1)　電子メールにより請求書や領収書等のデータ（PDFファイル等）を受領
> (2)　インターネットのホームページからダウンロードした請求書や領収書等のデータ（PDFファイル等）又はホームページ上に表示される請求書や領収書等のスクリーンショットを利用
> (3)　電子請求書や電子領収書の授受に係るクラウドサービスを利用
> (4)　クレジットカードの利用明細データ、交通系ICカードによる支払データ、スマートフォンアプリによる決済データ等を活用したクラウドサービスを利用
> (5)　特定の取引に係るEDIシステムを利用
> (6)　ペーパーレス化されたFAX機能を持つ複合機を利用
> (7)　請求書や領収書等のデータをDVD等の記録媒体を介して受領

【回答】

(1)～(7)のいずれも「電子取引」（法2五）に該当すると考えられますので、所定の方法により取引情報（請求書や領収書等に通常記載される日付、取引先、金額等の情報）に係るデータを保存しなければなりません（令和3年度の税制改正前はそのデータを出力した書面等により保存することも認められていましたが、令和3年度の税制改正後は、当該出力した書面等の保存措置が廃止され、当該出力した書面等は、保存書類（国税関係書類以外の書類）として取り扱わないこととされました。）。

データ保存に当たっては、以下の点に留意が必要です。

イ　(1)及び(2)については一般的に受領者側におけるデータの訂正削除が可能と考えますので、受領したデータに規則第4条第1項第1号のタイムスタンプの付与が行われていない場合には、受領者側でタイムスタンプを付与すること又は同項第4号に定める事務処理規程に基づき、適切にデータを管理することが必要です。また、対象となるデータは検索できる状態で保存することが必要ですので、当該データが添付された電子メールについて、当該メールソフト上で閲覧できるだけでは十分とは言えません。

ロ　(3)～(5)については、取引情報（請求書や領収書等に通常記載される日付、取引先、金額

等の情報）に係るデータについて、訂正削除の記録が残るシステム又は訂正削除ができないシステムを利用して授受及び保存をしていれば、電子取引の保存に係る要件を満たすと考えられます。他方、例えば、クラウド上で一時的に保存されたデータをダウンロードして保存するようなシステムの場合には、イと同様の点に留意する必要があります。

ハ　(6)及び(7)については、一般的に受領者側におけるデータの訂正削除が可能と考えますので、受領したデータに規則第4条第1項第1号のタイムスタンプの付与が行われていない場合には、受領者側でタイムスタンプを付与すること又は同項第4号に定める事務処理規程に基づき、適切にデータを管理することが必要です。

ニ　(1)～(7)のいずれの場合においても、データは各税法に定められた保存期間が満了するまで保存する必要があります。

ホ　取引慣行や社内のルール等により、データとは別に書面の請求書や領収書等を原本として受領している場合は、その原本（書面）を保存する必要があります。データと書面（紙）の両方を受領した場合の取扱いについては、【問14】も参照してください。

ヘ　(4)のとおり、所得税（源泉徴収に係る所得税を除きます。）及び法人税の保存義務者が、その事業に関連するクレジットカードの利用明細データを受領した場合のように、個々の取引を集約した取引書類のデータを授受した場合には、クレジットカードの利用明細データ自体も電子取引の取引情報に該当することから、その電磁的記録の保存が必要です。また、その利用明細データに含まれている個々の取引についても、請求書・領収書等データ（取引情報）を電磁的に授受している場合には、クレジットカードの利用明細データ等とは別途、その保存が必要となります。

ト　現行、消費税の仕入税額控除の適用に当たっては、必要な事項が記載された帳簿及び請求書等（書面）の保存が必要ですが、取引金額が3万円未満の場合や、3万円以上でも「電子取引」のようにデータのみが提供されるなど、書面での請求書等の交付を受けなかったことにやむを得ない理由がある場合には、帳簿のみを保存することにより仕入税額控除の適用を受けることができます。なお、令和5年10月1日以後行う課税仕入れについて、帳簿のみの保存で仕入税額控除の適用を受けることができるのは、法令に規定された取引に限られることとなります。したがって、「電子取引」を行った場合に仕入税額控除の適用を受けるためには、軽減税率の対象品目である旨や税率ごとに合計した対価の額など適格請求書等として必要な事項を満たすデータ（電子インボイス）の保存が必要となります。

　また、電子取引の取引情報に係る電磁的記録を出力した書面等については、保存書類（国税関係書類以外の書類）として取り扱わないこととされましたが、消費税法上、電子インボイスを整然とした形式及び明瞭な状態で出力された書面を保存した場合には、仕入税額控除の適用を受けることができます。

（注）　一定規模以下の事業者については、令和5年10月1日から令和11年9月30日までの間に国内において行う課税仕入れについて、当該課税仕入れに係る支払対価の額が1万円未満である場合には、一定の事項が記載された帳簿を保存することで仕入税額控除の適用を受けることができる経過措置が設けられています。

問5　電子取引には、電子メールにより取引情報を授受する取引（添付ファイルによる場合を含む。）が該当するとのことですが、全ての電子メールを保存しなければなりませんか。

【回答】

　この取引情報とは、取引に関して受領し、又は交付する注文書、領収書等に通常記載される事項をいう（法2五）ことから、電子メールにおいて授受される情報の全てが取引情報に該当するものではありません。したがって、そのような取引情報の含まれていない電子メールを保存する必要はありません。

　具体的には、電子メール本文に取引情報が記載されている場合は当該電子メールを保存する必要がありますが、電子メールの添付ファイルにより授受された取引情報（領収書等）については当該添付ファイルのみを保存しておけばよいことになります。

問6　当社は、取引先からクラウドサービスを利用して請求書等を受領しておりますが、ク

ラウドサービスを利用して受領した場合には、電子取引に該当しますか。

【回答】

クラウドサービスを利用して取引先から請求書等を受領した場合にも、電子取引に該当します。

【解説】

請求書等の授受についてクラウドサービスを利用する場合は、取引の相手方と直接取引情報を授受するものでなくても、請求書等のデータをクラウドサービスにアップロードし、そのデータを取引当事者双方で共有するものが一般的ですので、取引当事者双方でデータを共有するものも取引情報の授受にあたり、電子取引に該当します。

問7　いわゆるスマホアプリによる決済を行いましたが、この際にアプリ提供事業者から利用明細等を受領する行為は、電子取引に該当しますか。

【回答】

アプリ提供事業者から電磁的方式により利用明細等を受領する行為は、電子取引に該当します。そのため、当該利用明細等に係る取引データについて保存する必要があります。

【解説】

いわゆるスマホアプリを利用した際に、アプリ提供事業者から受領する利用明細に係る内容には、通常、支払日時、支払先、支払金額等が記載されていることから、法第2条第5号に規定する取引情報（取引に関して受領し、又は交付する注文書、契約書、送り状、領収書、見積書その他これらに準ずる書類に通常記載される事項）に該当し、その取引情報の授受を電磁的方式より行う場合には、電子取引に該当しますので、取引データを保存する必要があります（保存方法については【問32】等を参照してください。）。

※　消費税の仕入税額控除に関しては、【問4】の回答を参照してください。

★問8　e-Tax でダイレクト納付等の電子納税を行った場合にメッセージボックスに格納される受信通知（納付区分番号通知、納付完了通知）については、電子取引データとして保存する必要があるのでしょうか。

【回答】

e-Taxでダイレクト納付等の電子納税を行った場合に納税者のメッセージボックスに格納される受信通知（納付区分番号通知、納付完了通知）は、電子帳簿保存法が規定する電子取引の取引情報に当たらないため、保存義務はありません。

【解説】

ダイレクト納付等の電子納税については、口座引き落しやATMの操作等を通じて納税者が日本銀行に直接納付する仕組みであって、税務署は納税者に対して「領収書」に相当する情報を交付する立場にありません。

したがって、当該受信通知は、電子帳簿保存法が規定する電子取引の取引情報（取引に関して受領し、又は交付する注文書、契約書、送り状、領収書、見積書その他これらに準ずる書類に通常記載される事項）に係る電磁的記録に該当せず、保存義務はありません。

なお、税務署の窓口における現金納付等の際に発行される領収証書については、領収の当事者である税務署から発行されたものであるため、当該領収証書については、税法上保存する必要があります。また、電子納税であっても、ATMの操作等を通じて納付を行った場合にATMから出力される明細書（紙）に、領収に関する取引情報の記載がある場合には、当該明細書（紙）は税法上保存する必要があります。

（参考）

eLTAX（地方税ポータルシステム）で電子納税を行った場合に画面上で確認できる納付済みの確認メッセージ等についても、e-Taxの受信通知と同様に、それが「領収書」に相当する情報でない限り、電子帳簿保存法が規定する電子取引の取引情報に該当せず、保存義務はありません。

なお、上記のとおり、ＡＴＭの操作等を通じて納付を行った場合にＡＴＭから出力される明細書（紙）に、領収に関する取引情報の記載がある場合には、当該明細書（紙）は税法上保存する必要があります。

★問9　インターネットバンキングを利用した振込等は、電子取引に該当するのでしょうか。また、該当する場合には、どのようなデータを保存すべきでしょうか。

【回答】
　インターネットバンキングを利用した振込等も、電子取引に該当します。
　電子帳簿保存法上、保存しなければならないその電子取引の取引情報に係る電磁的記録については、金融機関の窓口で振込等を行ったとした場合に受領する書面の記載事項（振込等を実施した取引年月日・金額・振込先名等）が記載されたデータ（電磁的記録）です。

【解説】
　インターネットバンキングを利用した支払等は、その取引情報の正本が別途郵送されるなどといった事情がない限り、ＥＤＩ取引として電子取引に該当します。
　この場合に、電子帳簿保存法上、保存しなければならないその電子取引の取引情報に係る電磁的記録については、金融機関の窓口で振込等を行ったとした場合に受領する書面の記載事項（振込等を実施した取引年月日・金額・振込先名等）が記載されたデータ（電磁的記録）であり、そのデータ（又は画面）をダウンロードする又は印刷機能等によってＰＤＦファイルを作成するなどの方法によって保存してください。
　なお、振込依頼を受け付けた旨のみが単に画面に表示される場合については、その旨は、取引に関して受領し、又は交付する書類に通常記載される事項ではなく、取引情報には該当しないことから、令和3年度の税制改正前においても出力書面等を保存する必要がなかったことからも明らかなように、電子帳簿保存法上、その旨が記載された電磁的記録（又は画面）を保存する必要はありません。

問10　従業員が会社の経費等を立て替えた場合において、その従業員が支払先から領収書を電子データで受領した行為は、会社としての電子取引に該当しますか。該当する場合には、どのように保存すればよいのでしょうか。

【回答】
　従業員が支払先から電子データにより領収書を受領する行為についても、その行為が会社の行為として行われる場合には、会社としての電子取引に該当します。そのため、この電子取引の取引情報に係る電磁的記録については、従業員から集約し、会社として取りまとめて保存し、管理することが望ましいですが、集約するまでの一定の間、従業員のパソコンやスマートフォン等に電子データ自体は保存しておきつつ、検索機能を損なうことがないよう会社としても日付、金額、取引先の検索条件に紐づく形でそうした保存状況にあることを情報として管理しておくことも認められます。
　なお、この場合においても、規則第4条第1項各号に掲げる措置を行うとともに、税務調査の際には、その従業員が保存する電磁的記録について、税務職員の求めに応じて提出する等の対応ができるような体制を整えておく必要があり、電子データを検索して表示するときは、整然とした形式及び明瞭な状態で、速やかに出力することができるように管理しておく必要があります（【問28】参照）。

【解説】
　法人税法上、会社業務として従業員が立替払いした場合には、原則、当該支払が会社の費用として計上されるべきものであることから、従業員が立替払いで領収書を電子データで受領した行為は、会社の行為として、会社と支払先との電子取引に該当すると考えることができます。そのため、この電子取引の取引情報に係る電磁的記録については、従業員から集約し、会社として保存し、管理する必要がありますが、会社の業務フロー上、打ち出された紙ベースでの業務処理が定着しており、直ちに電子データを集約する体制を構築することが困難な場合も存在することも想定され得ることから、集約するまでの一定の間、従業員のパソ

コンやスマートフォン等により、請求書データを格納する方法により保存することを認めることを明らかにしたものです。なお、この場合においても、当該電子データの真実性確保の要件等を満たす必要があることから、例えば、正当な理由がない訂正及び削除の防止に関する事務処理規程に従って保存を行う等、規則第4条の規定に従って保存を行う必要があります。

　また、このような場合であっても、本社の経理部等において一定の方法により規則性をもって検索することが可能な体制を構築することが求められるのは、税務調査の際には、税務職員の求めに応じて電磁的記録の提出を行う等の対応が求められることから、円滑に集約が行えるような状態として保存しておく必要があるためです。したがって、結果として、税務調査の際に保存データの検索を行うに当たって特段の措置が取られておらず、整然とした形式及び明瞭な状態で、速やかに出力することができないような場合には、会社として、その電磁的記録を適正に保存していたものとは認められない点に注意してください。

　おって、会社業務として従業員が立替払いした場合の電子取引の取引情報に係る情報の一部について、電子データが適正に保存されず、出力した書面のみが保存されているものがあったとしても、そのような事実のみをもって、直ちに青色申告の承認が取り消されたり、金銭の支出がなかったものと判断されたりするものではありません（【問66】参照）。

問11　当社の課税期間は、令和3年4月1日から令和4年3月31日までですが、令和4年1月1日以後に行う電子取引の取引情報については、課税期間の途中であっても、令和3年度の税制改正後の要件で保存しなければならないのでしょうか。

【回答】

　令和4年1月1日以後に行う電子取引の取引情報については、令和3年度の税制改正後の要件により保存しなければなりません。

【解説】

　令和3年度の税制改正における電子帳簿保存法の改正の施行日は令和4年1月1日であり、同日以後に行う電子取引の取引情報については改正後の要件に従って保存を行う必要があります（令3改正法附則82⑥）。

　したがって、同一課税期間に行う電子取引の取引情報であっても、令和3年12月31日までに行う電子取引と令和4年1月1日以後行う電子取引とではその取引情報の保存時に満たすべき要件が異なることとなりますので注意してください（令和6年1月1日以後に行う電子取引については、令和5年度の税制改正後の要件により保存しなければなりませんので、【問42】等を参照してください。）。

　なお、令和3年度の税制改正により廃止された電子取引の取引情報に係る電磁的記録の出力書面等による保存について、令和4年度の税制改正において整備された「電子取引の取引情報に係る電磁的記録の保存への円滑な移行に向けた宥恕措置」により、令和4年1月1日から令和5年12月31日までの間に行う電子取引については、事実上、可能とされていますので、【問60－2】等を参照してください。

問12　当社の課税期間は、令和5年4月1日から令和6年3月31日までですが、令和6年1月1日以後に行う電子取引の取引情報については、課税期間の途中であっても、令和5年度の税制改正後の要件で保存しなければならないのでしょうか。

【回答】

　令和6年1月1日以後に行う電子取引の取引情報については、令和5年度の税制改正後の要件により保存しなければなりません。

【解説】

　令和5年度の税制改正における電子帳簿等保存制度の見直し（規則の改正）の施行日は令和6年1月1日であり、同日以後に行う電子取引の取引情報については改正後の要件に従って保存を行う必要があります（令5改正規則附則2②）。

　したがって、同一課税期間に行う電子取引の取引情報であっても、令和5年12月31日ま

でに行う電子取引と令和6年1月1日以後に行う電子取引とでは、その保存時に満たすべき要件が異なりますので注意してください。

問13　当社の課税期間は、令和5年4月1日から令和6年3月31日までですが、令和6年1月1日以後に保存を行えば、同日前に行った電子取引の取引情報について、令和5年度の税制改正後の要件に従って保存することは認められますか。

【回答】

令和6年1月1日前に行った電子取引の取引情報については、令和5年度の税制改正後の要件により保存することは認められません。

【解説】

令和5年度の税制改正における電子帳簿保存法の改正の施行日は令和6年1月1日であり、電子取引の取引情報に係る電磁的記録の保存制度に関する改正は、同日以後に行う電子取引の取引情報について適用することとされています（令5改正規則附則2②）。そのため、同日以後に行う電子取引の取引情報に係る電磁的記録については、令和5年度の税制改正後の要件により保存を行わなければならないこととされています。一方で、同日前に行った電子取引の取引情報に係る電磁的記録については、令和5年度の税制改正後の要件により保存することは認められませんので、その電磁的記録について、令和5年度の税制改正前の要件（その電磁的記録を出力した書面等を整理して保存している場合に検索要件が緩和される等の措置が講じられる前の検索機能の確保の要件等）を満たしてその電磁的記録を保存していただく必要があります（令和4年1月1日以後に行う電子取引の取引情報に係る電磁的記録については、令和3年度の税制改正により、電磁的記録を出力した書面等を保存する措置は廃止されましたので注意してください。）。

なお、令和3年度の税制改正により廃止された電子取引の取引情報に係る電磁的記録の出力書面等による保存について、令和4年度の税制改正において整備された「電子取引の取引情報に係る電磁的記録の保存への円滑な移行に向けた宥恕措置」により、令和4年1月1日から令和5年12月31日までの間に行う電子取引については、事実上、可能とされていますので、【問60-2】等を参照してください。

★問14　電子取引で受け取った取引情報について、同じ内容のものを書面でも受領した場合、書面を正本として取り扱うことを取り決めているときでも、電子データも保存する必要がありますか。

【回答】

電子データと書面の内容が同一であり、書面を正本として取り扱うことを自社内等で取り決めている場合には、当該書面の保存のみで足ります。ただし、書面で受領した取引情報を補完するような取引情報が電子データに含まれているなどその内容が同一でない場合には、書面及び電子データの両方を保存する必要があります。

【解説】

取引において、通常、請求書は一つであるから、正本・副本がある場合その正本を保存すれば足りると考えられます。ただし、書面で受領した取引情報に加えて、その詳細をメール本文で補足している場合等、当該電子データに正本を補完するような取引情報が含まれている場合等には、正本である書面の保存に加え、電子データの保存も必要になると考えられます。

Ⅱ 適用要件
【基本的事項】

★問15 電子取引の取引情報に係る電磁的記録の保存等を行う場合には、どのような要件を満たさなければならないのでしょうか。

【回答】

　電子取引の取引情報に係る電磁的記録の保存等に当たっては、真実性や可視性を確保するための要件を満たす必要があります（規則2②一イ 、二、⑥五、六、4①）。

　なお、詳しくは下記の表をご覧ください。

○ 電子取引の取引情報に係る電磁的記録の保存等を行う場合の要件の概要

要　　件
電子計算機処理システムの概要を記載した書類の備付け（自社開発のプログラムを使用する場合に限ります。）（規2②一イ、⑥六、4①）
見読可能装置の備付け等（規2②二、4①）
検索機能の確保（規⑥五、4①）
次のいずれかの措置を行う（規4①） 　一　タイムスタンプが付された後の授受 　二　速やかに（又はその業務の処理に係る通常の期間を経過した後、速やかに）タイムスタンプを付す 　　※ 括弧書の取扱いは、取引情報の授受から当該記録事項にタイムスタンプを付すまでの各事務の処理に関する規程を定めている場合に限る。 　三　データの訂正削除を行った場合にその記録が残るシステム又は訂正削除ができないシステムを利用して、授受及び保存を行う 　四　訂正削除の防止に関する事務処理規程を策定、運用、備付け

★問16 妻と2人で事業を営んでいる個人事業主です。取引の相手方から電子メールにPDFの請求書が添付されて送付されてきました。一般的なパソコンを使用しており、プリンタも持っていますが、特別な請求書等保存ソフトは使用していません。どのように保存しておけばよいですか。

【回答】

　例えば、以下のような方法で保存すれば要件を満たしていることとなります。
1 　請求書データ（PDF）のファイル名に、規則性をもって内容を表示する。
　例）　2022年（令和4年）10月31日に株式会社国税商事から受領した110,000円の請求書
　　　　⇒「20221031_㈱国税商事_110000」
2 　「取引の相手先」や「各月」など任意のフォルダに格納して保存する。
3 　【問29】に記載の規程を作成し備え付ける。
※　税務調査の際に、税務職員からダウンロードの求めがあった場合には、上記のデータについて提出してください。
※　判定期間に係る基準期間（通常は2年前です。）の売上高が 5,000 万円以下であり、上記のダウンロードの求めに応じることができるようにしている場合又は電磁的記録を出力した書面を取引年月日その他の日付及び取引先ごとに整理されたものを提示・提出できるようにしておき、上記のダウンロードの求めに応じるようにしている場合には、上記1の設定は不要です。
（注）　令和5年度の税制改正前（令和5年 12 月 31 日までに行う電子取引の取引情報）については、判定期間に係る基準期間の売上高が 1,000 万円以下であり、上記のダウンロードの求めに応じることができるようにしている場合に限り、上記1の設定等による検索機能の確保が不要となります。

【解説】

　令和3年度の税制改正により電子取引の取引情報に係る電磁的記録については、電磁的記録を出力した書面等を保存する措置は廃止され、その電磁的記録（データ）を保存しなければならないこととされました。

　請求書データ等の保存に当たっては、一定の要件に従った保存が必要ですが、上記の方法により保存することで要件を満たすこととなると考えられます。

　なお、上記1の代わりに、索引簿を作成し、索引簿を使用して請求書等のデータを検索する方法によることも可能です。

（索引簿の作成例）
受領した請求書等データのファイル名に連番を付して、内容については索引簿で管理する。

連番	日付	金額	取引先	備考
①	20210131	110000	㈱霞商店	請求書
②	20210210	330000	国税工務店㈱	注文書
③	20210228	330000	国税工務店㈱	領収書
④				
⑤				
⑥				
⑦				
⑧				

　※　上記の索引簿（サンプル）については、こちらからダウンロードできます。

問17　ディスプレイやプリンタ等について、性能や事業の規模に応じた設置台数等の要件はありますか。

【回答】

　ディスプレイやプリンタ等の性能や設置台数等は、要件とされていません。

【解説】

　電磁的記録は、その特性として、肉眼で見るためにはディスプレイ等に出力する必要がありますが、これらの装置の性能や設置台数等については、①税務調査の際には、保存義務者が日常業務に使用しているものを使用することとなること、②日常業務用である限り一応の性能及び事業の規模に応じた設置台数等が確保されていると考えられることなどから、法令上特に要件とはされていません。

　ただし、規則第2条第2項第2号では、ディスプレイ等の備付けとともに、「速やかに出力することができる」ことも要件とされています。このため、日常業務においてディスプレイ等を常時使用しているような場合には、税務調査では帳簿書類を確認する場面が多いことから、税務調査にディスプレイ等を優先的に使用することができるよう、事前に日常業務との調整等を行っておく必要があると考えます。

　なお、小規模事業者では、使用できるディスプレイ等の台数が限定されているために、そのような調整を図った上でもなお税務調査にディスプレイ等を優先的に使用することが一時的に難しい状況が発生することも考えられますが、そのような場合には当該電磁的記録のコピー（複製データ）を作成して税務職員に提出できるようにしておくなどの対応に代える必

要があります。

問18　パソコンやプリンタを保有しておらず、スマートフォンのみで取引を行っている場合には、どのように電子取引データ保存への対応をすればいいでしょうか。

【回答】

　スマートフォンで授受（メールやインターネット上表示された領収書等をダウンロード）した電子取引データを保存する場合も、検索機能を確保するとともに、「正当な理由がない訂正及び削除の防止に関する事務処理規程」を作成し備え付けておくなどの対応が必要になります。

　なお、電子取引データの保存時に満たすべき要件にはプリンタの備付けも含まれていますが、税務調査等があった時点においてプリンタを常設していない場合であっても、近隣の有料プリンタ等により税務職員の求めに応じて速やかに出力するなどの対応ができれば、プリンタを備え付けているものと取り扱って、差し支えありません。

【解説】

　スマートフォンで授受した領収書等データについても、電子取引の取引情報に該当するため、規則第4条に規定する要件を満たして保存する必要があります。具体的には、例えば、スマートフォン内やクラウドに保存したデータに通し番号等を付した上で保存し、スマートフォン内の表計算ソフトアプリで索引簿を作成するなどにより検索機能を確保するとともに、「正当な理由がない訂正及び削除の防止に関する事務処理規程」を作成し備え付けておくなどの対応が必要になります。

　また、電子取引データの保存時に満たすべき要件には電子計算機、プログラム、ディスプレイ及びプリンタの備付けも含まれているところ、保存に用いているスマートフォンがあれば、電子計算機、プログラム、ディスプレイの備付けに係る要件は充足していることとなります。また、プリンタについても、基本的には納税地等に備え付けておく必要がありますが、税務調査等があった時点においてプリンタを常設していない場合であっても、近隣の有料プリンタ等により税務職員の求めに応じて速やかに出力するなどの対応ができれば、プリンタを常設していないことのみをもって要件違反として取り扱うことはありません。

　なお、索引簿の作成例や規程の詳細（サンプル）につきましては、【問16、問29】を参照してください。

　おって、個人事業者については電子取引が行われた日の属する年の前々年の1月1日から12月31日までの期間の売上高が、法人については電子取引が行われた日の属する事業年度の前々事業年度の売上高が、5,000万円以下の場合又は電磁的記録を出力した書面を取引年月日その他の日付及び取引先ごとに整理されたものを提示・提出できるようにしている場合には、検索機能の確保は不要です（その場合には、保存しているデータについて、税務調査の際に、税務職員からのダウンロードの求めに応じることができるようにしている必要があります。）。

（注）　令和5年度の税制改正前（令和5年12月31日までに行う電子取引の取引情報）については、基準期間の売上高が1,000万円以下であり、上記のダウンロードの求めに応じることができるようにしている場合に限り、検索要件の確保が不要となります。

問19　税務当局から電子データの書面への出力を求められた場合には、画面印刷（いわゆるハードコピー）による方法も認められますか。

【回答】

　規則第2条第2項第2号において、電子データの画面及び書面への出力は「整然とした形式及び明瞭な状態で、速やかに出力することができる」ことと規定されており、この場合の「整然とした形式」とは、書面により作成される場合の帳簿書類に準じた規則性を有する形式をいいます（取扱通達4－8）。

　そのため、整然とした形式及び明瞭な状態で速やかに出力できれば、画面印刷（いわゆるハードコピー）であっても認められます。

　なお、この取扱いは、画面及び書面に出力することができるようにしておくことを意味するものであり、原則として、電子取引に係る電子データを出力した書面等を保存することを認めるものではありませんので注意してください。

ただし、令和4年1月1日から令和5年12月31日までの間に電子取引を行う場合には、授受した電子データについて要件に従って保存をすることができないことについて、納税地等の所轄税務署長がやむを得ない事情があると認め、かつ、保存義務者が税務調査等の際に、税務職員からの求めに応じ、その電子データを整然とした形式及び明瞭な状態で出力した書面の提示又は提出をすることができる場合には、その保存時に満たすべき要件にかかわらず電子データの保存が可能となり、また、その電子データの保存に代えてその電子データを出力することにより作成した書面による保存をすることも認められます（【問60-3】参照）。

　　また、令和6年1月1日以後に行う電子取引の取引情報については、授受した電子データを要件に従って保存をすることができなかったことについて、納税地等の所轄税務署長が相当の理由があると認め、かつ、保存義務者が税務調査等の際に、税務職員からの求めに応じ、その電子データ並びにその電子データを整然とした形式及び明瞭な状態で出力した書面の提示又は提出をすることができるようにしている場合には、その保存時に満たすべき要件にかかわらず電子データの保存が可能ですが、その電子データの保存に代えてその電子データを出力することにより作成した書面による保存をすることは認められませんのでご注意ください（【問61】参照）。

【解説】

　　税務調査の際の電子データの画面及び書面への出力に当たっては、書面により作成される場合の帳簿書類に準じた規則性を有する形式になっている必要がありますが、その形式については定めがないため、画面印刷（いわゆるハードコピー）であっても要件を満たせば認められます。

問20　電磁的記録を外部記憶媒体へ保存する場合の要件はどういうものがありますか。

【回答】

　　記憶媒体の種類にかかわらず保存時に満たすべき要件は同じであり、外部記憶媒体に限った要件はありません。

【解説】

　　電子帳簿保存法では、記憶媒体や保存すべき電磁的記録を限定する規定はないことから、電子取引の取引情報に係る電磁的記録の保存媒体については保存義務者が任意に選択することができることとなります。

　　また、保存時に満たすべき要件に関しても記憶媒体ごとに規定されていないことから、いずれの記憶媒体であっても同一の要件が適用されることとなります。

　　なお、実際のデータの保存に際しては、サーバ等で保存していた電磁的記録と外部記憶媒体に保存している電磁的記録は当然に同一のものでなければなりません。このため、必要に応じて電磁的記録の保存に関する責任者を定めるとともに、管理規則を作成し、これを備え付けるなど、管理・保管に万全を期すことが望ましいと考えられます。

問21　電磁的記録の検索機能は、現在使用しているシステムにおいて確保しなければならないのでしょうか。

【回答】

　　変更前のシステムを用いること等により検索機能が確保されているのであれば、現在使用しているシステムにより検索ができなくても差し支えありません。

【解説】

　　規則第2条第6項第5号に規定する検索機能については、特に電子計算機についての定めはなく、また、規則第2条第2項第2号に係る出力機能についても「当該電磁的記録の電子計算機処理の用に供することができる電子計算機」を備え付ければよいこととされていることから、これらの規定を満たすことができる電子計算機であれば、現在の業務において使用している電子計算機でなくても差し支えないこととなります。

　　例えば、システム変更等をした場合に、変更前のデータについては、変更前のシステムに

おいて検索機能を確保している場合などがこれに該当します。

なお、このような場合には、検索に使用する電磁的記録が要件を満たして保存してある電磁的記録と同一のものであることを確認できるようにしておく必要があります。

問22　保存対象となるデータ量が膨大であるため複数の保存媒体に保存しており、一課税期間を通じて検索できませんが、問題はありますか。

【回答】

保存されている電磁的記録は、原則として一課税期間を通じて検索をすることができる必要があります。

【解説】

国税関係書類の電磁的記録の検索機能については、原則として一課税期間を通じて保存対象となる電子データを検索することができる必要があることから、「その範囲を指定して条件を設定することができる」とは、課税期間ごとに日付又は金額の任意の範囲を指定して条件設定を行い検索ができることをいうとされており（取扱通達4－10）、電子取引に係る電磁的記録も、原則として、一課税期間ごとに任意の範囲を指定して検索をすることができる必要があります。

しかしながら、データ量が膨大であるなどの理由で複数の保存媒体で保存せざるを得ない場合や、例えば、中間決算を組んでおり半期ごとに帳簿を作成している場合や取引先ごとに指定のEDIやプラットフォームがある場合（取引先・書類の種類ごとに複数のEDIやプラットフォームを使用している場合）など、一課税期間を通じて保存対象となる電子データを検索することが困難であることについて合理的な理由があるときには、その保存媒体ごとや一課税期間内の合理的な期間ごとに範囲を指定して検索をすることができれば差し支えありません（取扱通達4－9）。

なお、税務職員による質問検査権に基づくダウンロードの求めに応じることができるようにしている場合は、この範囲を指定して条件を設定できる機能（及び項目を組み合わせて条件を設定できる機能）の確保は不要となります（また、この場合において、判定期間に係る基準期間における売上高が5,000万円以下の事業者又は電磁的記録を出力した書面を取引年月日その他の日付及び取引先ごとに整理されたものを提示・提出できるようにしている事業者については全ての検索機能の確保の要件が不要となります（【問45、問46】参照）。）。

（注）　令和5年度の税制改正前（令和5年12月31日までに行う電子取引の取引情報）については、判定期間に係る基準期間の売上高が1,000万円以下であり、上記のダウンロードの求めに応じることができるようにしている場合に限り、検索機能の確保の要件が不要となります。

問23　バックアップデータの保存は要件となっていますか。

【回答】

バックアップデータの保存は要件となっていません。

【解説】

バックアップデータの保存については法令上の要件とはなっていませんが、電磁的記録は、記録の大量消滅に対する危険性が高く、経年変化等による記録状態の劣化等が生じるおそれがあることからすれば、保存期間中の可視性の確保という観点から、バックアップデータを保存することが望まれます。

また、必要に応じて電磁的記録の保存に関する責任者を定めるとともに、管理規則を作成し、これを備え付けるなど、管理・保管に万全を期すことが望ましいと考えられます。

問24　いわゆるオンラインマニュアルやオンラインヘルプ機能にシステム概要書と同等の内容が組み込まれている場合、システム概要書が備え付けられているものと考えてもよいでしょうか。

【回答】

　規則第2条第6項第6号において準用する同条第2項第1号のシステム関係書類等については、書面以外の方法により備え付けることもできることとしています(取扱通達4－6本文なお書)ので、いわゆるオンラインマニュアルやオンラインヘルプ機能にシステム概要書と同等の内容が組み込まれている場合には、それが整然とした形式及び明瞭な状態で画面及び書面に、速やかに出力することができるものであれば、システム概要書が備え付けられているものとして取り扱って差し支えありません。

問25　クラウドサービスの利用や、サーバを海外に置くことは認められますか。

【回答】

　規則第2条第2項第2号に規定する備付け及び保存をする場所（以下「保存場所」といいます。）に備え付けられている電子計算機とサーバとが通信回線で接続されているなどにより、保存場所において電磁的記録をディスプレイの画面及び書面に、規則第2条第2項第2号に規定する状態で速やかに出力することができるときは、クラウドサービスを利用する場合や、サーバを海外に置いている場合であっても、当該電磁的記録は保存場所に保存等がされているものとして取り扱われます。

【解説】

　近年、コンピュータのネットワーク化が進展する中、通信回線のデータ送信の高速化も進み、コンピュータ間でデータの送受信が瞬時にできる状況となっていますが、電子帳簿保存法の趣旨（法第1条）を踏まえ、保存場所に備え付けられている電子計算機と国税関係帳簿書類の作成に使用する電子計算機とが通信回線で接続されていることなどにより、保存場所において電磁的記録をディスプレイの画面及び書面に、それぞれの要件に従って、速やかに出力することができるときは、当該電磁的記録は保存場所に保存等がされているものとして取り扱われます（取扱通達4－7注書き）。

　そして、現在、企業が会計処理をはじめとする業務処理を外部委託する場合には、受託企業の大半が国内外の複数の場所にあるコンピュータをネットワーク化してデータ処理し、国内外のサーバにデータを保存している状況となっていますが、前述の点を踏まえれば、仮に電磁的記録が海外にあるサーバに保存されている場合（保存時に満たすべき要件を満たしている場合に限ります。）であっても、納税地にある電子計算機において電磁的記録をディスプレイの画面及び書面に、整然とした形式及び明瞭な状態で速やかに出力することができる等、当該取引情報の送付又は受領が紙ベースで行われたとした場合に納税地に保存されているのと同様の状態にあれば、納税地に保存等がされているものとして取り扱われます。

　なお、バックアップデータの保存については、法令上の要件とはなっていませんが、通信回線のトラブル等による出力障害を回避するという観点からバックアップデータを保存することが望まれます。

問26　電子取引で授受したデータについて、所得税法・法人税法と消費税法で取扱いにどのような違いがあるのですか。

【回答】

　令和3年度の税制改正により、所得税（源泉徴収に係る所得税を除きます。以下同じです。）及び法人税に係る保存義務者については、令和4年1月1日以後行う電子取引の取引情報に係る電磁的記録を書面やマイクロフィルム（以下「書面等」といいます。）に出力して保存

する措置が廃止されましたので、その電磁的記録を一定の要件の下、保存しなければならないこととされました。

　一方、消費税に係る保存義務者が行う電子取引の取引情報に係る電磁的記録の保存については、その保存の有無が税額計算に影響を及ぼすことなどを勘案して、令和4年1月1日以後も引き続き、その電磁的記録を書面に出力することにより保存することも認められています（令和5年10月の適格請求書等保存方式の導入に伴う電子インボイスの保存についても、【問4】のとおり一定の方法により出力した書面の保存により仕入税額控除の適用が可能です。）。

　なお、所得税及び法人税に係る保存義務者について、令和6年1月1日以後に電子取引を行う場合には、授受した電子データについて要件に従って保存をすることができなかったことについて、納税地等の所轄税務署長が相当の理由があると認め、かつ、保存義務者が税務調査等の際に、税務職員からの求めに応じ、その電子データ並びにその電子データを整然とした形式及び明瞭な状態で出力した書面の提示又は提出をすることができるようにしている場合には、その保存時に満たすべき要件にかかわらず電子データの保存が可能ですが、その電子データの保存に代えてその電子データを出力することにより作成した書面による保存をすることは認められませんのでご注意ください（【問61】参照）。

　また、所得税及び法人税に係る保存義務者については、令和4年度の税制改正における「電子取引の取引情報に係る電磁的記録の保存への円滑な移行に向けた宥恕措置」によって、令和3年度の税制改正により廃止された電子取引の取引情報に係る電磁的記録の出力書面等による保存について、令和4年1月1日から令和5年12月31日までの間に行う電子取引については、事実上、可能とされています（【問60-2】等参照）。

【保存方法】

問27　請求書や領収書等を電子的に（データで）受け取ったり送付した場合、どのように保存すればよいですか。

【回答】

　電子的に受け取ったり送付した請求書や領収書等については、データのまま保存しなければならないこととされており（法7）、その真実性を確保する観点から、以下のいずれかの条件を満たす必要があります（規則4①）。

(1)　タイムスタンプが付与されたデータを受領（規則4①一）

(2)　速やかに（又はその業務の処理に係る通常の期間を経過した後、速やかに）タイムスタンプを付す（規則4①二）

　※　括弧書の取扱いは、取引情報の授受から当該記録事項にタイムスタンプを付すまでの各事項に処理に関する規程を定めている場合に限る。

(3)　データの訂正削除を行った場合にその記録が残るシステム又は訂正削除ができないシステムを利用して、授受及び保存を行う（規則4①三）

(4)　訂正削除の防止に関する事務処理規程を策定、運用、備付け（規則4①四）

　また、事後的な確認のため、検索できるような状態で保存すること（規則2⑥五）や、ディスプレイ等の備付け（規則2②一イ、ニ）も必要となります。

　なお、上記の条件を具備し、その他の要件も充足した形で適切に電子取引データを保存しているのであれば、自己の管理の便宜のために書面に出力したり、データ喪失時に備えて念のため書面に出力したものを併せて保存しておくといった対応をすることは、特段禁止されていません。

問28　電子取引の取引データの保存について、複数の改ざん防止措置が混在することは認められますか。また、電子データの格納先（保存場所）を複数に分けることは認められますか。

【回答】

　電子取引の取引データの授受の方法は種々あることから、その授受したデータの様態に応じて複数の改ざん防止措置が混在しても差し支えありません。

　また、電子データの格納先や保存方法についても、取引データの授受の方法等に応じて複数に分かれることは差し支えありませんが、電子データを検索して表示する場合には、整然とした形式及び明瞭な状態で、速やかに出力することができるように管理しておく必要があります。

【解説】

　規則第4条第1項に規定されている電子取引の取引データの保存時に満たすべき要件（改ざん防止措置）については、それぞれ同項各号に掲げる措置（①タイムスタンプが付された後の授受②授受後速やかにタイムスタンプを付す等③データの訂正削除を行った場合にその記録が残るシステム又は訂正削除ができないシステムを利用④訂正削除の防止に関する事務処理規程の備付け）のうちいずれかのものを行うこととされていますが、これらの措置は保存義務者の任意により自由に選択することが可能となっています。

　電子取引に該当する取引データの授受の方法は種々であることからも、その授受したデータの様態に応じて複数の改ざん防止措置を使い分けることは認められます。

　また、電子データの格納先や保存場所についても、例えば、取引先ごとに指定のEDIやプラットフォームがあり取引の相手先ごとに取引データの授受を行うシステムが異なっている場合や書類の種類ごとに取引データの授受を行うシステムが異なっている場合において、各取引データについて、必ず一つのシステムに集約して管理しなければならないとすることは合理的でないと考えられますので、取引データの授受の方法等に応じて保存場所が複数のシステムに分かれること等は差し支えありません。ただし、当該電子データについては、ディスプレイ等に整然とした形式及び明瞭な状態で、速やかに出力することができるようにし

ておく必要があるため、例えば、A取引先についてはaシステムに、B取引先についてはbシステムに、それぞれ取引データが格納されていることが分かるようにしておく等の管理が必要であると考えられます。

　したがって、同じ取引先から毎月同一のシステムを介して請求書データをやり取りしているにもかかわらず、合理的な理由がない状態で規則性なく保存先を散逸させ、保存データの検索を行うに当たっても特段の措置がとられず、整然とした形式及び明瞭な状態で、速やかに出力することができないような場合は、その保存方法については認められないこととなります。

★　問29　電子取引の取引情報に係る電磁的記録の保存に当たり、規則第4条第1項第4号に規定する「正当な理由がない訂正及び削除の防止に関する事務処理の規程」を定めて運用する措置を行うことを考えていますが、具体的にどのような規程を整備すればよいのでしょうか。

【回答】
　規則第4条第1項第4号に規定する「正当な理由がない訂正及び削除の防止に関する事務処理の規程」は、当該規程によって電子取引の取引情報に係る電磁的記録の真実性を確保する観点から必要な措置として要件とされたものです。

　この規程については、どこまで整備すればデータ改ざん等の不正を防ぐことができるのかについて、事業規模等を踏まえて個々に検討する必要がありますが、必要となる事項を定めた規程としては、例えば、次のようなものが考えられます。

　なお、規程に沿った運用を行うに当たっては、業務ソフトに内蔵されたワークフロー機能で運用することとしても差し支えありません。

※　下記の規程（サンプル）については、こちらからダウンロードできます。

電子取引データの訂正及び削除の防止に関する事務処理規程

第1章　総則

（目的）
第1条　この規程は、電子計算機を使用して作成する国税関係帳簿書類の保存方法の特例に関する法律第7条に定められた電子取引の取引情報に係る電磁的記録の保存義務を履行するため、○○において行った電子取引の取引情報に係る電磁的記録を適正に保存するために必要な事項を定め、これに基づき保存することを目的とする。

（適用範囲）
第2条　この規程は、○○の全ての役員及び従業員（契約社員、パートタイマー及び派遣社員を含む。以下同じ。）に対して適用する。

（管理責任者）
第3条　この規程の管理責任者は、●●とする。

第2章　電子取引データの取扱い

（電子取引の範囲）
第4条　当社における電子取引の範囲は以下に掲げる取引とする。
　一　ＥＤＩ取引
　二　電子メールを利用した請求書等の授受
　三　■■（クラウドサービス）を利用した請求書等の授受
　四　・・・・・・
　記載に当たってはその範囲を具体的に記載してください

（取引データの保存）
第5条　取引先から受領した取引関係情報及び取引相手に提供した取引関係情報のうち、第6条に定めるデータについては、保存サーバ内に△△年間保存する。

（対象となるデータ）
第6条　保存する取引関係情報は以下のとおりとする。
　一　見積依頼情報
　二　見積回答情報
　三　確定注文情報
　四　注文請け情報
　五　納品情報
　六　支払情報
　七　▲▲
　取引先等とデータでやりとりしたもののうち、取引情報（取引に関して受領し、又は交付する注文書、契約書、送り状、領収書、見積書その他これらに準ずる書類に通常記載される事項）が含まれるデータについては、全て要件に従ってデータのまま保存していただく必要がありますのでご注意ください。

（運用体制）
第7条　保存する取引関係情報の管理責任者及び処理責任者は以下のとおりとする。
　　一　管理責任者　　○○部△△課　課長　ＸＸＸＸ
　　二　処理責任者　　○○部△△課　係長　ＸＸＸＸ

（訂正削除の原則禁止）
第8条　保存する取引関係情報の内容について、訂正及び削除をすることは原則禁止とする。

（訂正削除を行う場合）
第9条　業務処理上やむを得ない理由によって保存する取引関係情報を訂正または削除する場合は、処理責任者は「取引情報訂正・削除申請書」に以下の内容を記載の上、管理責任者へ提出すること。
　　一　申請日
　　二　取引伝票番号
　　三　取引件名
　　四　取引先名
　　五　訂正・削除日付
　　六　訂正・削除内容
　　七　訂正・削除理由
　　八　処理担当者名
2　管理責任者は、「取引情報訂正・削除申請書」の提出を受けた場合は、正当な理由があると認める場合のみ承認する。
3　管理責任者は、前項において承認した場合は、処理責任者に対して取引関係情報の訂正及び削除を指示する。
4　処理責任者は、取引関係情報の訂正及び削除を行った場合は、当該取引関係情報に訂正・削除履歴がある旨の情報を付すとともに「取引情報訂正・削除完了報告書」を作成し、当該報告書を管理責任者に提出する。
5　「取引情報訂正・削除申請書」及び「取引情報訂正・削除完了報告書」は、事後に訂正・削除履歴の確認作業が行えるよう整然とした形で、訂正・削除の対象となった取引データの保存期間が満了するまで保存する。

附則

（施行）
第10条　この規程は、令和○年○月○日から施行する。

（個人事業者の例）

※　下記の規程（サンプル）については、こちらからダウンロードできます。

電子取引データの訂正及び削除の防止に関する事務処理規程

　　この規程は、電子計算機を使用して作成する国税関係帳簿書類の保存方法の特例に関する法律第7条に定められた電子取引の取引情報に係る電磁的記録の保存義務を適正に履行するために必要な事項を定め、これに基づき保存することとする。

（訂正削除の原則禁止）

　　保存する取引関係情報の内容について、訂正及び削除をすることは原則禁止とする。

（訂正削除を行う場合）

　　業務処理上やむを得ない理由（正当な理由がある場合に限る。）によって保存する取引関係情報を訂正又は削除する場合は、「取引情報訂正・削除申請書」に以下の内容を記載の上、事後に訂正・削除履歴の確認作業が行えるよう整然とした形で、当該取引関係情報の保存期間に合わせて保存することをもって当該取引情報の訂正及び削除を行う。

一　申請日
二　取引伝票番号
三　取引件名
四　取引先名
五　訂正・削除日付
六　訂正・削除内容
七　訂正・削除理由
八　処理担当者名

この規程は、令和〇年〇月〇日から施行する。

当社は、電子取引の取引情報の保存サービスの提供を受け、同サービス利用者同士の
電子取引の取引情報については、同サービスにおいて保存されます。同サービス利用者
は、同サービス提供者と契約し、同サービスの利用規約に定めるデータ訂正等の防止に
関する条項にのっとりデータの訂正削除を行うこととなります。
　このようにサービス提供者との契約によってデータの訂正等を防止する方法について
も、「正当な理由がない訂正及び削除の防止に関する事務処理の規程」を定める方法とし
て認められますか。

【回答】
　共通のサービス利用者間の電子取引において、サービス提供者との契約によってデータの
訂正等を防止する場合についても、規則第4条第1項第4号に規定する「正当な理由がない
訂正及び削除の防止に関する事務処理の規程」を定める方法として認められます。
　なお、電磁的記録の記録事項について訂正又は削除を行った場合に、訂正前若しくは削除
前の記録事項及び訂正若しくは削除の内容が、その電磁的記録又はその電磁的記録とは別の
電磁的記録（訂正削除前の履歴ファイル）に自動的に記録されるシステム等を利用している
場合には、規則第4条第1項第3号に定める方法として、「正当な理由がない訂正及び削除の
防止に関する事務処理の規程」を定める必要はありません。

【解説】
　規則第4条第1項第4号に規定する「正当な理由がない訂正及び削除の防止に関する事務
処理の規程」について、取扱通達7－7は、⑴「自らの規程のみによって防止する場合」と
⑵「取引相手との契約によって防止する場合」を例示していますが、質問に係る保存サービ
スの契約自体は、サービス提供者と利用者が行うものであり、サービス利用者同士がデータ
訂正等の防止に関する条項を含む契約を行わない限り、取扱通達7－7⑵には該当しません。
　しかしながら、規則第4条第1項第4号が規程を要件としているのは、当該規程によって
電子取引の取引情報に係る電磁的記録の真実性を確保することを目的としたものであり、こ
の真実性を確保する手段については、必ずしも、取扱通達7－7⑴と⑵には限られません。
　質問のケースにおいて、サービス利用者間にデータ訂正等の防止に関する条項を含む契約
がなくても、同サービス利用者それぞれが、データ訂正等の防止に関する条項を含む契約を
サービス提供者と行っていれば、同サービス利用者間で共通のデータ訂正等の防止に関する
手続が担保されることとなります。このようにサービス提供者との契約によって防止する方
法についても、規則第4条第1項第4号に規定する「正当な理由がない訂正及び削除の防止
に関する事務処理の規程」を定める方法として認められます。
　この場合、各利用者が定める規程には、取扱通達7－7⑵に準じて①～③の内容を含むこ
とが考えられます。
①　サービス提供者とデータ訂正等の防止に関する条項を含む契約を行うこと。
②　事前に上記契約を行うこと。
③　電子取引の種類を問わないこと。
　また、具体的な規程の例としては「電子取引の種類を問わず、電子取引を行う場合には、
事前に、サービス提供相手とデータの訂正等を行わないことに関する具体的な条項を含んだ
契約を締結すること。」等の条項を含む規程が考えられます。
　なお、質問のケースにおいても、データ訂正等の防止に関する条項について、保存サービ
スの利用規約を引用する形で電子取引の取引相手と個別に契約を行うことも可能です（この
場合、取扱通達7－7⑵「取引相手との契約によって防止する場合」に該当することになり
ます。）。

1 取扱通達7－7(2)の関係図

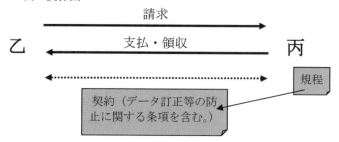

2 本照会に係る関係図

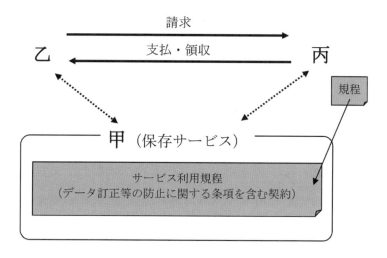

問31　当社は、取引先との間で、クラウドサービスを利用し請求書を受領しています。この場合において、取引先から確認のため電子メールでも請求書が送られてきましたが、同一の請求書を２つの電子取引により受領したときには、どちらの電子データを保存すればよいでしょうか。

【回答】

　請求書をクラウドサービスにより受領したものと電子メールにより受領したものがある場合のように、同一の請求書を２つの電子取引により受領したときについては、それが同一のものであるのであれば、いずれか一つの電子取引に係る請求書を保存しておけばよいこととなります。

【解説】

　電子取引の取引データについて、２つの電子取引により同一の取引データを受領した場合には、いずれの取引データを保存する必要があるのか問題となりますが、それらの取引データが同一の内容（データ形式が異なる場合を含みます。）であれば同一の請求書を重複して保存することとなるため、いずれかの電子取引に係る請求書を保存しておけばよいこととなります。

　なお、同じ取引先との請求書データを保存する場合に、合理的な理由がない状態で規則性なく保存先を散逸させ、保存データの検索を行うに当たっても特段の措置がとられず、整然とした形式及び明瞭な状態で、速やかに出力することができないような場合は、その保存方法については認められないこととなります（【問28】参照）。

問32　電子取引を行った場合において、取引情報をデータとして保存する場合、どのような保存方法が認められるでしょうか。

【回答】

　電子取引を行った場合には、取引情報を保存することとなりますが、例えば次に掲げる電子取引の種類に応じて保存することが認められます。

1　電子メールに請求書等が添付された場合
　(1)　請求書等が添付された電子メールそのもの（電子メール本文に取引情報が記載されたものを含みます。）をサーバ等（運用委託しているものを含みます。以下同じです。）自社システムに保存する。
　(2)　添付された請求書等をサーバ等に保存する。

2　発行者のウェブサイトで領収書等をダウンロードする場合
　(1)　PDF等をダウンロードできる場合
　　①　ウェブサイトに領収書等を保存する。
　　②　ウェブサイトから領収書等をダウンロードしてサーバ等に保存する。
　(2)　HTMLデータで表示される場合
　　①　ウェブサイト上に領収書を保存する。
　　②　ウェブサイト上に表示される領収書をスクリーンショットし、サーバ等に保存する。
　　③　ウェブサイト上に表示されたHTMLデータを領収書の形式に変換（PDF等）し、サーバ等に保存する。

3　第三者等が管理するクラウドサービスを利用し領収書等を授受する場合
　(1)　クラウドサービスに領収書等を保存する。
　(2)　クラウドサービスから領収書等をダウンロードして、サーバ等に保存する。

4　従業員がスマートフォン等のアプリを利用して、経費を立て替えた場合
　従業員のスマートフォン等に表示される領収書データを電子メールにより送信させて、自社システムに保存する。
　なお、この場合にはいわゆるスクリーンショットによる領収書の画像データでも構いません。
　おって、これらのデータを保存するサーバ等は可視性および真実性の要件を満たす必要がありますので注意してください。

【解説】

　法第2条第5号において、電子取引とは、「取引情報の授受を電磁的方式により行う取引をいう。」と定義され、その取引情報の具体的な内容は、「取引に関して受領し、又は交付する注文書、契約書、送り状、領収書、見積書その他これらに準ずる書類に通常記載される事項」とされています。

　この電子取引の取引情報に係る電磁的記録の保存に関して、授受した電磁的記録をそのまま上記の方法により保存することが認められますが、電子取引により受領した請求書等の取引情報（請求書や領収書等に通常記載される日付、取引先、金額等の情報）を確認し、改めてその取引情報のみをサーバ等に自ら入力することをもって電磁的記録の保存とすることは認められません。

問33　当社はスキャナ保存制度を利用しており、スキャニングした画像データを管理するための文書管理システムで保有しております。今回、電子取引により受領したPDFデータについても、この文書管理システムで管理することを検討していますが問題ありますでしょうか。

【回答】

　電子取引により授受されたデータの保存に当たって、訂正削除履歴や検索などの機能要件を満たすのであれば、スキャナ保存と同じ文書管理システムで、電子取引のデータを保存しても問題はありません。

【解説】

電子取引の取引情報に係る電磁的記録の保存に当たっては、真実性や可視性を確保するための要件を満たす必要があります（【問15】参照）が、例えばスキャナ保存の要件を備えた文書管理ソフトが電子取引の保存時に満たすべき要件も満たしている場合には、当該文書管理ソフトを利用して、電子取引により授受されたデータを保存することも可能であると考えられます。

★問34　当社はクラウドサービスを利用して取引先とＸＭＬ形式の請求書等データ（取引情報に関する文字の羅列）をクラウドサービス上で共有・保存していますが、このような方法は認められますか。

【回答】

　保存されるデータがＸＭＬ形式等の取引情報に関する文字の羅列であっても、請求書等のフォーマットや日付・金額等の項目ごとに並べた一覧表形式で表示する等により視覚的に確認・出力されるものについては、電子帳簿保存法の要件を満たすものとなります。

【解説】

　規則第４条第１項では、法第７条に規定する保存義務者は、電子取引の取引情報に係る電磁的記録を規則第２条第２項第２号の要件に従って保存しなければならないこととされています。

　これは、電子取引の取引情報に係る電磁的記録は、ディスプレイの画面及び書面に、整然とした形式及び明瞭な状態で速やかに出力することが必要ですが、電子取引の取引情報に係る電磁的記録をＸＭＬ形式（文字の羅列）で保存していたとしても、自社固有のフォーマットに変換するなどして、明瞭な状態で確認でき、速やかに出力することが可能な状態であればこれらの要件を満たすものと考えられます。

問35　具体的にどのようなシステムであれば、訂正又は削除の履歴の確保の要件を満たしているといえるのでしょうか。

【回答】

　規則第４条第１項第３号に規定する訂正又は削除の履歴の確保の要件を満たしたシステムとは、例えば、

①　電磁的記録の記録事項に係る訂正・削除について、物理的にできない仕様とされているシステム

②　電磁的記録の記録事項を直接に訂正又は削除を行った場合には、訂正・削除前の電磁的記録の記録事項に係る訂正・削除の内容について、記録・保存を行うとともに、事後に検索・閲覧・出力ができるシステム

等が該当するものと考えます。

【解説】

　規則第４条第１項第３号に規定する電子計算機処理システムについて、具体的には、例えば、他者であるクラウド事業者が提供するクラウドサービスにおいて取引情報をやりとり・保存し、利用者側では訂正削除できない、又は訂正削除の履歴（ヴァージョン管理）が全て残るクラウドシステムであれば、通常、当該電子計算機処理システムの要件を満たしているものと考えられます。

★問36　ＥＤＩ取引を行った場合について、取引データそのものを保存する必要があるでしょうか。それとも、ＥＤＩ取引項目を他の保存システムに転送し、エクセル形式やＰＤＦデータ等により保存することも可能でしょうか。

【回答】

　ＥＤＩ取引で授受した電子取引の取引情報として保存すべきデータは、ＥＤＩ取引で実際に授受したデータそのものに限定されておらず、当該ＥＤＩ取引で授受したデータについて、

24

その取引内容が変更されるおそれのない合理的な方法により編集されたデータにより保存することも可能です。

【解説】

　電子取引を行った場合には、当該電子取引の取引情報に係る電磁的記録を保存しなければならないことが規定されていますが、必ずしも相手方とやり取りしたデータそのものを保存しなければならないとは解されません。

　例えば、ＥＤＩ取引においてデータをＸＭＬ形式でやり取りしている場合であって、当該ＸＭＬ形式のデータを一覧表としてエクセル形式に変換して保存するときは、その過程において取引内容が変更されていない限りは、合理的な方法により編集したものと考えられるため、当該エクセル形式のデータによる保存も認められます（取扱通達７－１参照）。

　なお、授受したデータを手動により転記して別形式のデータを作成する場合は、取引内容の変更可能性があることから、当該別形式のデータは合理的に編集したものに当たらないものと考えられます。

★問37　ＥＤＩ取引において、相手方から受け取ったデータに記載されている又は含まれている各種コードについて、あらかじめ定めている変換テーブルを使用することによって、その内容を変更することなく自社のコードに変換して保存することは認められるでしょうか。

　例えば、ＥＤＩ取引において、「税込」という情報を、相手方ではコード「１」とし他データで送付してきたものを、自社においてはコード「２」と変換した上で取り込んで保存することは認められますか。

【回答】

　内容を一切変更することなくコードの表記のみを変更することは、合理的な編集に該当するため認められます。ただし、変換テーブルを使用し、コード変換が自動的に行われること（手動は不可）と、当該変換テーブルを併せて保存をしておくことが必要です。

【解説】

　電子取引を行った場合には、当該電子取引の取引情報に係る電磁的記録を保存しなければならないと規定されているところ、この取引情報とは、「取引に関して受領し、又は交付する注文書、契約書、送り状、領収書、見積書その他これらに準ずる書類に通常記載される事項をいう。」と定義されていることからも明らかなように、必ずしも相手方とやり取りしたデータそのものを保存しなければならないとは解されません。

　通常、ＥＤＩ取引によりコードを変換しようとする場合は、事前に変換プロトコルの取り決めを行うことが一般的であると考えられます。その場合において、コードを用いて表している数字等自体に意味があるものではないことから、変換プロトコルに沿ってコードを変更したデータであっても、授受したデータの内容を正確に表示できるものであれば、合理的な編集の範囲内であると考えられます。

　ただし、目視による手入力等が介在すると意図せず内容が変更されてしまうおそれがあることから、これは認められず、また、相手から受領したデータに係るコードについて確認できる必要があることから、変換プロトコルについても併せて保存しておく必要があります。

　なお、相手方から受領したデータを要件に従ってそのまま保存しておき、自社の管理の便宜により当該データを複製した上で加工して使用する方法でも問題ありません。

　また、どちらの保存方法においても、税務調査の際には取引情報のコードが意味する内容を明確に説明できるようにしてください。

問38 エクセルやワードのファイル形式で受領したデータをPDFファイルに変換して保存することや、パスワードが付与されているデータについて、パスワードを解除してから保存することは、認められますか。

【回答】

　取引内容が変更されるおそれがなく合理的な方法により編集して保存されているものとして認められると考えられます。

【解説】

　電子取引を行った場合には、当該電子取引の取引情報に係る電磁的記録を保存しなければならないことが規定されていますが、必ずしも相手方とやり取りしたデータそのものを保存しなければならないとは解されません。

　エクセルやワードのファイル形式で受領したデータをPDFファイルに変換して保存することや、パスワードが付与されているデータのパスワードを解除してから保存することは、その保存過程において取引内容が変更されるおそれのない合理的な方法により編集したものと考えられることから、問題ありません。

★問39　電子メール等で受領した領収書データ等を、訂正・削除の記録が残るシステムで保存している場合には、改ざん防止のための措置を講じていることとなりますか。

【回答】

　訂正・削除の記録が残るなどの一定のシステムを使用することによって改ざん防止のための措置を講じていることとするためには、保存だけではなく、データの授受も当該システム内で行う必要がありますので、改ざん防止のための措置を講じていることとはなりません。別途、不当な訂正・削除を防止するための事務処理規程を制定して遵守するなどの方法によって改ざん防止のための措置を講じることが必要です。

【解説】

　規則第4条第1項第3号に規定する電子計算機処理システムとは、電磁的記録の記録事項に係る訂正若しくは削除を行った場合に、その事実及び内容を確認できる要件又は電磁的記録の記録事項について訂正若しくは削除を行うことができない要件のいずれかを満たすものが該当します。

　同号では、上記のいずれかの要件を満たしたシステムを使用して「取引情報の授受及び電磁的記録の保存を行うこと」と規定していることから、電磁的記録の保存のみを当該システムで行っている場合は該当しません。

　電磁的記録の授受を当該システム外で行うことがある場合には、別途、不当な訂正・削除を防止するための事務処理規程を制定して遵守するなどの方法によって改ざん防止のための措置を講じることが必要です。

問40　サイトからダウンロードできる領収書等データは、ダウンロードした時に授受があったとされるのでしょうか。また、ダウンロードしなければ、その電子データの保存義務は生じないのでしょうか。

【回答】

　インターネット上でその領収書等データを確認できることとなった時点が電子取引の授受があったタイミングだと考えられます。領収書等データが提供されている以上、ダウンロードしなければ保存義務が生じないというものではありません。

　なお、別途同一の記載内容の書面が郵送されてくる場合には、正本（どちらか一方）のみの保存で足ります。

【解説】

　法令上は、「電子取引を行った場合には当該取引情報に係る電磁的記録を……保存しなければならない」とされています。

　領収書等データがインターネット上で確認できる状態となった場合についても、郵送された書面が自身の郵便受けに投函された状態と同視できることから、その時点で電子取引が行

26

われており、そのタイミングで保存すべきと考えられます。

　ただし、インターネット上で確認できる状態となったことがメール等で通知されない場合には、適宜のタイミングで保存を行うこととして差し支えありません。

　もっとも、その領収書等データについては、その取引の日が属する年分の保存データであることから、適宜のタイミングでまとめてダウンロードを行う場合であっても、当該年分中にダウンロードを行い、要件に従って保存を行う必要があることに注意してください。

問 41　自社が発行した請求書データの保存について、当該データに記載されている内容が事後的にわかるものであれば、データベースにおける保存でもよいでしょうか。

【回答】

　発行した請求書データの内容について変更されるおそれがなく、合理的な方法により編集された状態で保存されたものであると認められるデータベースであれば問題ありません。

【解説】

　電子取引を行った場合には、当該電子取引の取引情報に係る電磁的記録を保存しなければならないと規定されているところ、この取引情報とは、「取引に関して受領し、又は交付する注文書、契約書、送り状、領収書、見積書その他これらに準ずる書類に通常記載される事項をいう。」と定義されていることからも明らかなように、必ずしも相手方とやり取りしたデータそのものを保存しなければならないとは解されません。

　したがって、発行する請求書等データに記載の内容が、送信データの元となる請求者等情報データベースから自動的に出力されるなど、記載した取引情報（取引に関して受領し、又は交付する注文書、契約書、送り状、領収書、見積書その他これらに準ずる書類に通常記載される事項）の全てが、変更されるおそれがなく合理的な方法により編集された状態で、要件に従って保存されたものであると認められる場合は、当該データベースにおける保存も認められます。

　なお、税務調査の際には、実際に先方へ提供したフォーマットに出力して確認をさせていただくこともありますのでご協力ください。

問42　電子取引の取引情報に係る電磁的記録の保存に当たり、検索機能で注意すべき点はありますか。

【回答】

　電子取引の取引情報に係る電磁的記録の保存に当たり、以下の要件を満たす検索機能を確保する必要があります。

⑴　取引年月日その他の日付、取引金額及び取引先を検索の条件として設定することができること。

⑵　日付又は金額に係る記録項目については、その範囲を指定して条件を設定することができること。

⑶　二以上の任意の記録項目を組み合わせて条件を設定することができること。

【解説】

　検索機能については、規則第2条第6項第5号で定められており、例えば、取引年月日、取引先名称及び取引金額により、二以上の記録項目を組み合わせて条件を設定することができることとされています。

　また、日付又は金額に係る記録項目については、その範囲を指定して条件を設定することができることとされています。取引情報の保存については、サーバ等に保存する場合や、クラウドサービス等を利用する場合が考えられますが、その保存方法にかかわらず、保存義務者はこれらの条件を満たして検索をすることができる必要があります。

　なお、当該電磁的記録について、税務職員による質問検査権に基づくダウンロードの求めに応じることができるようにしている場合には、(2)及び(3)の要件は不要となります（また、この場合において、判定期間に係る基準期間における売上高が5,000万円以下の事業者又は電磁的記録を出力した書面を取引年月日その他の日付及び取引先ごとに整理されたものを提示・提出できるようにしている事業者については全ての検索機能の確保の要件が不要となります（【問45、問46】参照）。）。

（注）　令和5年度の税制改正前（令和5年12月31日までに行う電子取引の取引情報）については、判定期間に係る基準期間の売上高が1,000万円以下であり、上記のダウンロードの求めに応じることができるようにしている場合に限り、検索機能の確保の要件が不要となります。

問43　規則第2条第6項第5号ハの「二以上の任意の記録項目を組み合わせて条件を設定することができること」には、「AかつB」のほか「A又はB」といった組合せも含まれますか。また、一の記録項目により検索をし、それにより探し出された記録事項を対象として、別の記録項目により絞り込みの検索をする方式は、要件を満たすこととなりますか。

【回答】

　「A又はB」の組合せは必要ありません。また、段階的な検索ができるものも要件を満たすこととなります。

【解説】

　検索機能については、規則第2条第6項第5号で、検索の条件として設定した記録項目（取引年月日その他の日付、取引金額及び取引先）により、二以上の記録項目を組み合わせて条件を設定することができることとされています。この場合の二の記録項目の組合せとしては、「AかつB」と「A又はB」とが考えられますが、このうち、「A又はB」の組合せについては、それぞれの記録項目により二度検索するのと実質的に変わらない（当該組合せを求める意味がない）ことから、これを求めないこととしています。

　また、「二以上の任意の記録項目を組み合わせて条件を設定することができること」とは、必ずしも「AかつB」という組合せで検索できることのみをいうのではなく、一の記録項目（例えば「A」）により検索をし、それにより探し出された記録事項を対象として、別の記録項目

（例えば「Ｂ」）により再度検索をする方式も結果は同じであることから要件を満たすこととなります。

なお、当該電磁的記録について、税務職員による質問検査権に基づくダウンロードの求めに応じることができるようにしている場合には、この項目を組み合わせて条件を設定できる機能（及び範囲を指定して条件を設定できる機能）は不要となります（また、この場合において、判定期間に係る基準期間における売上高が5,000万円以下の事業者又は電磁的記録を出力した書面を取引年月日その他の日付及び取引先ごとに整理されたものを提示・提出できるようにしている事業者については全ての検索機能の確保の要件が不要となります（【問45、問46】参照）。）。

（注）　令和５年度の税制改正前（令和５年12月31日までに行う電子取引の取引情報）については、判定期間に係る基準期間の売上高が1,000万円以下であり、上記のダウンロードの求めに応じることができるようにしている場合に限り、検索機能の確保の要件が不要となります。

★問44　当社には電子取引の取引データを保存するシステムがありませんが、電子取引の取引データを保存する際の検索機能の確保の要件について、どのような方法をとれば要件を満たすこととなりますか。

【回答】

電子取引の取引情報に係る電磁的記録（電子取引の取引データ）を保存するシステムがない場合に検索機能の確保の要件を満たす方法としては、例えば、エクセル等の表計算ソフトにより、取引データに係る取引年月日その他の日付、取引金額、取引先の情報を入力して一覧表を作成することにより、当該エクセル等の機能により、入力された項目間で範囲指定、二以上の任意の記録項目を組み合わせて条件設定をすることが可能な状態であれば、検索機能の確保の要件を満たすものと考えられます。

その他、当該保存すべき取引データについて、税務職員のダウンロードの求めに応じることができるようにしておき、当該取引データのファイル名を「取引年月日その他の日付」、「取引金額」、「取引先」を含み、統一した順序で入力しておくことで、取引年月日その他の日付、取引金額、取引先を検索の条件として設定することができるため、検索機能の確保の要件を満たすものと考えられます。

また、ファイル名の入力により検索要件を満たそうとする場合については、「取引先」ごとにフォルダを区分して保存しており、その区分したフォルダに保存している取引データのファイル名を「取引年月日その他の日付」及び「取引金額」を入力して管理しておくことでも、取引年月日その他の日付、取引金額及び取引先を検索の条件として設定することができるときは、検索機能の要件を満たすこととなります。

（一覧表の作成により検索機能を満たそうとする例）
ファイル名には①、②、・・・と通し番号を入力する。
エクセル等により以下の表を作成する。

連番	日付	金額	取引先	備考
①	20210131	110000	㈱霞商店	請求書
②	20210210	330000	国税工務店㈱	注文書
③	20210228	330000	国税工務店㈱	領収書
④				
⑤				
⑥				
⑦				
⑧				

（ファイル名の入力により検索機能を満たそうとする例）

2022 年（令和 4 年）11 月 30 日付の株式会社霞商事からの 20,000 円の請求書データの場合

⇒　「20221130_㈱霞商事_20000」

　※　取引年月日その他の日付は和暦でも西暦でも構いませんが、混在は抽出機能の妨げとなることから、どちらかに統一して入力していただく必要があります。

【解説】

　検索機能については、規則第 2 条第 6 項第 5 号で定められているとおり、①取引年月日その他の日付、取引金額、取引先を検索の条件として設定することができること②日付又は金額に係る記録項目については、その範囲を指定して条件を設定することができること③二以上の任意の記録項目を組み合わせて条件を設定することができること、の 3 つの要件が求められています。

　そこで、電子取引の取引情報に係る電磁的記録を保存するための専用のソフトウェア等を使用していない場合でも、例えば、エクセル等の表計算ソフトにより、取引データに係る取引年月日その他の日付、取引金額、取引先の情報を入力した一覧表を作成することにより、エクセル等の表計算ソフトの機能によって、入力された項目間で範囲指定、2 項目以上の組み合わせで条件設定の上抽出が可能であれば、上記①～③のいずれの機能も満たすものと考えられます。

　この方法により保存する場合には、エクセル等の表計算ソフトの一覧表上で通し番号を付し、ファイル名と対応させるなどの方法により、一覧表から取引データを検索できるようにする必要があります。

　また、検索機能の確保の要件について、システム上の検索機能を有している場合のほか、電磁的記録のファイル名に、規則性を有して記録項目を入力することにより電子的に検索できる状態にしておくなどの一定の方法により検索できる状態であるときは、当該要件を満たしているものとして取り扱うこととされていますが（取扱通達 4 － 12）、この取扱いは、令和 3 年度の税制改正が適用されない、令和 4 年 1 月 1 日前に行った電子取引の取引情報及び同日前にスキャナ保存が行われた国税関係書類についても認められます。ただし、令和 4 年 1 月 1 日前の分については、検索機能における記録項目は、以下に掲げる改正前のものである必要があります。

　①　取引年月日、勘定科目、取引金額その他の国税関係帳簿の種類に応じた主要な記録項目（記録項目）を検索の条件として設定することができること。

　②　日付又は金額に係る記録項目については、その範囲を指定して条件を設定することができること。

　③　2 以上の任意の記録項目を組み合わせて条件を設定することができること。

問45　電子取引の取引情報に係る電磁的記録を保存する際の要件のうち、検索機能の確保の要件が不要とされる場合の「判定期間に係る基準期間の売上高が5,000万円以下の場合」とは、どのように判断すればよいのでしょうか。

【回答】

　個人事業者については電子取引が行われた日の属する年の前々年の1月1日から12月31日までの期間の売上高が、法人については電子取引が行われた日の属する事業年度の前々事業年度の売上高が、5,000万円を超えるかどうかで判断します。

　なお、売上高が5,000万円を超えるかどうかの判断基準については、消費税法第37条の中小事業者の仕入れに係る消費税額の控除の特例の課税期間に係る基準期間における課税売上高の判断基準の例によりますが、例えば、判定期間に係る基準期間がない新規開業者、新設法人の初年（度）、翌年（度）の課税期間などについては、検索機能の確保の要件が不要となります。

　なお、規則第4条第1項は「売上高」と規定していることから営業外収入や雑収入を含んでおらず、結果として、消費税法上の「課税売上高」とはその内容を異にしていますので、ご注意ください。

【解説】

　基準期間の売上高が5,000万円以下の場合に検索要件の確保が不要とされるこの措置は、消費税法第37条（中小事業者の仕入れに係る消費税額の控除の特例）の内容を勘案して定められたものであることから、売上高が5,000万円を超えるかどうかを判定する基準期間については、消費税法の場合と同様の方法で判断することとなります。

　したがって、基準期間が1年でない法人については、基準期間の売上高を基準期間に含まれる事業年度の月数で除し、これに12を乗じて算出した金額を用いて5,000万円を超えるかどうかで判断します。

　なお、規則第4条第1項は「売上高」と規定していることから、具体的には次の収入をいい、消費税法の「課税売上高」とは必ずしも一致しないことに注意してください。

① 個人事業者　「商品製品等の売上高、役務提供に係る売上高、農産物の売上高（年末において有する農産物の収穫した時の価額を含みます。）、賃貸料又は山林の伐採又は譲渡による売上高」をいい、家事消費高及びその他の収入は含まれません。

② 法人　「一般的に売上高、売上収入、営業収入等として計上される営業活動から生ずる収益」をいい、いわゆる営業外収益や特別利益は含まれません。

　また、回答で例示しているとおり、基準期間がない新規事業者・新設法人の初年（度）及び翌年（度）については、電子取引の取引情報に係る電磁的記録を保存するに当たって検索機能の確保が不要となるほか、組織変更等の場合の判定期間の取扱いについては、消費税法の場合と同様の方法で判断することとなります。

問46　検索機能の確保の要件が不要とされる「電磁的記録を出力した書面であって、取引年月日その他の日付及び取引先ごとに整理されたものの提示若しくは提出の要求に応じることができるようにしている場合」について、具体的にはどのように書面を整理しておけば要件を満たすことになりますか。

【回答】

　以下(1)～(3)までのいずれかの方法により整理する必要があります（取扱通達7－3）。日頃から書面に出力して所定の整理をしておき、税務調査の際に遅滞なく提示又は提出（以下「提示等」といいます。）できるようにしてください。

(1) 課税期間ごとに、取引年月日その他の日付の順にまとめた上で、取引先ごとに整理する方法

(2) 課税期間ごとに、取引先ごとにまとめた上で、取引年月日その他の日付の順に整理する方法

(3) 書類の種類ごとに、(1)又は(2)と同様の方法により整理する方法

　なお、その授受したデータの様態に応じて、検索機能を確保した電子データ保存と、出力した書面により管理している電子データ保存とが混在しても、税務調査等の際に提示等を求めら

れたものを遅滞なく提示等できる限りにおいては差し支えありません。

【解説】

　電子取引の取引情報に係る電磁的記録及びその電磁的記録を出力した書面を取引年月日その他の日付及び取引先ごとに整理されたものを提示等ができるようにしている場合には、検索機能の確保の要件が不要となるところ、その出力書面の整理方法については、取扱通達7－3に示す方法により、その出力書面が課税期間ごとに日付および取引先について規則性を持って整理されている必要があります。

　また、電磁的記録を書面に出力する時期については特段の定めはありませんが、それを整理するためには一定の作業を要すると思われます。遅滞なく提示等ができるように書面出力して整理しておくといった準備を事前にしていなかった場合には、検索機能の確保の要件が不要となるための条件を満たしていないと判断される可能性があることから、日頃から書面出力して整理しておくことが望ましいと考えられます。

★問47　自社のメールシステムでは受領した取引情報に係る電子データについて検索機能を備えることができません。その場合、メールの内容をPDF等にエクスポート・変換し、検索機能等を備えた上で保存する方法も認められますか。

【回答】

　認められます。

【解説】

　当該メールに含まれる取引情報が失われないのであれば、メールの内容をPDF等にエクスポート・変換するなど合理的な方法により編集したもので保存することとしても差し支えありません。

問48　複数の請求書等が含まれているようなPDF形式の電子データは、どのように保存すれば検索要件を満たすこととなりますか。

【回答】

　必ずしもこの方法に限られる訳ではありませんが、例えば、受領したPDFファイルを、その取引ごとにデータの同一性を保持したまま記録事項を変更することなく単にデータを分割し、その分割したPDFファイルのファイル名に規則性を持った形で記録項目を入力して一覧性を持って管理し、かつ税務職員のダウンロードの求めに応じることができるようにしている場合等には、検索要件を満たすと考えられます。

　なお、電子取引を行った場合には、検索要件のほか、①システム概要書の備付け（自社開発システムの場合）、②見読可能装置の備付け及び③改ざん防止措置（規則第4条第1項各号のいずれかの要件）を満たす必要があります。

【解説】

　取扱通達4－9のとおり、「電磁的記録の記録事項の検索をすることができる機能」とは、検索により探し出された記録事項のみが整然とした形式及び明瞭な状態で出力される機能をいいます。

　したがって、検索した結果として、特定の記録事項を抽出することができるようにする必要があるところ、その方法として、例えば、受領したPDFファイルを、取引ごとに分割する方法が考えられます。分割に当たっては、その取引ごとにデータの同一性を保持したまま記録事項を変更することなく単にデータを分割することは、取扱通達7－1⑷で示している合理的な方法による編集の範囲内であるため、その分割したPDFファイルのファイル名に規則性を持った形で記録項目を入力して一覧性を持って管理し、かつ税務職員のダウンロードの求めに応じることができるようにしている場合等には、検索要件を満たすと考えられます。

　回答でも示しているとおり、必ずしもこの方法に限られる訳ではなく、上記のとおり取扱通達4－9で示している内容を満たすことができれば、検索機能を備えていることとなります。

問49　1ヶ月分の取引がまとめて記録された納品書データを授受した場合、検索要件の記録項目については、記録されている個々の取引ごとの取引年月日その他の日付及び取引金額を設定する必要がありますか。

【回答】

　　検索要件の記録項目としては、個々の取引ごとの取引年月日及び取引金額として記録されているものをそれぞれ用いる方法のほか、その電子取引データを授受した時点でその発行又は受領の年月日として記録されている年月日及びその電子取引データに記録された取引金額の合計額を用いる方法としても、その取扱いが各課税期間において自社で一貫した規則性を持っていれば差し支えありません。

【解説】

　　検索機能における記録項目である「取引年月日その他の日付」とは、国税関係書類に記録すべき日付をいい、基本的にはその電子取引データの授受の基となる取引が行われた年月日を指しますが、一つの電子取引データに複数の取引がまとめて記録されているような場合、それは内訳として記録されているものなのか、それともあくまで個々の独立した取引であるが便宜的に一つの電子取引データに記録されているものなのかについては、必ずしも判然としないことがあることから、その電子取引データを授受した時点でその発行又は受領の年月日として記録されている日付をもって、検索機能における記録項目である「取引年月日その他の日付」として用いても、その取扱いが各課税期間において自社で一貫した規則性を持っている限り差し支えありません（取扱通達4－30参照）。

　　この場合における取引金額での検索については、「取引年月日その他の日付」が個々の取引年月日によって検索できるようにしているのであれば「取引金額」についても個々の取引金額で検索できるようにする必要があり、「取引年月日その他の日付」がその電子取引データの発行又は受領の年月日によって検索できるようにしているのであれば「取引金額」についてもその電子取引データに記録された取引金額の合計額で検索できるようにしておく必要があります。

問50　1回の見積りに関して、異なる取引条件等に応じた複数の見積金額が記録された見積書データを授受した場合、検索機能における記録項目である「取引金額」についてはどのように設定すればいいですか。

【回答】

　　一つの取引に関して、異なる取引条件等に応じた複数の見積金額が記録された見積書データを授受した場合、検索機能における記録項目である「取引金額」については、課税期間において自社で一貫して規則性を持っている限り、見積書データに記録されている見積金額のうちいずれの見積金額を用いても差し支えありません。

【解説】

　　取引条件等を変えることで見積金額が変わる場合、取引条件等に応じた複数の金額を示した見積書が提示される場合があります。こうした場合の対応としては、最もシンプルな取引条件での見積金額で検索できるようにしておく方法、実際に発注することとなった見積金額で検索できるようにしておく方法、最も高額又は低額の見積金額で検索できるようにしておく方法等が考えられますが、自社内で統一したルールを定めてそれに即して検索機能を設定いただくとともに、そのルールを税務調査の際に説明できるようにしていれば、見積書データに記録されている見積金額のうちいずれの見積金額を用いても差し支えありません。

　　ただし、検索については一課税期間を通じて行えることが基本的には必要ですが、課税期間の途中でルールを変更してしまうと適切に検索が行えなくなるおそれがあるため、課税期間中はルールを変更しないようにしてください。

★問51　検索要件の記録項目である「取引金額」については、税抜・税込どちらとすべきでしょうか。

【回答】

　　帳簿の処理方法（税抜経理/税込経理）に合わせるべきと考えられますが、授受した電子取引データに記載されている取引金額を検索要件の記録項目とすることとしても差し支えありません。

【解説】

　　検索機能の確保の要件は、税務調査の際に必要なデータを確認することを可能とし、調査の効率性の確保に資するために設けられているものです。また、税務調査では帳簿の確認を基本とし、帳簿に関連する書類や取引情報の確認を行っていくことが想定されることから、基本的には帳簿と同じ金額で検索できるようにしておくべきと考えられます。

　　ただし、税抜・税込を統一せずに、授受した電子取引データに記載されている金額を記録項目としていても問題はありません。

★問52　単価契約のように、取引金額が定められていない契約書や見積書等に係るデータについては、検索要件における「取引金額」をどのように設定すべきでしょうか。

【回答】

　　記載すべき金額がない電子取引データについては、「取引金額」を空欄又は0円と設定することで差し支えありません。ただし、空欄とする場合でも、取引金額が空欄であることを対象として検索できるようにしておく必要があります。

★問53　「ダウンロードの求め（電磁的記録の提示・提出の要求）」に応じることができるようにしておく場合の当該電磁的記録の提出について、提出する際のデータの形式や並び順については決まりがあるのでしょうか。また、記憶媒体自体についても提示・提出する必要はあるのでしょうか。

【回答】

　　税務調査の際に税務職員が確認可能な状態で提出されるのであれば、電磁的記録の形式や並び順は問いませんが、通常出力できるであろうファイル形式等で提供される必要があります。

　　また、「ダウンロードの求め」に応じることができるようにしておく場合については、当該電磁的記録を保存した記憶媒体の提示・提出に応じることができるようにしておくことまでは含まれていませんが、その記憶媒体についても、質問検査権に基づく確認の対象となる場合があります。

【解説】

　　データのダウンロードを求める際には、通常出力が可能な範囲で税務職員が出力形式を指定することもありますが、出力可能な形式でダウンロードを求めたにもかかわらず、検索性等に劣るそれ以外の形式で提出された場合には、そのダウンロードの求めに応じることができるようにしていたことにはなりません（取扱通達4−14参照）。保存時に満たすべき要件を充足するためには、通常出力できるであろうファイル形式等で提供される必要がありますが、その内容について並び順等に関する統一的な決まりがある訳ではありません。

　　なお、「ダウンロードの求め」は、記憶媒体自体の提示・提出までを求めるものではありませんが、税務調査の際には、税務職員が質問検査権に基づいて記憶媒体の確認を行う場合もあります。

【タイムスタンプ】

問54　総務大臣が認定する時刻認証業務に係るタイムスタンプとはどのようなものでしょうか。

【回答】

　電子データがある時点に存在していたこと及び当該電子データがその時点から改ざんされていないことを証明する情報がタイムスタンプであり、確実かつ安定的なタイムスタンプの利用を一層拡大し、情報の信頼性を確保しつつ、海外とのデータ流通を容易にする観点から、時刻認証業務（電子データに係る情報にタイムスタンプを付与する役務を提供する業務）について、総務大臣による認定制度が設けられています。

（注）　使用するタイムスタンプは、規則第2条第6項第2号ロに規定する以下の要件を満たすものに限ります。

① 当該電子データが変更されていないことについて、当該国税関係書類の保存期間を通じ、当該業務を行う者に対して確認する方法その他の方法により確認することができること。

② 課税期間中の任意の期間を指定し、当該期間内に付したタイムスタンプについて、一括して検証することができること。

　なお、令和4年4月1日から令和5年7月29日までの間に保存が行われる国税関係書類又は電子取引の取引情報に係る電磁的記録のタイムスタンプ要件については、従前どおり、一般社団法人日本データ通信協会が認定する業務に係るものとすること（経過措置）も認められており、一般社団法人日本データ通信協会の認定を受けたタイムスタンプ事業者には、「タイムビジネス信頼・安心認定証」が交付され、以下に示す「タイムビジネス信頼・安心認定マーク」が使用できることとなっています。

（注）　「総務大臣が認定する時刻認証業務に係るタイムスタンプ」の総務大臣による認定の取得状況（認定を受けたタイムスタンプ事業者）については、タイムスタンプに関する総務省ホームページで確認することができます。総務大臣による認定を取得しないタイムスタンプ事業者に関する経過措置の終了に伴って注意すべき点は、そちらをご確認ください。

《タイムビジネス信頼・安心認定マーク》

認証番号等（※）

認定マークを使用できる場所
　・ホームページ、名刺、説明書、宣伝広告用資料、取引書類　等
※　認証番号等とは、一般財団法人日本データ通信協会から発行される認定番号に続けて、認定回数を括弧内に記載しているものです。

35

問55　「速やかに」タイムスタンプを付与することとしている場合で、やむを得ない事由によりおおむね7営業日以内にタイムスタンプを付与できない場合は要件違反となるのでしょうか。

【回答】

　おおむね7営業日以内にタイムスタンプを付与できない特別な事由がある場合に、そのおおむね7営業日以内にタイムスタンプを付与することができない事由が解消した後直ちに付与したときには、速やかにタイムスタンプを付与したものとして取り扱われます。

【解説】

　電子取引の取引情報に係る電磁的記録の記録事項について、データ改ざんの可能性を低くする観点からは、電子取引により取引情報を授受した後直ちに行うことが望まれますが、休日等をまたいで処理する場合があることも勘案し、7営業日を基本とすることが合理的と考えられます。

　さらに、業種業態によっては必ずしも7営業日以内にタイムスタンプを付与することができない場合（例えば、毎日事務所へ出勤しない勤務形態の社員がタイムスタンプの処理を行う場合等）も考えられ、それらを一律に排除することは経済実態上合理的ではないことから、おおむね7営業日以内に付与すれば速やかにタイムスタンプを付与しているものとして取り扱うこととされています。

　また、おおむね7営業日でタイムスタンプを付与できないような特別な事由が存在する場合には、その事由が解消した後直ちに付与することによって、規則第4条第1項第2号に規定する「速やかに」タイムスタンプを付すことの目的は達せられると考えられます。

　なお、規則第4条第3項の規定により、災害その他やむを得ない事情が生じ、当該要件を満たせなかったことを証明した場合には、保存時に満たすべき要件を満たしていなくても電磁的記録の保存を行うことができることとされています。

　おって、機器のメンテナンスを怠ったことにより、スキャナ機器の故障が生じた場合など明らかに保存義務者の責めに帰すべき事由が存在するときには、これらの取扱いはないこととなります。

問56　「業務の処理に係る通常の期間を経過した後、速やかに行う」とは何日以内にタイムスタンプを付与すればよいのでしょうか。

【回答】

　最長では、電子取引の取引情報に係る電磁的記録を授受してから2か月とおおむね7営業日以内にタイムスタンプを付与すればよいこととなります。

【解説】

　「その業務の処理に係る通常の期間」とは、スキャナ保存における考え方と同様であり、それぞれの企業において採用している業務処理サイクルの期間をいい、また、おおむね7営業日以内に付与している場合には「速やかに」行っているものと取り扱う（取扱通達4－17）ことから、仮に2週間を業務処理サイクルとしている企業であれば2週間とおおむね7営業日以内、20日を業務処理サイクルとしている企業であれば20日とおおむね7営業日以内にタイムスタンプを付与すればよいこととなります。

　なお、最長2か月の業務処理サイクルであれば「その業務の処理に係る通常の期間」として取り扱う（取扱通達4－18）ことから、規則第4条第1項第2号ロに規定する「その業務の処理に係る通常の期間を経過した後、速やかに行うこと」については、電子取引の取引情報に係る電磁的記録を授受してから最長2か月とおおむね7営業日以内にタイムスタンプを付与すればよいこととなります。

　また、この場合、最長2か月とは暦の上での2か月をいうことから、例えば4月21日に受領した取引データの場合、業務処理サイクルの最長2か月は6月20日であり、そのおおむね7営業日後までにタイムスタンプを付与すればよいこととなります。

> 問57 自社で使用する電子取引用のソフト等について、電子帳簿保存法の要件を満たしているか分からないのですが、どのようにしたらよいですか。

【回答】

　まずは当該ソフトウェアの取扱説明書等で電子帳簿保存法の要件を満たしているか確認してください。また、公益社団法人日本文書情報マネジメント協会（以下「JIIMA」といいます。）において、市販のソフトウェア及びソフトウェアサービス（以下「ソフトウェア等」といいます。）を対象に、電子帳簿保存法における要件適合性の確認（認証）を行っており、JIIMAが確認（認証）したソフトウェア等については、JIIMAのホームページ等でも確認することができます。

【解説】

　従前は、使用する電子取引用のソフト等が電子帳簿保存法の要件に適合しているかについて、商品の表示等のみに頼っている状況でした。こうした状況を踏まえ、保存義務者の予見可能性を向上させる観点から、JIIMAがソフトウェア等の法的要件認証制度を開始しました。

　なお、電子帳簿保存法の保存等の要件には、事務手続関係書類の備付けに関する事項等、機能に関する事項以外の要件もあり、それらを含め全ての要件を満たす必要がありますので注意してください。

> 問58 公益社団法人日本文書情報マネジメント協会により認証されたソフトウェア等とはどのようなものでしょうか。

【回答】

　公益社団法人日本文書情報マネジメント協会（以下「JIIMA」といいます。）が電子帳簿保存法に規定する機能要件に適合するか機能の仕様について取扱説明書等で確認を行い、法的要件を満たしていると判断し認証されたソフトウェア等をいいます。

　また、認証を受けたソフトウェア等は、国税庁及びJIIMAのホームページに記載される認証製品一覧表に明示されるほか、当該ソフトウェア等の説明書等に認証番号などが記載されています。

　認証制度開始時からの電子帳簿（法4①）及びスキャナ保存（法4③）用のソフトウェア等に係る認証制度に加えて、令和3年4月以降は、電子書類（法4②）及び電子取引（法7）に係るソフトウェア等についても認証を行っています。

　なお、認証を受けたソフトウェア等は、以下に示す「認証ロゴ」を使用できることから、そのソフトウェアがJIIMAから認証されたものであるか否かについては、この認証ロゴによって判断することもできます。ただし、以下の「認証ロゴ」は令和5年6月現在で使用しているものを記載していますので、使用に当たっては説明書等で認証番号などを確認していただくようお願いします。

　（参考）

　《認証ロゴ（令和5年6月現在使用されている主なもの）》

　　若しくは　　

又は

　　若しくは

認証ロゴを使用できる場所
認証製品の梱包材、製品マニュアル、技術マニュアル、仕様書　ＷＥＢページ　等

【国税庁 HP の掲載場所】
　ホーム/法令等/その他法令解釈に関する情報/電子帳簿保存法関係/JIIMA 認証情報リスト

問59　電子データに関連して改ざん等の不正が把握されたときには重加算税が加重されると
のことですが、具体的にはどのような場合に加重の対象となるのでしょうか。

【回答】
　電子取引により授受した取引データを削除、改ざんするなどして、売上除外や経費の水増
しが行われた場合のほか、保存された取引データの内容が事業実態を表していないような場
合（架空取引等）も重加算税の加重対象となります。

【解説】
　重加算税の加重措置の対象範囲については、取扱通達８−22を確認してください。
　なお、電子帳簿保存法における電子取引の取引情報に係る電磁的記録の保存義務者は所得
税（源泉徴収に係る所得税を除きます。）及び法人税の保存義務者に限られますが、消費税法
令において保存することとされている電子データに関連して改ざん等の不正が把握された場
合にも、法第８条第５項（電磁的記録の記録事項に関連した仮装・隠蔽の場合の重加算税の
加重措置）と同様に、重加算税が 10％加重される（消費税法 59 の２）など、消費税法令に
おいて電磁的記録に関する取扱いを個別に規定しているものもあります。

問60　電子取引について、「災害その他やむを得ない事情」を証明した場合に保存時に満た
すべき要件が不要となる旨の規定が設けられていますが、そのような事情があれば、電
磁的記録の保存自体不要になるのでしょうか。

【回答】
　この場合については、保存義務が免除されるものではありませんので、電磁的記録の保存
は必要になります（取扱通達７−11）。

【解説】
　規則第４条第３項前段の規定は、災害その他やむを得ない事情により、保存時に満たすべ
き要件に従って電磁的記録の保存をすることができなかったことを証明した場合には、電子
取引の取引情報に係る電磁的記録の保存時に満たすべき要件を満たさなくても保存ができる
ことを規定したものであり、保存義務が免除されているものではありません。
　したがって、（検索機能の確保等の要件を満たせなくても）最低限、電子取引の取引情報に
係る電磁的記録を保存しておく必要があり、当該電磁的記録を完全に消失してしまっている
場合については、保存すべき電磁的記録の保存がないこととなります。
　なお、電磁的記録については、災害等によりデータを保存していたパソコン本体が棄損し
た場合等、紙に比べてその確認が困難となる場面も多く想定されることから、納税者の責め
に帰すべき事由がないときには、単に電磁的記録が存在しないことのみをもって、義務違反
を問うことはありませんが、仮に当該電磁的記録が消失してしまった場合であっても、可能
な範囲で合理的な方法（取引の相手先や金融機関等へ取引内容を照会するなど）により保存
すべき取引情報を復元していただきたいと考えています。
　おって、災害その他やむを得ない事情が止んだ後に行う電子取引については、規則第４条
第３項の規定の適用はありません。そのため、電子取引の取引情報に係る電磁的記録につい
て保存時に満たすべき要件を備えた上で保存する必要がありますので注意してください。
（注）消費税法の「課税仕入れ等の税額の控除に係る帳簿及び請求書等」については、災害
　　　その他やむを得ない事情により、当該保存をすることができなかったことを事業者にお
　　　いて証明した場合は、保存が不要とされているため、その請求書等のやり取りが電子取
　　　引により行われた場合のその電子取引の取引情報に係る電磁的記録の保存がなかった場
　　　合も同様（必ずしも復元は不要）の取扱いとなります。

【回答】

　令和5年12月31日までに行う電子取引については、令和4年度の税制改正で経過措置として整備された「電子取引の取引情報に係る電磁的記録の保存への円滑な移行に向けた宥恕措置」を踏まえ、電子データを単に保存しておくか、保存すべき電子データを出力することにより作成した書面（以下「出力書面」といいます。）を保存し、税務調査等の際に提示又は提出（以下「提示等」といいます。）ができるようにしておいていただければ差し支えありません。

　また、令和6年1月1日以後に行う電子取引については、税務署長が相当の理由があると認め、かつ、保存義務者が税務調査等の際に、税務職員からの求めに応じ、その電子データ及び出力書面の提示等をすることができる場合には、その保存時に満たすべき要件にかかわらず電子データの保存が可能となる措置（猶予措置）が講じられています（【問61】参考）。

　このように、令和5年12月末までに行う電子取引を対象とした宥恕措置では、出力書面のみを保存する方法で対応することが認められていましたが、令和6年1月以降に行う電子取引を対象とした猶予措置では、出力書面のみを保存することで対応することは認められておらず、出力書面の提示等に加え、電子データそのものも保存しておき、提示等ができるようにしておく必要がありますので、そのために必要な準備をお願いします。

【解説】

　令和3年度の税制改正で、従前認められていた、電子取引の取引情報に係る電子データを出力することにより作成した書面等の保存をもって、その電子データの保存に代えることができる措置（電子データの出力書面等による保存措置）が廃止されましたが、令和4年度の税制改正においては、その電子データの保存時に満たすべき要件への対応が困難な事業者の実情に配慮し、引き続きその出力書面等による保存を可能とするための措置が講じられています。

　具体的には、電子取引の取引情報に係る電子データの保存に関する当面の宥恕措置として、令和4年1月1日から令和5年12月31日までの間に申告所得税及び法人税に係る保存義務者が行う電子取引につき、その電子取引の取引情報に係る電子データを保存時に満たすべき要件に従って保存をすることができなかったことについて、納税地等の所轄税務署長がやむを得ない事情があると認め、かつ、その保存義務者が税務調査等の際にその電子データの出力書面（整然とした形式及び明瞭な状態で出力されたものに限ります。）の提示等の求めに応じることができるようにしている場合には、その保存時に満たすべき要件にかかわらず、その電子データの保存をすることができることとする経過措置が講じられたものです。

　また、令和5年度の税制改正において、令和6年1月1日以後に行う電子取引については、税務署長が相当の理由があると認め、かつ、保存義務者が税務調査等の際に、税務職員からの求めに応じ、その電子データ及び出力書面の提示等をすることができる場合には、その保存時に満たすべき要件にかかわらず電子データの保存を可能とする措置（猶予措置）が講じられました（【問61】参考）。この出力書面に加えて、電子データそのものについても提示等ができるようにしておくことが要件とされている点に注意する必要があります。

　（参考）

　宥恕措置の適用にあたっては、保存時に満たすべき要件に従って保存をすることができなかったことに関するやむを得ない事情を確認させていただく場合もありますが、仮に税務調査等の際に、税務職員から確認等があった場合には、各事業者における対応状況や今後の見通しなどを、具体的でなくても結構ですので適宜お知らせいただければ差し支えありません。

　猶予措置の適用についての留意事項については、【問61〜問65】をご確認ください。

【回答】

　令和 4 年 1 月 1 日から令和 5 年 12 月 31 日までの間に電子取引を行う場合には、授受した
電子データについて要件に従って保存をすることができないことについて、納税地等の所轄
税務署長がやむを得ない事情があると認め、かつ、保存義務者が税務調査等の際に、税務職
員からの求めに応じ、その電子データを整然とした形式及び明瞭な状態で出力した書面の提
示又は提出をすることができる場合には、その保存時に満たすべき要件にかかわらず電子デ
ータの保存が可能となり、また、その電子データの保存に代えてその電子データを出力する
ことにより作成した書面による保存をすることも認められます。

　なお、上記の取扱いを受けるに当たり税務署への事前申請等の手続は必要ありません。

【解説】

　電子データの保存時に満たすべき要件への対応が困難な事業者の実情に配意し、引き続き
その出力書面等による保存を可能とするよう、令和 4 年 1 月 1 日から令和 5 年 12 月 31 日ま
での間に行う電子取引については、保存に係るシステム等や社内のワークフローの整備が間
に合わない等のように、その電子取引の取引情報に係る電子データを保存時に満たすべき要
件に従って保存することができなかったことについて、納税地等の所轄税務署長がやむを得
ない事情があると認め、かつ、保存義務者が税務調査等の際に、その電子データの出力書面
等（整然とした形式及び明瞭な状態で出力されたものに限ります。）の提示又は提出の求めに
応じることができるようにしている場合には、その保存時に満たすべき要件にかかわらず電
子データの保存が可能となり、また、その電子データの保存に代えてその電子データを出力
することにより作成した書面等による保存をすることも認められます。

　この取扱いは令和 5 年 12 月 31 日までと期間を区切って認められているものであることか
ら、事業者の皆様におかれては、令和 6 年 1 月 1 日以後に行う電子取引の取引情報について
は検索要件等の保存時に満たすべき要件に従ってその電磁的記録の保存ができるようにする
などの必要な準備をお願いします。

（参考 1 ）

　上記の「やむを得ない事情」には、その時点までに要件に従って電磁的記録の保存を行う
ための準備を整えることが困難な事情等が該当します。

（参考 2 ）

　電子計算機を使用して作成する国税関係帳簿書類の保存方法等の特例に関する法律施行規
則の一部を改正する省令（令和 3 年財務省令第 25 号）附則第 2 条第 3 項（（経過措置））の規
定により読み替えて適用される規則第 4 条第 3 項ただし書（（電子取引の取引情報に係る電磁
的記録の保存に関する宥恕措置））では、この宥恕措置における「やむを得ない事情」が生じ
なかった場合において、保存時に満たすべき要件に従って電子データの保存をすることがで
きなかったと認められるときは、この限りではないとされています。この規定が適用される
場面としては、例えば、令和 6 年 1 月 1 日以後に行う電子取引の取引情報についても保存時
に満たすべき要件に従って電子データの保存を行わないことを明らかにしている場合等が該
当します。

（参考 3 ）

　令和 6 年 1 月 1 日以後に行う電子取引について認められる猶予措置においては、その電子
データの保存に代えてその電子データを出力することにより作成した書面による保存をする
ことは認められず、電子データそのものの保存が必要となりますので、ご注意ください。

問60－4　やむを得ない事情が認められ、かつ、整然とした形式及び明瞭な状態で出力された書面の提示又は提出の求めに応じることができれば、電子データによる保存をしていなくても要件違反にならないとのことですが、「整然とした形式及び明瞭な状態で出力された書面」とはどのようなものでしょうか。また、「保存義務者が国税に関する法律の規定による当該電磁的記録を出力することにより作成した書面…の提示又は提出の要求に応じることができるようにしている」とありますが、具体的にはどのような対応が求められるのでしょうか。

【回答】

　規則第2条第2項第2号において、電磁的記録の画面及び書面への出力は「整然とした形式及び明瞭な状態で、速やかに出力することができる」必要があると規定されており、電子計算機を使用して作成する国税関係帳簿書類の保存方法等の特例に関する法律施行規則の一部を改正する省令（令和3年財務省令第25号）附則第2条第3項（（経過措置））の規定により読み替えて適用される規則第4条第3項（（電子取引の取引情報に係る電磁的記録の保存に関する宥恕措置））の規定による宥恕措置における「整然とした形式及び明瞭な状態で出力された書面」についても、同号における「整然とした形式及び明瞭な状態」と同様に、書面により作成された場合に準じた規則性を有する形式で出力され、かつ、出力された文字を容易に識別することができる状態をいいます。

　また、「保存義務者が国税に関する法律の規定による当該電磁的記録を出力することにより作成した書面…の提示又は提出の要求に応じることができるようにしている」については、税務調査等の際に、税務職員の求めに応じ、その電子データを出力することにより作成した書面の提示又は提出をしていただく必要があります。

【解説】

　電子計算機を使用して作成する国税関係帳簿書類の保存方法等の特例に関する法律施行規則の一部を改正する省令（令和3年財務省令第25号）附則第2条第3項（（経過措置））の規定により読み替えて適用される規則第4条第3項（（電子取引の取引情報に係る電磁的記録の保存に関する宥恕措置））に規定する、「整然とした形式及び明瞭な状態」とは、書面により作成される場合に準じた規則性を有する形式で出力され、かつ、出力される文字を容易に識別することができる状態をいいます。

　また、「保存義務者が国税に関する法律の規定による当該電磁的記録を出力することにより作成した書面…の提示又は提出の要求に応じることができるようにしている」については、税務調査等の際に、税務職員の求めに応じ、その電磁的記録（電子データ）を出力することにより作成した書面の提示又は提出に応じていただく必要があります。

　なお、令和3年度の税制改正前（令和4年1月1日前）においては、電子取引の取引情報に係る電子データを出力することにより作成した書面については、その取引情報の受領が書面により行われたとした場合又はその取引情報の送付が書面により行われ、その写しが作成されたとした場合に、国税に関する法律の規定により、その書面を保存すべきこととなる場所に、その書面を保存すべきこととなる期間、保存を行うこととされていました。令和4年度の税制改正で整備された宥恕措置により、税務調査等の際に、税務職員の求めに応じて提示又は提出をしていただく必要がある書面についても、令和3年度の税制改正前の取扱いや、その提示又は提出を遅滞なく行っていただく必要があることを踏まえると、税務調査等が行われうる期間、適正な場所で保存を行っていただく必要があります。

問60－5　やむを得ない事情が認められ、かつ、出力することにより作成した書面の提示又は提出に応じることができれば、電子データによる保存をしていなくても要件違反にならないとのことですが、事前に税務署への申請等をすることは必要でしょうか。

【回答】

　やむを得ない事情の有無や出力された書面については、必要に応じて税務調査等の際に確認することとしており、事前に税務署への申請等をすることは必要ありません。

問61　電子取引について、税務署長が「要件に従って保存することができなかったことについて相当の理由がある」と認める場合に、出力書面の提示又は提出の求めに応じることができるようにしているときは、保存時に満たすべき要件が不要となる旨の規定が設けられていますが、どのような場合がここでいう相当の理由があると認められることとなりますか。

【回答】

　令和5年度の税制改正において創設された新たな猶予措置の「相当の理由」とは、例えば、その電磁的記録そのものの保存は可能であるものの、保存時に満たすべき要件に従って保存するためのシステム等や社内のワークフローの整備が間に合わない等といった、自己の責めに帰さないとは言い難いような事情も含め、要件に従って電磁的記録の保存を行うための環境が整っていない事情がある場合については、この猶予措置における「相当の理由」があると認められ、保存時に満たすべき要件に従って保存できる環境が整うまでは、そうした保存時に満たすべき要件が不要となります。

　ただし、システム等や社内のワークフローの整備が整っており、電子取引の取引情報に係る電磁的記録を保存時に満たすべき要件に従って保存できるにもかかわらず、資金繰りや人手不足等の理由がなく、そうした要件に従って電磁的記録を保存していない場合には、この猶予措置の適用は受けられないことになります（取扱通達7-12）。

　なお、この猶予措置の適用を受けるに当たり税務署への事前申請等の手続は必要ありません。

【解説】

　令和4年度の税制改正において、その電子データの保存時に満たすべき要件への対応が困難な事業者の実情に配意し、引き続きその出力書面等による保存を可能とするための措置（宥恕措置）が講じられていましたが、この宥恕措置については、適用期限（令和5年12月31日）の到来をもって廃止されました。

　ただし、令和6年1月以降においても、システム等や社内のワークフローの整備が間に合わない等といった事業者が一定数見込まれており、こうした状況を踏まえ、税務署長が相当の理由があると認め、かつ、保存義務者が税務調査等の際に、税務職員からの求めに応じ、その電子データ及びその電子データを出力することにより作成した書面（以下「出力書面」といいます。）の提示又は提出をすることができる場合には、その保存時に満たすべき要件にかかわらず電子データの保存が可能とされ、柔軟に電子データの保存を認めることのできる措置（猶予措置）が電子帳簿等保存制度に位置付けられました。

　なお、本取扱いについては、その電子データの保存に代えてその出力書面のみを保存する対応は認められず、猶予措置の適用を受ける場合には、電子データ自体を保存するとともに、その電子データ及び出力書面について提示又は提出をすることができる必要があることにご留意ください（取扱通達7-13）。

（参考1）

　規則第4条第3項後段において「要件に従って保存することができなかったことについて相当の理由」がなかったとした場合において、保存時に満たすべき要件に従って電子データの保存をすることができなかったと認められるときは、この限りではないとされています。この規定が適用される場面としては、例えば、令和6年1月1日以後に行う電子取引の取引情報について電子帳簿保存法による保存時に満たすべき要件に従って電子データの保存を行わないことを明らかにしている場合等が該当します。

（参考2）

　令和4年度の税制改正で経過措置として整備された宥恕措置（令和5年12月31日までに行う電子取引が対象）について、税務署長がやむを得ない事情があると認める場合の「やむを得ない事情」とは、本取扱いと異なり、電子データの保存に係るシステム等や社内でのワークフローの整備未済等、保存時に満たすべき要件に従って電磁的記録の保存を行うための準備を整えることが困難であることをいい（【問60-3】参考）、この経過措置の適用に当たっては、その電子取引の取引情報に係る電子データを保存時に満たすべき要件に従って行うことができなかったことについてやむを得ない事情があると認められ、かつ、その電子データの出力書面（整然とした形式及び明瞭な状態で出力されたものに限ります。）の提示又は提出

の求めに応じることができるようにしている場合には、その出力書面等の保存をもってその電子データの保存を行っているものとして取り扱って差し支えないものとされていました。

★問62　税務署長が「要件に従って保存することができなかったことについて相当の理由がある」と認めた場合には、その後に行った電子取引の全てについて、保存時に満たすべき要件が不要になるのでしょうか。

【回答】

　取扱通達7−12に記載されたような事情が継続している限り、「要件に従って保存することができなかったことについて相当の理由がある」と認められ、保存時に満たすべき要件にかかわらず電子データの保存をすることが認められます。

　ただし、保存時に満たすべき要件に従って保存するためのシステム等や社内のワークフローの整備が間に合わない等といった事情が解消された後に行う電子取引データの保存については、「要件に従って保存することができなかったことについて相当の理由がある」とは認められませんので、事情が解消された後に行う電子取引については、保存時に満たすべき要件に従った電子データの保存ができるよう準備していただく必要があります。

【解説】

　令和5年度の税制改正で整備された猶予措置では、税務署長が「要件に従って保存することができなかったことについて相当の理由がある」と認めた場合には、その「要件に従って保存することができなかったこと」が解消されるまでの間は保存時に満たすべき要件にかかわらず電子データの保存をすることができますが、当該事情が解消された後に行う電子取引には、当然適用されません。

　（参考1）

　　規則第4条第3項前段の規定は、税務署長が「要件に従って保存することができなかったことについて相当の理由がある」と認めた場合には、電子取引の取引情報に係る電磁的記録の保存時に満たすべき要件を満たさなくても保存ができることを規定したものであり、保存義務が免除されているものではありません（【問60】参照）。

　（参考2）

　　この猶予措置の適用にあたっては、保存時に満たすべき要件に従って保存をすることができなかったことに関する相当の理由を確認させていただく場合もありますが、仮に税務調査等の際に、税務職員から確認等があった場合には、各事業者における対応状況や今後の見通しなどを具体的にご説明いただければ差し支えありません。

問63　これまで原則的な保存時に満たすべき要件に従って電子取引のデータ保存をしていましたが、今後システム更改を予定しており、新システムでは検索要件を備えた上でデータ保存をすることが困難な状況となります。この場合は、税務署長が「要件に従って保存することができなかったことについて相当の理由がある」と認めた場合に該当して規則第4条第3項の規定の適用はありますか。

【回答】

　令和5年度の税制改正以前から、保存時に満たすべき要件に従って適切に電子取引のデータ保存ができており、特段の事情なく、その後のシステム更改によって検索要件を満たすことができなくなった場合については、「要件に従って保存することができなかったことについて相当の理由がある」と認められませんので、規則第4条第3項の規定の適用はありません。

【解説】

　問61【解説】のとおり、令和5年度の税制改正で措置された猶予措置については、令和6年1月以降においても、システム等や社内のワークフローの整備が間に合わない等といった事業者が一定数見込まれる状況を踏まえ、その電子データの保存時に満たすべき要件への対応が困難な事業者の実情に配意した措置であることから、既に原則的な保存時に満たすべき要件に従って電子取引のデータ保存が可能である事業者については、この猶予措置の対象とはなりません。

ただし、既に原則どおり対応している事業者であっても、事業規模の大幅な変更などの事業実態の変化があり、資金繰りや人手不足等の理由があって要件に従って保存することができなかった場合は「要件に従って保存することができなかったことについて相当の理由がある」と認めた場合に該当すると考えられますので、この猶予措置の対象となります。

なお、この猶予措置の適用にあたっては、仮に税務調査等の際に税務職員から確認等があった場合には、新システムでの対応状況や今後の更改予定などを具体的にご説明いただければ差し支えありません。

いずれにしても、事業者の皆様におかれては、令和6年1月1日以後に行う電子取引の取引情報に係る電磁的記録については、実情に応じて、適切な保存のための必要な準備をお願いします。

問64 令和6年1月1日以後に行う電子取引の取引情報については、検索機能の確保の要件が不要とされる「電磁的記録を出力した書面であって、取引年月日その他の日付及び取引先ごとに整理されたものの提示若しくは提出の要求に応じることができる」ようにして保存していましたが、書類の保存スペースの関係から、電磁的記録を出力した書面を廃棄して電子データのみを保存することを検討しています。この場合は、税務署長が「要件に従って保存することができなかったことについて相当の理由がある」と認めた場合に該当して規則第4条第3項の規定の適用はありますか。

【回答】

令和5年度の税制改正後の要件（規則第4条第1項に規定されている保存時に満たすべき要件）に従って適切に電子取引のデータ保存ができていたにもかかわらず、その後、特段の事情もなく書類の保存スペースの関係から電磁的記録を出力した書面を破棄したことにより「電磁的記録を出力した書面であって、取引年月日その他の日付及び取引先ごとに整理されたものの提示若しくは提出の要求に応じること」ができず、その要件を満たすことができなくなった場合については、「要件に従って保存することができなかったことについて相当の理由がある」と認められませんので、規則第4条第3項の規定の適用はありません。

【解説】

問61【解説】のとおり、令和5年度の税制改正で措置された猶予措置については、令和6年1月以降においても、システム等や社内のワークフローの整備が間に合わない等といった事業者が一定数見込まれる状況を踏まえ、その電子データの保存時に満たすべき要件への対応が困難な事業者の実情に配意した措置であることから、令和5年度の税制改正後の保存時に満たすべき要件に従って適切に電子取引のデータ保存が可能である事業者が、特段の事情なく検索要件を満たすことができなくなった場合については、この猶予措置の対象とはなりません。

ただし、書類の保存スペースの関係から電磁的記録を出力した書面を破棄する場合について、事後的に以下の要件を満たす検索機能を確保（【問42】参照）したうえで、電磁的記録を出力した書面の廃棄と引き換えに電子データのみを保存していた場合は、検索機能の要件を確保していることになります。

⑴ 取引年月日その他の日付、取引金額及び取引先を検索の条件として設定することができること。

⑵ 日付又は金額に係る記録項目については、その範囲を指定して条件を設定することができること。

⑶ 二以上の任意の記録項目を組み合わせて条件を設定することができること。

（注） 電磁的記録を出力した書面をスキャナ保存することは認められません（【問67】参考）。

★ 問65　相当の理由が認められ、かつ、電子データ及びその電子データを出力した書面（整然とした形式及び明瞭な状態で出力されたものに限ります。）の提示又は提出の求めに応じることができれば、保存時に満たすべき要件に従った電子データの保存をしていなくても要件違反にならないとのことですが、「整然とした形式及び明瞭な状態で出力されたもの」とはどのようなものでしょうか。また、「保存義務者が国税に関する法律の規定による当該電磁的記録及び当該電磁的記録を出力することにより作成した書面…の提示若しくは提出の要求に応じることができるようにしている」とありますが、具体的にはどのような対応が求められるのでしょうか。

【回答】

　　規則第2条第2項第2号において、電磁的記録の画面及び書面への出力は「整然とした形式及び明瞭な状態で、速やかに出力することができる」必要があると規定されており、規則第4条第3項の規定における「整然とした形式及び明瞭な状態で出力された書面」についても、同号における「整然とした形式及び明瞭な状態」と同様に、書面により作成された場合に準じた規則性を有する形式で出力され、かつ、出力された文字を容易に識別することができる状態をいいます。

　　また、「保存義務者が国税に関する法律の規定による当該電磁的記録及び当該電磁的記録を出力することにより作成した書面…の提示若しくは提出の要求に応じることができるようにしている」については、税務調査等の際に、税務職員の求めに応じ、電子データ及びその電子データを出力することにより作成した書面の提示又は提出（以下「提示等」といいます。）をしていただく必要があります。

　　なお、猶予措置の適用を受ける際の出力書面の整理方法については、法令上特段の規定はされていませんが、税務職員の求めに応じて提示等をしていただく必要がある書面については、その提示等を遅滞なく行っていただく必要があることを踏まえれば、例えば書面で保存している国税関係書類と同様に整理する方法で整理しておく等、税務職員の求めに応じて遅滞なく提示等ができるように、適切に管理しておくことが望ましいと考えられます。

【解説】

　　規則第4条第3項に規定する、「整然とした形式及び明瞭な状態」とは、書面により作成される場合に準じた規則性を有する形式で出力され、かつ、出力される文字を容易に識別することができる状態をいいます。

　　また、「保存義務者が国税に関する法律の規定による当該電磁的記録及び当該電磁的記録を出力することにより作成した書面…の提示若しくは提出の要求に応じることができるようにしている」については、税務調査等の際に、税務職員の求めに応じ、その電磁的記録（電子データ）及びその電子データを出力することにより作成した書面の提示等に応じていただく必要があります。

　　なお、令和5年度の税制改正後の保存時に満たすべき要件については、その電子データの保存に代えてその電子データを出力することにより作成した書面による保存をすることは認められないことになりますので、令和6年1月1日以後に行う電子取引については、電子データそのものの保存が必要となります。

問66　電子取引の取引情報に係る電磁的記録について保存時に満たすべき要件を満たして保存できないため、全て書面等に出力して保存していますが、これでは保存義務を果たしていることにはならないため青色申告の承認が取り消されてしまうのでしょうか。また、その電磁的記録や書面等は税務調査においてどのように取り扱われるのでしょうか。

【回答】

　　令和4年1月1日から令和5年12月31日までの間に電子取引を行う場合には、授受した電子データについて要件に従って保存をすることができないことについて、納税地等の所轄税務署長がやむを得ない事情があると認め、かつ、保存義務者が税務調査等の際に、税務職員からの求めに応じ、その電子データを整然とした形式及び明瞭な状態で出力した書面の提示又は提出をすることができる場合には、その保存時に満たすべき要件にかかわらず電子データの保存が可能となり、また、その電子データの保存に代えてその電子データを出力すること

により作成した書面による保存をすることも認められます（【問60－3】参照。）。

　令和6年1月1日以後に行う電子取引の取引情報に係る電磁的記録については、その電磁的記録を出力した書面等による保存をもって、当該電磁的記録の保存に代えることはできません。したがって、災害その他やむを得ない事情又は税務署長が相当の理由があると認める事由がなく、その電磁的記録が保存時に満たすべき要件に従って保存されていない場合は、青色申告の承認の取消対象となり得ます。

　なお、青色申告の承認の取消しについては、違反の程度等を総合勘案の上、真に青色申告書を提出するにふさわしくないと認められるかどうか等を検討した上、その適用を判断しています。

　また、その電磁的記録を要件に従って保存していない場合やその電磁的記録を出力した書面等を保存している場合については、その電磁的記録や書面等は、国税関係書類以外の書類とみなされません。

　ただし、その申告内容の適正性については、税務調査において、納税者からの追加的な説明や資料提出、取引先の情報等を総合勘案して確認することとなります。

【解説】

　電子取引の取引情報に係る電磁的記録については、法第7条の規定により保存義務が課されていることから、その電磁的記録を保存する必要があります。そして、電子取引の取引情報に係る電磁的記録について要件を満たさず保存している場合や、その電磁的記録の保存に代えて書面出力を行っていた場合（※）には、保存すべき電磁的記録の保存がなかったものとして、青色申告の承認の取消の対象となり得ますので注意してください。

※　令和3年度の税制改正前の電子取引の取引情報に係る電磁的記録を書面等に出力することにより保存を認める取扱いは廃止されています。

　なお、青色申告の承認の取消しについては、保存時に満たすべき要件の違反があったことをもって直ちに必ず行われるものではなく、「個人の青色申告の承認の取消しについて（事務運営指針）」「法人の青色申告の承認の取消しについて（事務運営指針）」に基づき、真に青色申告書を提出するにふさわしくないと認められるかどうか等を検討した上で行うこととしています。

　また、電磁的記録を要件に従って保存していない場合やその電磁的記録を出力した書面を保存している場合（※）において、その要件に従って保存がされていない電磁的記録や出力した書面等については、他者から受領した電子データとの同一性が担保されないことから国税関係書類以外の書類とみなされません。

※　令和5年度の税制改正において、税務職員の求めに応じ、出力した書面を取引年月日その他の日付及び取引先ごとに整理されたものの提示又は提出できるようにしており、その電磁的記録を提示又は提出できるようにしている場合は、検索機能の確保は不要とする措置が講じられましたが、この取扱いを受ける場合であっても、出力した書面だけではなく、その基となった電磁的記録についても保存する必要があります。

　ただし、その申告内容の適正性については、税務調査において納税者からの追加的な説明や資料提出、取引先の情報等を総合勘案して確認することとなります。

　なお、消費税に係る保存義務者が行う電子取引の取引情報に係る電磁的記録の保存については、その保存の有無が税額計算に影響を及ぼすことなどを勘案して、引き続き、その電磁的記録を出力した書面による保存が可能とされています。

（注）電子取引の取引情報に係る電磁的記録の保存義務に関する今般の改正を契機として、電子データの一部を保存せずに書面を保存していた場合には、その事実をもって青色申告の承認が取り消され、税務調査においても経費として認められないことになるのではないかと心配している方が見られます。

　　　しかし、これらの取扱いについては、従来と同様に、例えば、その取引が正しく記帳されて申告にも反映されており、保存すべき取引情報の内容が書面を含む電子データ以外から確認できるような場合には、それ以外の特段の事由が無いにもかかわらず、直ちに青色申告の承認が取り消されたり、金銭の支出がなかったものと判断されたりするものではありません。

問67　電子取引の取引情報に係る電磁的記録を出力した書面をスキャナ保存することは認められますか。

【回答】

認められません。

【解説】

令和3年度の税制改正においては、税務手続の電子化を進める上での電子取引の重要性に鑑み、他者から受領した電子データとの同一性が十分に確保できないことから、真実性確保のための要件（改ざん防止措置）が課されていない出力書面等による保存措置が廃止されたところであり、この出力書面による保存自体が電子帳簿保存法上の保存方法とならないこととなりますので、当然、その出力書面をスキャナ保存することも電子帳簿保存法上の保存方法とはならないこととなります。

ただし、電子帳簿保存法に従った電子データの保存が適切に行われている前提で、それとは別に各納税者が社内経理の便宜などのために書面への出力を行うことや、スキャナで読み取るなどの処理を行うこと自体を禁止するものではありません。

（注）上記は、令和4年度税制改正における経過措置として整備された宥恕措置や令和5年度税制改正において整備された猶予措置を踏まえて出力されている書面についても同様です。これは、令和4年度税制改正における当該宥恕措置や令和5年度税制改正における当該猶予措置では、法令上、出力書面について税務職員の求めに応じて提示・提出できることが要件のひとつとされており、その保存は求められていないためです。

問68　私は、勤務先から支払われている給与のほか、副業として行っている講演・原稿執筆から得ている雑所得を有しています。これらの雑所得を生ずる活動については、相手方等との一切のやりとりを電子メール・ウェブサイト上で行っていますが、法第7条の規定に基づき、その取引情報に係る電子データを保存しなければなりませんか。

【回答】

所得税法上、ある年の雑所得を生ずべき業務に係る収入金額について、前々年の金額が300万円を超える場合には、その業務に関してやりとりした請求書・領収書等（以下「現金預金取引等関係書類」といいます。）を保存する必要があります。

副業として行っている講演・原稿執筆等は、ここでいう雑所得を生ずべき業務に該当することから、その業務に関する現金預金取引等関係書類の保存義務があるため、それを電子データで授受した場合には、法第7条の規定に基づいて当該電子データを保存する必要があります。

【解説】

令和2年度の税制改正により、所得税法上、一定の雑所得に係る請求書・領収書等（現金預金取引等関係書類）の保存義務が創設されました（所法232②）。

お尋ねのあった取引のうち、副業として行っている講演・原稿執筆等については、所得税法上、雑所得を生ずべき業務に含まれると解されており、所得税法の当該規定によって現金預金取引等関係書類の保存義務がある方は、法第2条第4号の保存義務者に該当することから、法第7条の規定に基づいてその取引情報に係る電子データを保存しなければなりません。

もっとも、所得税法の当該規定によって現金預金取引等関係書類の保存義務がある者が保存すべき電子データの範囲は、法第7条の趣旨を踏まえると、現金預金取引等関係書類に通常記載される事項に係る電子データとして授受したものに限定して差し支えありません（取扱通達7-15参照）。

付録4

電子帳簿保存法一問一答
（電子計算機を使用して作成する帳簿書類関係）

　付録4では、電子帳簿保存法一問一答の「電子計算機を使用して作成する帳簿書類関係」を掲載しています。

国税庁ホームページ
電子帳簿保存法について
https://www.nta.go.jp/law/joho-zeikaishaku/sonota/jirei/index.htm

目　　次

【電子計算機を使用して作成する帳簿関係】

【電子計算機を使用して作成する書類関係】

Ⅲ　優良な電子帳簿に係る過少申告加算税の軽減措置
【基本的事項】

用語の意義

本一問一答において、次に掲げる用語の意義は、それぞれ次に定めるところによる。

法・・・・・・・・・・・・・・・・・・・・・・	電子計算機を使用して作成する国税関係帳簿書類の保存方法等の特例に関する法律をいう。
令３改正法・・・・・・・・・・・・・・・	所得税法等の一部を改正する法律（令和３年３月 31 日法律第 11 号）をいう。
規則・・・・・・・・・・・・・・・・・・・・・	電子計算機を使用して作成する国税関係帳簿書類の保存方法等の特例に関する法律施行規則をいう。
令５改正規則・・・・・・・・・・・・・	電子計算機を使用して作成する国税関係帳簿書類の保存方法等の特例に関する法律施行規則の一部を改正する省令（令和５年財務省令第 22 号）をいう。
取扱通達・・・・・・・・・・・・・・・・・	平成 10 年５月 28 日付法５－４ほか６課共同「電子帳簿保存法取扱通達の制定について」（法令解釈通達）をいう。
国税・・・・・・・・・・・・・・・・・・・・・	法第２条第１号（（定義））に規定する国税をいう。
国税関係帳簿書類・・・・・・・・・・	法第２条第２号（（定義））に規定する国税関係帳簿書類をいう。
国税関係帳簿・・・・・・・・・・・・・	法第２条第２号（（定義））に規定する国税関係帳簿をいう。ただし、法第４条関係及び第８条関係においては、規則２条第１項に定めるものを除いたものをいう。
国税関係書類・・・・・・・・・・・・・	法第２条第２号（（定義））に規定する国税関係書類をいう。
電磁的記録・・・・・・・・・・・・・・・	法第２条第３号（（定義））に規定する電磁的記録をいう。
保存義務者・・・・・・・・・・・・・・・	法第２条第４号（（定義））に規定する保存義務者をいう。
電子取引・・・・・・・・・・・・・・・・・	法第２条第５号（（定義））に規定する電子取引をいう。
特例国税関係帳簿・・・・・・・・・・	規則第５条第１項（（軽減された過少申告加算税の対象となる国税関係帳簿））に規定する特例国税関係帳簿をいう。
優良な電子帳簿・・・・・・・・・・・	法第４条第１項（（国税関係帳簿の電磁的記録による保存等））に規定する国税関係帳簿に係る電磁的記録の備付け及び保存をもって当該国税関係帳簿の備付け及び保存に代える電子帳簿のうち、規則第５条第５項の要件を全て満たした電子帳簿をいう。
スキャナ保存・・・・・・・・・・・・・	法第４条第３項前段（（国税関係書類の電磁的記録による保存））の適用を受けている国税関係書類に係る電磁的記録による保存をいう。
スキャン文書・・・・・・・・・・・・・	法第４条第３項前段（（国税関係書類の電磁的記録による保存））の適用を受けて書面による保存に代えて一定の要件の下でスキャナで読み取って作成した電子化文書をいう。

Ⅰ　通則
【制度の概要等】

★　問1　電子帳簿保存法はどのような内容となっていますか。

【回答】

　　電子帳簿保存法(電子計算機を使用して作成する国税関係帳簿書類の保存方法等の特例に関する法律)の概要は次のとおりです。

⑴　国税関係帳簿書類のうち電子計算機を使用して作成している国税関係帳簿書類については、一定の要件の下で、電磁的記録等(電磁的記録又は電子計算機出力マイクロフィルム(以下「ＣＯＭ」といいます。))による保存等(国税関係帳簿の場合には備付け及び保存をいいます。以下同様となります。)が認められます(法4①②、5)。

　　また、取引の相手先から受け取った請求書等及び自己が作成したこれらの写し等の国税関係書類(決算関係書類を除きます。)について、書面による保存に代えて、一定の要件の下で、スキャン文書による保存が認められます(法4③)。

⑵　所得税(源泉徴収に係る所得税を除きます。)及び法人税の保存義務者がいわゆるＥＤＩ取引やインターネットを通じた取引等の電子取引を行った場合には、電子取引により授受した取引情報(注文書、領収書等に通常記載される事項)を電磁的記録により保存しなければなりません(法7)。

【解説】

　　電子帳簿保存法は、納税者の国税関係帳簿書類の保存に係る負担の軽減等を図るために、その電磁的記録等による保存等を容認しようとするものですが、納税者における国税関係帳簿書類の保存という行為が申告納税制度の基礎をなすものであることに鑑み、適正公平な課税の確保に必要な一定の要件に従った形で、電磁的記録等の保存等を行うことが条件とされています。

　　また、所得税法及び法人税法では、取引に関して相手方から受け取った注文書、領収書等や相手方に交付したこれらの書類の写しの保存義務が定められていますが、同様の取引情報を電子取引により授受した場合には、この注文書、領収書等の原始記録の保存が行われない結果となりかねない状況にあったため、電子帳簿保存法において、新たに電子取引により授受した取引情報について保存義務が設けられています。

　　令和3年度の税制改正では、経済社会のデジタル化を踏まえ、経理の電子化による生産性の向上、記帳水準の向上等に資するため、国税関係帳簿書類の電磁的記録による保存等の手続及び要件について抜本的な見直しが行われ、電子取引により授受した取引情報の保存方法等についても見直しが行われています。

　　なお、スキャナ保存に関しては、別冊「電子帳簿保存法一問一答【スキャナ保存関係】」、電子取引による保存に関しては、別冊「電子帳簿保存法一問一答【電子取引関係】」において解説します。

国税関係帳簿又は国税関係書類の保存方法の可否

		紙　保　存		電子データ・COM保存 （一貫して電子作成）		スキャナ保存 （紙→スキャナ）	
帳　簿		○	原則 所法148・法法126等	◎	特例 電帳法4① <small>最低限の要件：電子計算機処理システムの概要書等の備付け等</small>	×	―
書類	受領	○	原則 所法148・法法126等	―		◎	特例（要件充足） 電帳法4③前段 <small>真実性・可視性の要件：タイムスタンプ等</small>
						△	特例（要件不充足・紙原本の保存なし） 電帳法4③後段
	発行 （控）	○	原則 所法148・法法126等	◎	特例 電帳法4② <small>最低限の要件：電子計算機処理システムの概要書等の備付け等</small>	◎	特例（要件充足） 電帳法4③前段 <small>真実性・可視性の要件：タイムスタンプ等</small>
						△	特例（要件不充足・紙原本の保存なし） 電帳法4③後段

○：所得税法、法人税法等で保存が義務付けられているもの
◎：電子帳簿保存法での保存が可能なもの
△：電子帳簿保存法で保存が義務付けられているもの
×：保存が認められないもの

帳簿書類等の保存方法

【種類】	【作成方法】	【 保 存 方 法 】

【電帳法4条（5条）による保存】

帳　簿
仕訳帳
現金出納帳
売掛金元帳
固定資産台帳
売上帳
仕入帳　など

自己が最初から一貫して
コンピュータで作成
⇒ 出力した紙 or オリジナルの電子データ（法4①） or COM（電子計算機出力マイクロフィルム）（法5①）

そ　の　他
（手書きで作成など）
⇒ オリジナルの紙

書　類
棚卸表
貸借対照表
損益計算書
注文書
契約書
領収書　など

発行（控）
受領

自己が一貫して
コンピュータで作成
⇒ 出力した紙 or オリジナルの電子データ（法4②） or COM（電子計算機出力マイクロフィルム）（法5②）

そ　の　他
⇒ オリジナルの紙 or スキャンした電子データ（法4③前段）　※ 一定の保存要件等有

【7条による保存】

電 子 取 引 ※ の 取 引 情 報
（取引に関して受領し、又は交付する注文書、契約書、送り状、領収書、見積書その他これらに準する書類に通常記載される事項）
⇒ オリジナルの電子データ（法7）　※ 一定の保存要件等有

※　取引情報の授受を電磁的方法により行う取引をいう。

付録4　電子帳簿保存法一問一答（電子計算機を使用して作成する帳簿書類関係）

○ 帳簿書類の形態別保存の可否一覧（法人税関係）

区分	形態			1年目	2年目	3年目	4年目	5年目	6年目	7年目	備考
帳簿	紙			◎	◎	◎	◎	◎	◎	◎	電子帳簿保存法4①
	電磁的記録			◎	◎	◎	◎	◎	◎	◎	電子帳簿保存法5①③（令和4年1月1日より前に備付けを開始したもの又は同日において現に4①の承認を受けているものにあって、5③により保存が行われるものについては税務署長の承認が必要）
	マイクロフィルム	COM		×	×	×	×	×	◎	◎	法人税法施行規則第59条第3項等に規定する保存の方法（平成24年財務省告示第26号）等
		撮影		×	×	×	×	×	◎	◎	電子帳簿保存法第7条・データにより保存しなければならない
	スキャナ文書	速やかに入力		×	×	×	×	×	×	×	
		業務サイクル後速やかに入力		×	×	×	×	×	×	×	電子帳簿保存法4③
		適時に入力		×	×	×	×	×	×	×	
書類	相手方発行分 注文書・請求書・契約書・領収書など	紙		◎	◎	◎	◎	◎	◎	◎	電子帳簿保存法4②
		電磁的記録 電子的取引のデータ		◎	◎	◎	◎	◎	◎	◎	電子帳簿保存法5②③（令和4年1月1日より前に現に4②の承認を受けているものであって、5③により保存が行われるものについては税務署長の承認が必要）
		マイクロフィルム	COM	×	×	×	×	×	◎	◎	法人税法施行規則第59条第3項等に規定する保存の方法（平成24年財務省告示第26号）等
			撮影	×	×	×	×	×	◎	◎	電子帳簿保存法第7条・データにより保存しなければならない
		スキャナ文書	速やかに入力	◎	◎	◎	◎	◎	◎	◎	電子帳簿保存法4③
			業務サイクル後速やかに入力	◎	◎	◎	◎	◎	◎	◎	
			適時に入力	△	△	△	△	△	△	△	
	自己発行分（写し）	紙		◎	◎	◎	◎	◎	◎	◎	電子帳簿保存法4②
		電磁的記録 電子的取引のデータ		◎	◎	◎	◎	◎	◎	◎	電子帳簿保存法5②③（令和4年1月1日より前に現に4②の承認を受けているものであって、5③により保存が行われるものについては税務署長の承認が必要）
		マイクロフィルム	COM	×	×	×	×	×	◎	◎	法人税法施行規則第59条第3項等に規定する保存の方法（平成24年財務省告示第26号）等
			撮影	×	×	×	×	×	◎	◎	電子帳簿保存法第7条・データにより保存しなければならない
		スキャナ文書	速やかに入力	○	○	○	○	○	○	○	電子帳簿保存法4③
			業務サイクル後速やかに入力	○	○	○	○	○	○	○	
			適時に入力	△	△	△	△	△	△	△	
	棚卸表 貸借対照表 損益計算書 など	紙		◎	◎	◎	◎	◎	◎	◎	電子帳簿保存法4②
		電磁的記録		◎	◎	◎	◎	◎	◎	◎	電子帳簿保存法5②③（令和4年1月1日より前に現に4②の承認を受けているものであって、5③により保存が行われるものについては税務署長の承認が必要）
		マイクロフィルム	COM	×	×	×	×	×	◎	◎	法人税法施行規則第59条第3項等に規定する保存の方法（平成24年財務省告示第26号）等
		スキャナ文書	速やかに入力	×	×	×	×	×	×	×	
			業務サイクル後速やかに入力	×	×	×	×	×	×	×	
			適時に入力	×	×	×	×	×	×	×	

（注）表中の「◎」、「○」、「△」、「×」についてはそれぞれ以下のことを示す。
「◎」は当該の帳簿又は書類の全てについて該当の形態で保存ができること。
「○」は当該の書類のうち資金や物の流れに直結・連動する書類（契約書、領収書、請求書等）について該当の形態で保存ができること。
「△」は当該の書類のうち資金や物の流れに直結・連動しない書類（見積書、注文書、契約の申込書（定型的約款のあるもの）、検収書等）について該当の形態で保存ができること。
「×」は当該の帳簿又は書類につき該当の形態での保存ができないこと。

○ 帳簿書類の形態別保存の可否一覧（所得税関係）（注1）

区分	形態		1年目	2年目	3年目	4年目	5年目	6年目 (注2、注3)	7年目 (注2、注3)	備考
帳簿	紙	電磁的記録	◎	◎	◎	◎	◎	◎	◎	電子帳簿保存法4①
		COM	◎	◎	◎	◎	◎	◎	◎	電子帳簿保存法5②③（令和4年1月1日より前に備付けを開始したもの又は同日において現に４②の承認を受けているものであって、5③により保存が行われるものについては税務署長の承認が必要）／所得税法施行規則第63条第5項等に規定する保存の方法（平成27年財務省告示第147号）等
	マイクロフィルム	撮影	×	×	×	×	×	◎	◎	所得税法施行規則第63条第5項等に規定する保存の方法（平成27年財務省告示第147号）等
	スキャナ文書	速やかに入力	×	×	×	×	×	×	×	電子帳簿保存法第7条・データにより保存しなければならない
		業務サイクル後速やかに入力	×	×	×	×	×	×	×	
		適時に入力	×	×	×	×	×	×	×	
書類（注文書・請求書・契約書・領収書など）相手方発行分	紙	電磁的記録	◎	◎	◎	◎	◎	◎	◎	電子帳簿保存法4②
		COM	−	−	−	−	−	−	−	電子帳簿保存法5②③（令和4年1月1日より前に保存が行われたもの又は同日において現に４②の承認を受けているものであって、5③により保存が行われるものについては税務署長の承認が必要）
	マイクロフィルム	撮影	×	×	△	△	△	◎	◎	所得税法施行規則第63条第5項等に規定する保存の方法（平成27年財務省告示第147号）等
	電子的取引のデータ		◎	◎	◎	◎	◎	◎	◎	電子帳簿保存法第7条・データにより保存しなければならない
	スキャナ文書	速やかに入力	◎	◎	◎	◎	◎	◎	◎	
		業務サイクル後速やかに入力	◎	◎	◎	◎	◎	◎	◎	
		適時に入力	△	△	△	△	△	△	△	
自己発行分（写し）	紙	電磁的記録	◎	◎	◎	◎	◎	◎	◎	電子帳簿保存法4②
		COM	◎	◎	◎	◎	◎	◎	◎	電子帳簿保存法5②③（令和4年1月1日より前に保存が行われたもの又は同日において現に４②の承認を受けているものであって、5③により保存が行われるものについては税務署長の承認が必要）
	マイクロフィルム	撮影	×	×	×	×	×	◎	◎	所得税法施行規則第63条第5項等に規定する保存の方法（平成27年財務省告示第147号）等
	電子的取引のデータ		◎	◎	◎	◎	◎	◎	◎	電子帳簿保存法第7条・データにより保存しなければならない
	スキャナ文書	速やかに入力	◎	◎	◎	◎	◎	◎	◎	
		業務サイクル後速やかに入力	◎	◎	◎	◎	◎	◎	◎	
		適時に入力	△	△	△	△	△	△	△	
棚卸表・貸借対照表・損益計算書など	紙	電磁的記録	◎	◎	◎	◎	◎	◎	◎	電子帳簿保存法4②
		COM	◎	◎	◎	◎	◎	◎	◎	電子帳簿保存法5②③（令和4年1月1日より前に保存が行われたもの又は同日において現に４②の承認を受けているものであって、5③により保存が行われるものについては税務署長の承認が必要）
	マイクロフィルム	撮影	×	×	×	×	×	◎	◎	所得税法施行規則第63条第5項等に規定する保存の方法（平成27年財務省告示第147号）等
	スキャナ文書	速やかに入力	×	×	×	×	×	×	×	
		業務サイクル後速やかに入力	×	×	×	×	×	×	×	
		適時に入力	×	×	×	×	×	×	×	

（注）1　表中の「◎」、「○」、「△」、「×」については、それぞれ以下のことを示す。
　「◎」は該当の帳簿又は書類の全てについて該当の形態で保存することができること。
　「○」は該当の書類のうち金銭又は物の流れに直結・連動する書類（契約書、領収書、請求書（見積書、注文書、契約の申込書等）について該当の形態で保存ができること。
　「△」は該当の書類のうち該当の形態での保存ができる一部の書類（定型的約款のあるもの、端末装置等）について該当の形態で保存ができること。
　「×」は該当の帳簿又は書類につき該当の形態での保存ができないこと。
2　白色申告者については、帳簿のうち収入金額及び必要経費を記載した帳簿の保存期間は5年とされている。
　　青色申告者については、書類のうち、決算関係書類及び現金預金等取引関係書類以外の関係書類の保存期間は5年とされている。
3　なお、前々年分所得が300万円以下の青色申告者については、現金預金等取引関係書類については、保存期間は5年とされている。

問2	電磁的記録とは、どのようなものをいいますか。

【回答】

　法第2条第3号の「電磁的記録」とは、情報（データ）それ自体あるいは記録に用いられる媒体のことではなく、一定の媒体上にて使用し得る（一定の順序によって読みだすことができる）情報が記録・保存された状態にあるものをいいます（取扱通達4-1）。

　具体的には、情報がハードディスク、コンパクトディスク、ＤＶＤ、磁気テープ、クラウド（ストレージ）サービス等に記録・保存された状態にあるものをいいます。

問3	市販の会計ソフトを使って経理処理や申告書の作成などを行っている場合には、国税関係帳簿書類の電磁的記録等による保存等は認められますか。

【回答】

　市販の会計ソフトを使用し、ディスプレイやシステムの概要書等を備え付けること等の法令で定められた要件を満たしている場合には、紙による保存等に代えて、電磁的記録等による保存等を行うことが認められます。

　なお、電磁的記録等による保存等を行う場合の具体的な要件については【問7】をご覧ください。

【解説】

　国税関係帳簿書類は申告納税制度の基礎となる重要なものであるため、その電磁的記録等による保存等は、適正公平な課税が損なわれることがないように法令で定められた要件を満たした場合に限り認められてきましたが、令和3年度の税制改正によりその要件が大幅に緩和されました。

　そのため、市販の会計ソフトを使用して、見読可能装置（ディスプレイ等）やシステムの開発関係書類（システムの概要書等）の備付け等の法令で定められた要件を満たしている場合には、紙による保存等に代えて、電磁的記録等による保存等を行うことが認められます。

　この法令で定められた要件を満たせない場合には、会計ソフトを使用して作成した帳簿書類について電磁的記録等による保存等は認められないことから、紙出力して保存等を行うことになります。

　なお、国税関係帳簿について、法第8条第4項（（過少申告加算税の軽減措置））の規定の適用を受ける場合には、税務署長への届出に加え、特例国税関係帳簿の全てを会計ソフト等により作成している必要があり、その作成に使用する会計ソフトには、例えば電磁的記録の訂正・削除の履歴を確認できる機能等の優良な電子帳簿の要件を満たすための機能が必要となるため、使用している会計ソフトに当該機能が備わっていない場合は、同項の規定の適用を受けることはできません（優良な電子帳簿に係る過少申告加算税の軽減措置の対象となる特例国税関係帳簿については【問39】をご覧ください。）。

　いわゆる市販ソフトにおけるこれらの要件に関する事項についてはメーカー等の操作説明書等で確認することとなります。

　また、市販ソフトのうち、公益社団法人日本文書情報マネジメント協会（以下「ＪＩＩＭＡ」といいます。）による優良な電子帳簿に係る要件適合性の確認を受けたものについては、パッケージ等にＪＩＩＭＡ認証の認証マークが印字されています。

Ⅱ　適用要件
【基本的事項（共通事項）】

問4　電磁的記録等による保存等が認められない国税関係帳簿書類には、どのようなものがあるのでしょうか。

【回答】

　電磁的記録等による保存等が認められる国税関係帳簿は、自己が最初の記録段階から一貫してコンピュータを使用して作成するものであることから、手書きで作成された国税関係帳簿については、電磁的記録等による保存等は認められません。

　なお、国税関係書類については、自己が一貫してコンピュータを使用して作成するもののほか、書面で作成又は受領したものについても、スキャン文書による保存が認められます。スキャナ保存の対象となる書類については、別冊「電子帳簿保存法一問一答【スキャナ保存関係】」において解説します。

問5　売上伝票などの伝票類について、電子帳簿保存法を適用することにより電磁的記録等による保存を行うことは認められますか。

【回答】

　売上伝票などの伝票類が、企業内での決裁、整理などを目的として作成されている場合は、所得税法施行規則第63条第1項及び法人税法施行規則第59条第1項等に規定する保存すべき書類には当たらないことから、法第2条第2号（（定義））に規定する国税関係書類に該当しないので、電子帳簿保存法の適用はありません。

　一方、伝票が国税関係帳簿の記載内容を補充する目的で作成・保存され、その伝票が国税関係帳簿の一部（補助簿）を構成する場合には国税関係帳簿となりますので、法第4条第1項及び法第5条第1項に規定する財務省令で定める要件を満たした場合には、電磁的記録による保存を行うことは可能です。

問6　国税関係書類について、課税期間の中途から電磁的記録等による保存を行うことはできますか。

【回答】

　国税関係書類については、課税期間の中途からでも電磁的記録等による保存を行うことができます。

【解説】

　国税関係帳簿については、課税期間の開始の日にそれが備え付けられ、順次それに取引内容が記録されていくものであることから、原則的には、課税期間の中途から電磁的記録等による保存をすることはできないと解されます（取扱通達4－4なお書き）。

　これに対して、国税関係書類については、それが作成されると直ちに保存されるものであることから、課税期間の中途からでもそれ以後の作成分を電磁的記録等により保存することができることとなります。

★　問7　国税関係帳簿書類について電磁的記録等による保存等を行う場合には、どのような要件を満たさなければならないのでしょうか。

【回答】

　電磁的記録等による国税関係帳簿書類の保存等に当たっては、電子計算機処理システムの概要書等の備付け等の要件を満たす必要があります（規則2、3）。

　国税関係帳簿と国税関係書類では、それらの保存等を行う場合の要件の内容が異なり、国税関係帳簿についてはさらに、令和3年度の税制改正によって過少申告加算税の軽減措置の対象となる信頼性の高い帳簿である優良な電子帳簿（規則5）とそれ以外の帳簿（規則2、

３）に区分されたことにより、それぞれ要件が異なっています。

　詳しくは下記の表をご覧ください。

○　電磁的記録等による保存等の要件の概要（規則第２条・第３条・第５条）

【電子保存等及びＣＯＭ保存等】

要件	電子保存等(注1)(第2条)			ＣＯＭ保存等(注2)(第3条)		
	優良帳簿(第5条)	優良以外の帳簿	書類	優良帳簿(第5条)	優良以外の帳簿	書類
電子計算機処理システムの概要書等の備付け（規2②一）	○	○	○	○	○	○
見読可能装置の備付け等（規2②二）	○	○	○	○	○	(※1)
ダウンロードの求めに応じること（規2②三）	△※2	○※3	△※4	△※2	○※3	△※5
ＣＯＭの作成過程等に関する書類の備付け（規3①一）				○	○	○
ＣＯＭの見読可能装置の備付け等（規3①二）				○	○	○
電磁的記録の訂正・削除・追加の事実及び内容を確認することができる電子計算機処理システムの使用（規5⑤一イ、二イ）	○			○		
帳簿間での記録事項の相互関連性の確保（規5⑤一ロ、二イ）	○			○		
検索機能の確保（規5⑤一ハ、二イ）	△※2			△※2		(※1)
索引簿の備付け（規5⑤二ハ）				○		
ＣＯＭへのインデックスの出力（規5⑤一ニ）				○		
当初3年間における電磁的記録の並行保存又はＣＯＭの記録事項の検索機能の確保（規5⑤二ホ）				○※6		

（注）1　「電子保存等」とは、①帳簿の電磁的記録による備付け及び保存又は②書類の電磁的記録による保存をいう。

　　　2　「ＣＯＭ保存等」とは、①帳簿の電磁的記録による備付け及びＣＯＭによる保存又は②書類のＣＯＭによる保存をいう。

　　　3　※1　当初3年間の電磁的記録の並行保存を行う場合の要件である。

　　　　　※2　「ダウンロードの求め」に応じる場合には、検索機能のうち、範囲を指定して条件を設定できる機能及び二以上の任意の記録項目を組み合わせて条件を設定できる機能は不要となる。

　　　　　※3　優良帳簿の要件を全て満たしている場合には「ダウンロードの求めに応じること」の要件は不要となる。

　　　　　※4　検索機能の確保に相当する要件を満たしている場合には「ダウンロードの求めに応じること」の要件は不要となる。

　　　　　※5　索引簿の備付け、ＣＯＭへのインデックスの出力及び当初3年間における電磁的記録の並行保存又はＣＯＭの記録事項の検索機能の確保に相当する要件を全て満たしている場合には「ダウンロードの求めに応じること」の要件は不要となる。

　　　　　※6　検索機能については、ダウンロードの求めに応じれば、検索機能のうち、範囲を指定して条件を設定できる機能及び二以上の任意の記録項目を組み合わせて条件を設定できる機能は不要となる。

　　　4　「優良帳簿」については、一定の場合に、あらかじめ、適用届出書を所轄税務署長等に提出したうえで、過少申告加算税の軽減措置の適用を受けることができる。

問8　いわゆるオンラインマニュアルやオンラインヘルプ機能に操作説明書と同等の内容が組み込まれている場合、操作説明書が備え付けられているものと考えてもよいでしょうか。

【回答】

　規則第２条第２項第１号のシステム関係書類等については、書面以外の方法により備え付けることもできることとしています（取扱通達４－６本文なお書き）ので、いわゆるオンラインマニュアルやオンラインヘルプ機能に操作説明書と同等の内容が組み込まれている場合に

8

は、それが整然とした形式及び明瞭な状態で画面及び書面に、速やかに出力することができるものであれば、操作説明書が備え付けられているものとして取り扱って差し支えありません。

問9　規則第2条第2項第1号ニに規定する備え付けておくべき「国税関係帳簿に係る電子計算機処理に関する事務手続を明らかにした書類」とは、具体的にどのような内容を記載したものが必要となりますか。

【回答】
　備付けを要する事務手続関係書類（規則2②一ニ）については、取扱通達4－6でこれに記載すべき事項が示されていますが、この備付けを要する事務手続関係書類に記載すべき事項のうち、入出力処理（記録事項の訂正又は削除及び追加をするための入出力処理を含みます。）の手順、日程及び担当部署などについて概要を示すと、例えば、次のような内容を記載したものが必要となります。
　また、電子計算機処理を他の者に委託している場合には、これらの書類に代えて委託契約書等を備え付けておく必要があります。

※ 下記の概要（サンプル）については、こちらからダウンロードできます。

　　国税関係帳簿に係る電子計算機処理に関する事務手続を明らかにした書類（概要）

（入力担当者）
　1　仕訳データ入出力は、所定の手続を経て承認された証票書類に基づき、入力担当者が行う。

（仕訳データの入出力処理の手順）
　2　入力担当者は、次の期日までに仕訳データの入力を行う。
　　⑴　現金、預金、手形に関するもの　　　　取引日の翌日（営業日）
　　⑵　売掛金に関するもの　　　　　　　　　請求書の発行日の翌日（営業日）
　　⑶　仕入、外注費に関するもの　　　　　　検収日の翌日（営業日）
　　⑷　その他の勘定科目に関するもの　　　　取引に関する書類を確認してから1週間以内

（仕訳データの入力内容の確認）
　3　入力担当者は、仕訳データを入力した日に入力内容の確認を行い、入力誤りがある場合は、これを速やかに訂正する。

（管理責任者の確認）
　4　入力担当者は、業務終了時に入力データに関するデータをサーバに転送する。管理責任者はこのデータの確認を速やかに行う。

（管理責任者の確認後の訂正又は削除の処理）
　5　管理責任者の確認後、仕訳データに誤り等を発見した場合には、入力担当者は、管理責任者の承認を得た上でその訂正又は削除の処理を行う。

（訂正又は削除記録の保存）
　6　5の場合は、管理責任者は訂正又は削除の処理を承認した旨の記録を残す。

問10　ディスプレイやプリンタ等について、性能や事業の規模に応じた設置台数等の要件はありますか。

【回答】

　　ディスプレイやプリンタ等の性能や設置台数等は、要件とされていません。

【解説】

　　電磁的記録は、その特性として、肉眼で見るためにはディスプレイ等に出力する必要がありますが、これらの装置の性能や設置台数等については、①税務調査の際には、保存義務者が日常業務に使用しているものを使用することとなること、②日常業務用である限り一応の性能及び事業の規模に応じた設置台数等が確保されていると考えられることなどから、法令上、特に要件とはされていません。

　　ただし、規則第2条第2項第2号では、ディスプレイ等の備付けとともに、「速やかに出力することができる」ことも要件とされています。このため、日常業務においてディスプレイ等を常時使用しているような場合には、税務調査では帳簿書類を確認する場面が多いことから、税務調査にディスプレイ等を優先的に使用することができるよう、事前に日常業務との調整等を行っておく必要があると考えます。

　　なお、小規模事業者では、使用できるディスプレイ等の台数が限定されているために、そのような調整を図った上でもなお税務調査にディスプレイ等を優先的に使用することが一時的に難しい状況が発生することも考えられますが、そのような場合には当該電磁的記録のコピー（複製データ）を作成して税務職員に提出できるようにしておくなどの対応に代える必要があります。

問11　電磁的記録の書面への出力に当たっては、画面印刷(いわゆるハードコピー)による方法も認められますか。

【回答】

　　規則第2条第2項第2号において、電磁的記録の画面及び書面への出力は「整然とした形式及び明瞭な状態で、速やかに出力することができる」ことと規定されており、この場合の「整然とした形式」とは、書面により作成される場合の帳簿書類に準じた規則性を有する形式をいいます(取扱通達4－8)。

　　そのため、整然とした形式及び明瞭な状態で速やかに出力できれば、画面印刷（いわゆるハードコピー）であっても、認められます。

【解説】

　　電磁的記録の書面への出力に当たっては、書面により作成される場合の帳簿書類に準じた規則性を有する形式になっている必要がありますが、その形式については定めがないため、画面印刷（いわゆるハードコピー）であっても要件を満たせば認められます。

　　なお、ディスプレイへの画面表示では、一の記録事項を横スクロールによって表示するような表示形式も認められるものの、当該画面のハードコピーにより書面に出力する場合で、一の記録事項が複数枚の書面に分割して出力されるような出力形式は、一覧的に確認することが困難となることから、整然とした形式に該当しないこととなります。

（注）　出力プログラムを使用した出力においても、上記のように複数の書面に分割した形で出力される形式である場合には認められないこととなります。

問12　電磁的記録を外部記憶媒体へ保存する場合の要件はどういうものがありますか。

【回答】

　　記憶媒体の種類にかかわらず保存時に満たすべき要件は同じであり、外部記憶媒体に限った要件はありません。

【解説】

　　電子帳簿保存法では、記憶媒体や保存すべき電磁的記録を限定する規定はないことから、

国税関係帳簿書類に係る電磁的記録の媒体については保存義務者が任意に選択することができることとなります（取扱通達４－１）。

また、保存時に満たすべき要件に関しても記憶媒体ごとに規定されていないことから、いずれの記憶媒体であっても同一の要件が適用されることとなります。

なお、実際のデータの保存に際しては、サーバ等で保存していた電磁的記録と外部記憶媒体に保存している電磁的記録は当然に同一のものでなければなりません。このため、必要に応じて電磁的記録の保存に関する責任者を定めるとともに、管理規則を作成し、これを備え付けるなど、管理・保管に万全を期すことが望ましいと考えられます。

問13　クラウドサービスの利用や、サーバを海外に置くことは認められますか。

【回答】

　　規則第２条第２項第２号に規定する備付け及び保存をする場所（以下「保存場所」といいます。）に備え付けられている電子計算機とサーバとが通信回線で接続されているなどにより、保存場所において電磁的記録をディスプレイの画面及び書面に、規則第２条第２項第２号に規定する状態で速やかに出力することができるときは、クラウドサービスを利用する場合や、サーバを海外に置いている場合であっても、当該電磁的記録は保存場所に保存等がされているものとして取り扱われます。

【解説】

　　近年、コンピュータのネットワーク化が進展する中、通信回線のデータ送信の高速化も進み、コンピュータ間でデータの送受信が瞬時にできる状況となっていますが、電子帳簿保存法創設の趣旨（法第１条）を踏まえ、保存場所に備え付けられている電子計算機と国税関係帳簿書類の作成に使用する電子計算機とが通信回線で接続されていることなどにより、保存場所において電磁的記録をディスプレイの画面及び書面に、それぞれの要件に従って、速やかに出力することができるときは、当該電磁的記録は保存場所に保存等がされているものとして取り扱われます（取扱通達４－７注書き）。

　　そして、現在、企業が会計処理をはじめとする業務処理を外部委託する場合には、受託企業の大半が国内外の複数の場所にあるコンピュータをネットワーク化してデータ処理し、国内外のサーバにデータを保存している状況となっていますが、前述の点を踏まえれば、仮に電磁的記録が海外にあるサーバに保存されている場合（保存時に満たすべき要件を満たしている場合に限ります。）であっても、納税地にある電子計算機において電磁的記録をディスプレイの画面及び書面に、整然とした形式及び明瞭な状態で速やかに出力することができる等、紙ベースの帳簿書類が納税地に保存されているのと同様の状態にあれば、納税地に保存等がされているものとして取り扱われます。

　　なお、バックアップデータの保存については、法令上の要件とはなっていませんが、通信回線のトラブル等による出力障害を回避するという観点からバックアップデータを保存することが望まれます。

問14　電磁的記録の検索機能は、現在使用しているシステムにおいて確保しなければならないのでしょうか。

【回答】

　　変更前のシステムを用いること等により検索機能が確保されているのであれば、現在使用しているシステムにより検索ができなくても差し支えありません。

【解説】

　　規則第５条第５項第１号ハに規定する検索機能については、特に電子計算機についての定めはなく、また、第２条第２項第２号に規定する出力機能についても「当該電磁的記録の電子計算機処理の用に供することができる電子計算機」を備え付ければよいこととされていることから、これらの規定を満たすことができる電子計算機であれば、現在の業務において使用している電子計算機でなくても差し支えないこととなります。

例えば、システム変更等をした場合に、変更前のデータについては、変更前のシステムにおいて検索機能を確保している場合などがこれに該当します。

　なお、このような場合には、検索に使用する電磁的記録が適用を受けて保存している電磁的記録と同一のものであることを確認できるようにしておく必要があります。

問15　保存対象となるデータ量が膨大であるため複数の保存媒体に保存しており、一課税期間を通じて検索できませんが、問題はありますか。

【回答】

　検索機能のうち「その範囲を指定して条件を設定することができる」を満たそうとする場合には、保存されている電磁的記録は、原則として一課税期間を通じて検索をすることができる必要があります。

【解説】

　検索機能については、原則として一課税期間を通じて保存対象となる電子データを検索することができる必要があることから、検索機能のうち「その範囲を指定して条件を設定することができる」とは、課税期間ごとの日付又は金額の任意の範囲を指定して条件設定を行い検索ができることをいうとされており（取扱通達4−10）、原則として、一課税期間ごとに任意の範囲を指定して検索をすることができる必要があります。

　しかしながら、データ量が膨大であるなどの理由で複数の保存媒体で保存せざるを得ない場合や、例えば、中間決算を組んでおり半期ごとに帳簿を作成している場合や書類の種類ごとに複数の保存媒体でデータ管理している場合など、一課税期間を通じて保存対象となる電子データを検索することが困難であることについて合理的な理由があるときには、その保存媒体ごとや一課税期間内の合理的な期間ごとに範囲を指定して検索をすることができれば差し支えありません（取扱通達4−9）。

　なお、優良な電子帳簿に係る過少申告加算税の軽減措置の適用を受けるための優良な電子帳簿の要件としての検索機能の確保の要件については、その電子帳簿に係る電磁的記録について税務職員による質問検査権に基づくダウンロードの求めに応じることができるようにしている場合には、この範囲を指定して条件を設定できる機能（及び項目を組み合わせて条件を設定できる機能）は不要となります。

問16　検索結果後の抽出されたデータを、ディスプレイの画面及び書面に速やかに出力することができれば、検索には多少の時間を要しても構いませんか。

【回答】

　検索開始から終了までも速やかにできる必要があります。

【解説】

　「速やかに出力する」とは、具体的には、閲覧対象データを出力するために行った電子計算機の操作の開始時点から出力時点までを速やかにできることを意味していると考えられます。

　この場合、その閲覧対象データを出力するに当たり、データの抽出作業が伴うときには、まず始めに検索を行い、その結果抽出されたデータを画面及び書面に出力することから、当然にその検索を開始した時から、該当する書類が画面及び書面に出力されるまでを速やかにできなければならないと考えられます。

　したがって、「速やかに出力する」とは、抽出されたデータについて速やかに出力することができるだけでなく、検索についても速やかにできることが必要であると考えられます。

　なお、条件に該当する記録事項の全てが、ディスプレイの画面及び書面に、整然とした形式及び明瞭な状態で出力される場合のほか、視認性の観点から、重複する項目等について画面及び書面への表示を省略しているときについても、記録事項をデータとして保持しているときは、「電磁的記録の記録事項を検索することができる機能」を有していると考えられます。

○　視認性の観点から表示を省略している例

（例）「国税　太郎」で検索した場合

取引先	取引日	取引金額
国税　太郎	02.09.15	500,000
	02.09.20	1,000,000
	02.09.25	200,000
	02.10.15	300,000
	02.10.20	1,000,000

02.9.20以降の行は「国税太郎」の名前が重複するため、画面（紙出力）上、非表示としている。

※非表示としている項目のデータが欠落している場合、検索の要件を満たしているとはいえなくなる。

14

問17　バックアップデータの保存は要件となっていますか。

【回答】

バックアップデータの保存は要件となっていません。

【解説】

バックアップデータの保存については法令上の要件とはなっていませんが、電磁的記録は、記録の大量消滅に対する危険性が高く、経年変化等による記録状態の劣化等が生じるおそれがあることからすれば、保存期間中の可視性の確保という観点から、バックアップデータを保存することが望まれます。

また、必要に応じて電磁的記録の保存に関する責任者を定めるとともに、管理規則を作成し、これを備え付けるなど、管理・保管に万全を期すことが望ましいと考えられます。

問18　会計システムのサブシステムにあるマスターデータについて、課税期間終了時点のもののみを保存することとしてもよいのでしょうか。

【回答】

単価などのマスターデータは、課税期間中に何度も改定されることもあることから、マスターデータと関連付けられた事項を正しく表示させるためには、電磁的記録の保存対象となった取引記録と関連するマスターデータを全て保存する必要があります。

★問19　当社は各種の業務システム（販売等の個別取引データを保存）と会計システム（業務システムの集計データを保存）を連携させています。「仕訳帳」及び「総勘定元帳」を電磁的記録等により保存等することとした場合、会計システムのデータのみ保存しておけばよいでしょうか。

【回答】

そのようなシステムを採用している場合において「仕訳帳」及び「総勘定元帳」を電磁的記録等により保存等するときには、原則として、集計データが保存されている会計システムのデータとともに、個別取引データが保存されている業務システムのデータを合わせて保存する必要があります。

なお、法第8条第4項（（過少申告加算税の軽減措置））の規定の適用を受けようとする場合には、この「仕訳帳」及び「総勘定元帳」を含む特例国税関係帳簿について全て優良な電子帳簿の要件を満たして保存等を行う必要があります。

【解説】

会計システムのデータのみを保存することとした場合、業務システムの集計データのみが保存され、販売等の個別取引データは保存されないため、結果として、保存した仕訳帳及び総勘定元帳のデータは、全ての取引を記載した帳簿とはなりません。

これは、法人税法施行規則第54条において、仕訳帳は「全ての取引を借方及び貸方に仕訳する帳簿」、総勘定元帳は「全ての取引を勘定科目の種類別に分類して整理計算する帳簿」と規定されていることに反することになります。

また、優良な電子帳簿の要件を満たそうとする場合においては、集計データのみの保存では、特例国税関係帳簿に記録される全ての取引に係るデータの訂正又は削除の履歴が確保できないことや、帳簿間の相互関連性が明確にならないことなどから、規則第5条第5項第1号イ及びロの要件が満たされないこととなります。

（注）　業務システムのデータを合わせて保存する方法以外に、法人税法施行規則第54条の要件を確保する方法として、業務システムのデータの保存に代えて、販売等の個別取引が記載された売上帳（補助簿等）を書面に出力して保存する方法も認められていますが、この方法による場合には、優良な電子帳簿に係る過少申告加算税の軽減措置の適用を受けることはできません。

【電子計算機を使用して作成する帳簿関係】

★ 問20 国税関係帳簿の電子計算機処理に当たり、記帳代行業者等に委託している場合でも認められますか。また、記帳代行業者等への委託に際して、課税期間中に記帳せず、当該期間終了後にまとめて記帳することを委託し、そこで作成された電磁的記録を保存することや、保存場所を記帳代行業者の所在地にすることは認められますか。

【回答】

　会計事務所や記帳代行業者に委託することは認められますが、国税関係帳簿の作成に当たっては、書面であるか電磁的記録であるかにかかわらず、課税期間中に記帳せず当該期間終了後にまとめて記帳することを委託する方法は、認められません。また、保存場所についても、各税法で定められているため、記帳代行業者の所在地にすることは認められません。

【解説】

　法第4条及び第5条では、「自己が……電子計算機を使用して作成する場合には」と規定されていますが、この場合の「自己が」の意義については、「保存義務者が主体となってその責任において」という趣旨であり、電子計算機処理が必ずしも保存義務者自身によって行われる必要はなく、会計事務所や記帳代行業者に委託している場合も、これに含まれることになります（取扱通達4-3）。

　なお、国税関係帳簿は、原則として課税期間の開始の日にこれを備え付け、取引内容をこれに順次記録し、その上で保存を開始するものですから、備付期間中は、書面で作成する場合は当該書面をその保存場所に備え付け、また、電磁的記録で作成する場合は当該電磁的記録をその保存場所に備え付けているディスプレイの画面及び書面に出力することができるようにしておく必要があります。

　このことは、国税関係帳簿に係る電磁的記録の作成を他の者に委託している場合でも同じであり、保存義務者は、定期的にその電磁的記録の還元を受けることにより、備付期間においても、保存場所に備え付けているディスプレイの画面及び書面に出力することができるようにしておかなければならないこととなります。この場合の「定期的」とは、通常の入出力（業務処理）サイクルのことであり、一課税期間分を一括して処理するような場合は、そもそも備付期間においてディスプレイ等に出力することができないことから、これに該当しません。

　したがって、課税期間中に記帳せず当該期間終了後にまとめて記帳することを委託する方法は認められないことになります。

　また、保存場所については、所得税法等の各税法で定められているものであり、記帳代行業者の所在地を保存場所にすることは認められません。

　このため、記帳代行業者等に委託する場合であっても、保存義務者の事業所等の所在地等、所得税法等の各税法で定められている保存場所に、国税関係帳簿に係る電磁的記録を出力することができる電子計算機やディスプレイ等を備え付けておく必要があります。

★ 問21 「ダウンロードの求め（電磁的記録の提示・提出の要求）」に応じることができるようにしておく場合の当該電磁的記録の提出について、提出する際のデータの形式や並び順については決まりがありますか。また、記憶媒体自体についても提示・提出する必要はありますか。

【回答】

　税務調査の際に税務職員が確認可能な状態で提出されるのであれば、当該電磁的記録の形式や並び順は問いませんが、通常出力可能なファイル形式等（ＣＳＶ形式等）で提供される必要があります。

　また、「ダウンロードの求め」に応じることができるようにしておく場合については、当該電磁的記録を保存した記憶媒体の提示・提出に応じることができるようにしておくことまでは含まれていませんが、その記憶媒体についても、質問検査権に基づく確認の対象となる場合があります。

【解説】

　データのダウンロードを求める際には、通常出力が可能な範囲で税務職員が出力形式を指

定することもありますが、出力可能な形式でダウンロードを求めたにもかかわらず、検索性等に劣るそれ以外の形式で提出された場合には、そのダウンロードの求めに応じることができるようにしていたことにはなりません（取扱通達4－14参照）。保存時に満たすべき要件を充足するためには、通常出力が可能なファイル形式等（ＣＳＶ形式等）で提供される必要がありますが、その内容について並び順等に関する統一的な決まりがあるわけではありません。

なお、「ダウンロードの求め」は、電磁的記録の提示・提出を求めるものであり、この電磁的記録が格納されている記憶媒体自体の提示・提出までを求めるものではありませんが、税務調査の際には、税務職員が質問検査権に基づいてその記憶媒体の確認を行う場合もあります。

★ 問22　ダウンロードの求めに応じることができるようにしておくこと等の最低限の要件を満たして国税関係帳簿に係る電磁的記録を保存する場合において、その電磁的記録を画像ファイルやＰＤＦ形式に変換して保存しているときであっても要件を満たして保存していることになりますか。

【回答】

国税関係帳簿に係る電磁的記録の保存については、「ダウンロードの求め（電磁的記録の提示・提出の要求）」に応じることができるようにしておく必要があるところ、画像ファイルやＰＤＦ形式に変換して保存されている電磁的記録については、一般的には、検索性等の劣るものであると考えられます。

したがって、検索性等を備えたデータ（ＣＳＶ形式等）も併せて保存しているなどの特段の事情がない限り、その画像ファイルやＰＤＦ形式に変換して保存されている電磁的記録を提示・提出できるようにしている場合であっても、「ダウンロードの求め（電磁的記録の提示・提出の要求）」に応じることができるようにしているとは認められないことから、ダウンロードの求めに応じることができるようにしておくことの要件を満たしてその電磁的記録を保存していることにはなりません。

【解説】

従来、国税関係帳簿の電磁的記録による保存を行うためには、検索ができることや訂正・削除・追加の有無等を確認できること等の厳格な要件が設けられていたところ、令和3年度の税制改正において、こうした厳格な要件を備えていない電子帳簿であっても電磁的に保存することが認められましたが、その際の「最低限の要件」として、当該電磁的記録について税務職員による質問検査権に基づくダウンロードの求めに応じることができるようにしておくことが必要とされています。

これは、この求めに応じて税務当局にデータが提供されることにより、税務当局において、必要なデータの検索や訂正・削除・追加の有無等を確認することを可能とし、税務調査の適正性・効率性を一定程度確保するためのものです。取扱通達4－14（解説）で示している例と同様、備付け段階では検索性等を保持した状態で作成されている電子帳簿について、その電磁的記録の保存に際し、検索性等の面で劣る画像ファイルやＰＤＦ形式に変換して保存し、提示・提出できるようにしていたとしても、税務調査の適正性・効率性に支障を及ぼすおそれがある場合には、「ダウンロードの求め（電磁的記録の提示・提出の要求）」に応じることができるようにしているとは認められません。

なお、例えば、記帳代行業者が会計ソフトにより電子帳簿を作成している場合について、ＰＤＦ形式に変換したデータを納税者に提供することが禁止されているわけではなく、検索性等を備えたＣＳＶ形式に出力したデータも併せて納税者に提供しておき、当該データについてもダウンロードの求めに応じることができるようにしておくといった対応が可能です。

【電子計算機を使用して作成する書類関係】

問23　国税関係書類を電磁的記録により保存する場合、具体的にどの時点における電磁的記録を保存する必要がありますか。

【回答】

　保存義務者によって作成している書類がまちまちであることから、一概にいうことはできませんが、一般的には、次に掲げる書類の区分に応じ、それぞれ次に掲げる時点の電磁的記録が保存すべきものになると考えられます。

イ　請求書等の相手方に交付する書類

　　実際に相手方に交付した時点における電磁的記録

　（注）　例えば、見積内容の変更の都度、相手方に見積書を交付した場合には、交付した全ての見積書に係る電磁的記録を保存する必要があります。

ロ　その他の書類

　　その書類の性質に応じ、その書類の作成を了したと認められる時点における電磁的記録

【解説】

　国税関係書類には国税関係帳簿のような備付期間がなく、作成と同時に保存が開始されるものであるため、保存を要する国税関係書類に係る電磁的記録は、電子計算機により書類を作成する場合の作成中のものをいうのではなく、当該書類が作成された時点のものということとなります。

　ここにいう「当該書類が作成された時点のもの」とは、作成される国税関係書類の種類により異なりますが、請求書のように相手方に交付される書類に係る電磁的記録の場合には、これを書面に出力して相手方に交付した時点の電磁的記録をいい、相手方に交付されないような書類(決算関係書類等)に係る電磁的記録の場合には、その書類の性質に応じ、その書類の作成を了したと認められる時点の電磁的記録をいうこととなります。

★　問24　国税関係書類を電磁的記録により保存する場合、その電磁的記録を出力した請求書等に手書により新たな情報を付加した上で相手方に交付した場合のその写しは、必ず書面により保存しなければなりませんか。

【回答】

　電磁的記録で保存することができる国税関係書類は、「自己が一貫して電子計算機を使用して作成する」ものでなければなりません(法4②)。

　したがって、電子計算機により作成した国税関係書類を書面に出力し、それに手書により新たな情報を付加したものは、一貫して電子計算機を使用して作成したものではないので、その書類については、書面により保存しなければならないこととなります。

問25　パソコンにより作成した請求書等を出力した書面に代表者印等を押印して相手方に送付した場合については、自己が一貫して電子計算機を使用して作成した国税関係書類に該当するものとして、代表者印等が表示されていない状態の電磁的記録の保存をもってその請求書等の控えの保存に代えることはできますか。

　　また、データベースの内容を定形のフォーマットに自動反映させる形で請求書等を作成している場合には、当該データベースの保存をもって請求書等の控えの保存に代えることはできますか。

【回答】

　いずれも認められます。

　ただし、定形のフォーマットに自動反映されるデータベースについては、税務調査等の際に、税務職員の求めに応じて、実際に相手方へ送付したものと同じ状態を定形のフォーマットに出力するなどの方法によって遅滞なく復元できる必要があります。

【解説】

　請求書等の国税関係書類について、自己が一貫して電子計算機を使用して作成している場

18

合は、一定の要件のもと、その書類の保存に代えて電磁的記録により保存することができます。そのため、パソコン等により国税関係書類を作成しても、データを出力した後に加筆等を行って相手方へ郵送しているような場合には、出力したものと電子データとして保存するものの内容が相違することから「自己が一貫して電子計算機を使用して作成している場合」に該当せず、基本的にはこの方法により保存を行うことができません。

一方で、例えば出力書面に代表者印等を押印したものを郵送しているだけの場合には、代表者印等という情報以外が追加されているものではないため、それ以外に加筆等による情報の追加等がない限り、自己が一貫して電子計算機を使用して作成している場合に該当するものとして取り扱って差し支えありません。

また、法第4条第2項では、「国税関係書類に係る電磁的記録の保存」を行う必要があることから、原則として、相手方に送付したものと同じ状態の電子データを保存する必要があります。しかし、データベースの内容を定形のフォーマットに自動反映させる形で請求書等を作成・出力している場合には、当該データベースが保存されていれば実際に相手方へ送付した請求書等と同じ状態のものを確実に復元することができることから、税務調査等の際に、税務職員の求めに応じて、実際に相手方へ送付したものと同じ状態を定形のフォーマットに出力するなどの方法によって遅滞なく復元できる場合には、当該データベースの保存をもって請求書等の控えの保存に代えることとして差し支えありません。

【電子計算機を使用して作成する帳簿関係（優良な電子帳簿）】

> 問26　訂正削除の履歴の確保の方法として、貸借の勘定科目は同一で、金額をマイナスで入力する訂正の方法は認められますか。

【回答】

　いわゆる反対仕訳による方法の一類型と考えられますので、電磁的記録の記録事項を直接に訂正し又は削除することができないシステムを使用している場合には、訂正又は削除の履歴の確保の要件を満たすこととなります。

【解説】

　いわゆる反対仕訳による方法は、当該反対仕訳に当初の仕訳を特定することができる情報が付加されていれば、規則第5条第5項第1号イ(1)に規定する訂正又は削除の履歴の確保の要件を満たすこととなります（取扱通達8−9）が、その仕訳の方法については、いわゆる総額方式や純額方式などがあり、特に限定していません。

　その場合において、貸借の勘定科目は同一で金額をマイナスで入力する方法も、いわゆる反対仕訳の方法の一類型と考えられます。

> 問27　電磁的記録の記録事項を訂正し又は削除することができるシステムを使用している場合は、訂正削除の履歴の全てについて残すことができる必要がありますか。

【回答】

　入力誤りについて訂正又は削除を行うための期間があらかじめ内部規程等に定められており、かつ、その期間が入力した日から1週間を超えない場合には、その期間について訂正又は削除の履歴を残さないシステムを使用することが認められます。

【解説】

　優良な電子帳簿に係る電磁的記録の訂正削除の履歴は、その全てについて残されることが望ましいですが、入力後速やかにその入力内容を確認し入力誤りについて訂正又は削除をすることも一般的であり、そのような訂正又は削除についてまで、その履歴の確保を求めるのは、コンピュータ処理の実態に即さないとも考えられます。

　このため、そのような訂正又は削除を行うための期間があらかじめ内部規程等（規則第2条第2項第1号ニに掲げる事務手続を定めた書類）に定められており、かつ、その期間が入力した日から1週間を超えない場合には、便宜上、その期間について訂正又は削除の履歴を残さないシステムを使用することが認められます（取扱通達8−10）。

　一定の期間について訂正削除履歴を残さないシステムとしては、例えば、次の訂正又は削除の方法の区分に応じ、次のようなものが考えられます。

イ　記録事項を直接に訂正し又は削除する方法

　　電磁的記録の記録事項に係る当初の入力日から訂正又は削除をすることができる期間を自動的に判定し、当該期間内における訂正又は削除については履歴を残さないこととしているシステム

ロ　いわゆる反対仕訳により訂正し又は削除する方法

　　電磁的記録の記録事項に係る当初の入力日から訂正又は削除をすることができる期間を自動的に判定し、当該期間が経過するまでは記録事項を直接に訂正し又は削除することができるが、当該期間が経過した後においてはいわゆる反対仕訳による方法によってしか記録事項を訂正し又は削除することができないシステム

（注）　訂正削除の履歴を残す必要がある「優良な電子帳簿に係る電磁的記録」とは、各税法で定められている国税関係帳簿に係る記載事項（例：所得税法施行規則第58条第1項に規定する財務大臣告示における「記載事項」欄に記載されている事項）に係る電磁的記録をいいます。その具体的な範囲については、帳簿が課税標準等・税額の計算・事後検証に資することをひとつの目的として備付け及び保存されるものであることを踏まえて判断する必要があり、例えば、固定資産台帳については、「固定資産を供用開始、除却した年月日及び事由」、「耐用年数」、「固定資産を事業に占有している割合」等も課

税標準等・税額の計算・事後検証のために必要な情報であることから、それが帳簿に記載されている限りは訂正削除の履歴を残す必要があります。

問28　入力日付をデータとしては持たない場合であっても、月次決算を行い、その月次単位でデータを保存することにより追加入力の事実が確認できる場合には、規則第5条第5項第1号イ⑵（追加入力の履歴の確保）の要件を満たすこととなりますか。

【回答】
　優良な電子帳簿に係る電磁的記録を月次決算単位でファイルに保存し、その単位ごとにディスプレイの画面及び書面に出力することができ、入力月と入力された取引年月日の関係からその画面及び書面により追加入力の事実が確認できる場合には、規則第5条第5項第1号イ⑵に規定する要件を満たすこととなります。

【解説】
　規則第5条第5項第1号イ⑵では、電磁的記録の記録事項を通常の業務処理期間が経過した後に入力した場合に、その事実を確認することができるシステムを使用することとされていますが、質問のケースについては、入力月ごとに電磁的記録が独立しており、入力月と入力された取引月日の関係から、通常の業務処理期間経過後に入力されたことを確認することができるので、要件を満たすこととなります。

問29　規則第5条第5項第1号イ⑵の「その業務の処理に係る通常の期間」とは、具体的にどの程度の期間をいいますか。

【回答】
　電子計算機に係る業務処理サイクルとしてデータの入出力を行う、日次、週次及び月次の期間をいいます。

【解説】
　電子計算機を利用している企業においては、データ入力又は入力データの更新（確定）処理などを一定の業務処理サイクル（日次、週次及び月次）で行うことが通例であり、また、その場合には、適正な入力を担保するために、その業務処理サイクルを事務処理規程等で定めることが通例であると考えられます。規則第5条第5項第1号イ⑵に規定する「その業務の処理に係る通常の期間」とは、このような各企業において事務処理規程等に定められている業務処理サイクルとしての入力を行う期間のことをいうものです。
　なお、電子帳簿保存法では、国税関係帳簿に係る電磁的記録は、原則として課税期間の開始の日に備え付けられ、順次これに取引内容が記録されていくことを前提としており、1年間分がまとめて課税期間終了後に記録されるといったケースを予定しているものではありませんが、外部委託やバッチ処理の場合など、業務処理サイクルとして多少長い期間を要するケースもあることから、最長2か月までの業務処理サイクルであれば、通常の期間として取り扱うこととしています。

問30　「その業務の処理に係る通常の期間」については、規則第5条第5項第1号イ⑵並びに第2条第6項第1号ロ及び第2号ロにそれぞれ規定されていますが、その期間については同様に解してよいのでしょうか。

【回答】
　規則第5条第5項第1号イ⑵に規定する「その業務の処理に係る通常の期間」とは、事務処理後データの入出力を行うまでの通常の業務サイクルの期間をいい、規則第2条第6項第1号ロ及び第2号ロに規定する「その業務の処理に係る通常の期間」とは、国税関係書類の受領等からスキャナで読み取るまで又は受領等からタイムスタンプを付すことができるようになるまでの通常の業務サイクルの期間をいいます。

【解説】
　規則第5条第5項第1号イ⑵並びに第2条第6項第1号ロ及び第2号ロでは、いずれも「その業務の処理に係る通常の期間」と規定しています。それは、企業等においてはデータ入力又は書類の処理などの業務を一定の業務サイクル（週次及び月次等）で行うことが通例であ

21

り、また、その場合には適正な入力又は処理を担保するために、その業務サイクルを事務の処理に関する規程等で定めることが通例であるという共通した考え方によるものですが、規則第5条第5項第1号イ⑵は国税関係帳簿に係る記録事項を入力する場合であり、第2条第6項第1号ロ及び第2号ロは国税関係書類に係る記録事項を入力し、又はタイムスタンプを付す場合であることから、「その業務」の内容が異なり、それぞれが次の≪その業務とその期間≫のとおり差があります。

　しかしながら、その業務の内容の差に着目した期間の差を設けることは、経理処理の実情と合わなくなることも考えられるため、規則第2条第6項第1号ロ及び第2号ロの事務処理期間については、最長2か月の業務サイクルであれば通常の期間として取り扱われることから（取扱通達4−18）、規則第5条第5項第1号イ⑵の事務処理終了後の入力までの期間についても同様に、最長2か月の業務サイクルであれば、通常の期間として取り扱われます。

≪その業務とその期間≫
イ　規則第5条第5項第1号イ⑵の場合
　　その業務とは、帳簿の元となるデータの入出力を含むことと考えられることから、その期間については、事務処理終了後データの入出力を行うまでの業務サイクルの期間をいいます。
ロ　規則第2条第6項第1号ロ及び第2号ロの場合
　　その業務とは、企業等における書類の事務処理と考えられることから、その期間については、国税関係書類の受領等からスキャナで読み取るまで又は受領等からタイムスタンプを付すことができるようになるまでの業務サイクルの期間をいいます。

問31　帳簿間の記録事項の関連性を確認することができるようにしておくこととされていますが、具体的には、どのような方法をとれば要件を満たすこととなりますか。

【回答】
　帳簿間の記録事項の関連性を確認するための記録方法については、取扱通達8−12で例示していますが、それを図示すれば、別紙の図1から3のとおりとなります。

（別　紙）

【図1】
● 明細データで記録する場合

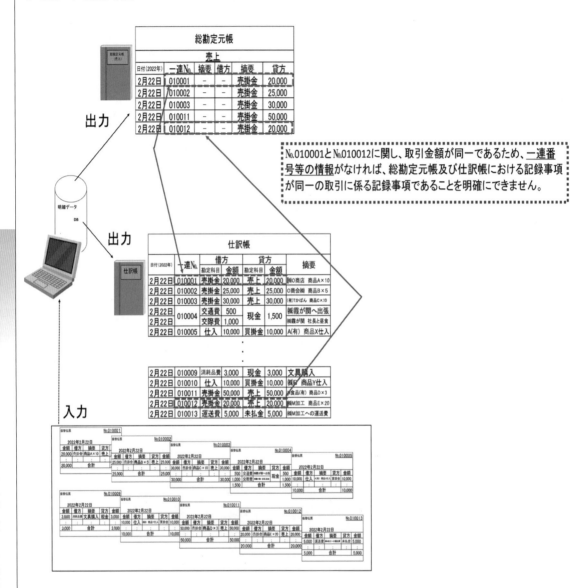

【図2】
● 集計した結果（合計額）を転記する場合

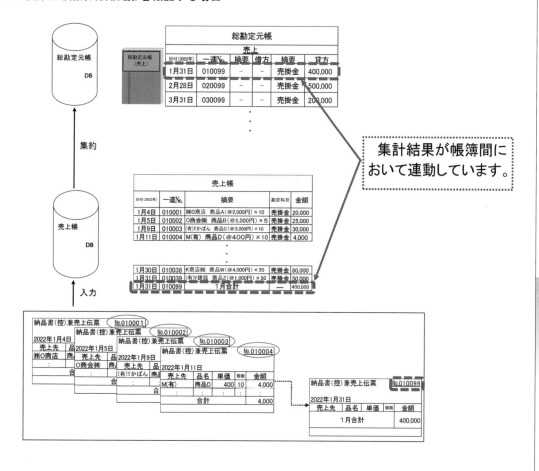

【図3】
● 集計した結果を記録等する場合

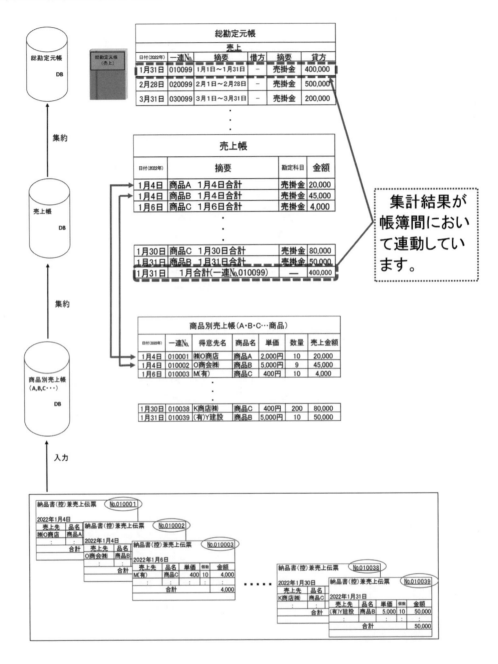

問32　規則第5条第5項第1号ハ(3)の「二以上の任意の記録項目を組み合わせて条件を設定することができること」には、「AかつB」のほか「A又はB」といった組合せも含まれますか。また、一の記録項目により検索をし、それにより探し出された記録事項を対象として、別の記録項目により絞り込みの検索をする方式は、要件を満たすこととなりますか。

【回答】

　「A又はB」の組合せは必要ありません。また、段階的な検索ができるものも要件を満たすこととなります。

【解説】

　検索機能については、規則第5条第5項第1号ハ(3)で、検索の条件として設定した記録項目（取引年月日、取引金額及び取引先）により、二以上の記録項目を組み合わせて条件を設定することができることとされています。この場合の二の記録項目の組合せとしては、「AかつB」と「A又はB」とが考えられますが、このうち、「A又はB」の組合せについては、それぞれの記録項目により二度検索するのと実質的に変わらない（当該組合せを求める意味がない）ことから、これを求めないこととしています。

　また、「二以上の任意の記録項目を組み合わせて条件を設定することができること」とは、必ずしも「AかつB」という組合せで検索できることのみをいうのではなく、一の記録項目（例えば「A」）により検索をし、それにより探し出された記録事項を対象として、別の記録項目（例えば「B」）により再度検索をする方式も結果は同じであることから要件を満たすこととなります。

　なお、優良な電子帳簿に係る過少申告加算税の軽減措置の適用を受けるための優良な電子帳簿の要件としての検索機能の確保の要件については、その電子帳簿に係る電磁的記録について税務職員による質問検査権に基づくダウンロードの求めに応じることができるようにしている場合には、この項目を組み合わせて条件を設定できる機能（及び範囲を指定して条件を設定できる機能）は不要となります。

問33　電磁的記録の検索機能における日付に係る記録項目において、総勘定元帳の「記載年月日」とは、いつ時点のことをいうのでしょうか。

【回答】

　所得税法施行規則第59条第2項及び法人税法施行規則第55条第2項に規定されている総勘定元帳の「記載年月日」とは、仕訳帳から総勘定元帳へ個々の取引を転記している場合は、転記した取引の取引年月日となり、一定期間の取引の合計金額を総勘定元帳に転記している場合は、一般的に複式簿記の原則に従って処理される日や、簡易帳簿への記帳が行われる日（集計対象とした期間の末日など）が記載年月日となります。

問34　ＣＯＭにより国税関係帳簿書類の保存を行う場合、３年間の電磁的記録の並行保存に代えて、出力した書面を保存する方法は認められますか。

【回答】

　電磁的記録の並行保存に代えて、出力した書面を保存する方法は認められません。

【解説】

　国税関係帳簿書類の保存をＣＯＭにより行おうとする場合には、規則第５条第５項第２号ホの規定により、保存期間の初日から法定申告期限(法定申告期限のない国税に係る国税関係帳簿書類については、当該国税の法定納期限)後３年を経過する日までの間は、出力機能及び検索機能を確保した状態で電磁的記録を並行して保存しておくこと又はＣＯＭの記録事項を検索することができる機能(電磁的記録に係る検索機能に相当するもの)を確保しておくことが要件とされています。

　なお、優良な電子帳簿に係る過少申告加算税の軽減措置の適用を受けるための優良な電子帳簿の要件としての検索機能の確保の要件については、その電子帳簿に係る電磁的記録について税務職員による質問検査権に基づくダウンロードの求めに応じることができるようにしている場合には、範囲を指定して条件を設定できる機能及び項目を組み合わせて条件を設定できる機能は不要となります。

問35　取扱通達８−20では、ＣＯＭの記録事項の検索をすることができる機能として、検索により探し出された記録事項を含むＣＯＭのコマの内容が自動的に出力されることが必要であるとされていますが、この場合の「自動的に出力される」方法は、具体的にどのような方法であればよいのでしょうか。

【回答】

　国税関係帳簿書類の保存をＣＯＭにより行おうとする場合には、保存期間が３年を経過するまで、ＣＯＭの保存に併せて電磁的記録を保存し又はＣＯＭの記録事項の検索をすることができる機能(電磁的記録の記録事項に係る検索機能に相当する機能)を確保しておくこととされています(規則５⑤ニホ)。

　また、この場合の「電磁的記録の記録事項に係る検索機能に相当する機能」は、検索により探し出された記録事項を含むＣＯＭのコマの内容が自動的に出力されるものであることを要します(取扱通達８−20)。

　この要件を満たす方法としては、ＣＯＭの作成時に、別途作成された検索用の電磁的記録(該当の帳簿書類ごとに、検索の条件として設定した記録項目とフィルム番号及びコマ位置の情報が関連付けられて記録されたもの)により、特定のＣＯＭに係る情報を探し出すことができる電子計算機(パソコン等)とマイクロフィルムリーダプリンタとを組み合わせたもので、次に掲げるような方法がいずれもこれに該当します。

(1)　半自動検索

　①　電子計算機による検索の結果(該当の帳簿書類に係る記録項目、フィルム番号及びコマ位置の各情報をいいます。以下(2)及び(3)において同様となります。)を当該電子計算機のディスプレイの画面及び書面に出力

　②　①で得たフィルム番号情報に基づいて該当のＣＯＭをマイクロフィルムリーダプリンタに手動で装填

　③　マイクロフィルムリーダプリンタに附属のキーボードから①で得た該当のコマ位置情報をキー入力することにより、該当のコマの内容をマイクロフィルムリーダプリンタの画面及び書面に自動的に出力

(2)　自動検索

　①　(1)の①と同様となります。

　②　検索の結果のうち、フィルム番号及びコマ位置の両情報を当該電子計算機からマイクロフィルムリーダプリンタに自動的に転送

　③　(1)の②と同様となります。

④ ②で転送された情報に基づいて該当のコマの内容をマイクロフィルムリーダプリンタの画面及び書面に自動的に出力
(3) 全自動検索
① (2)の①と同様となります。
② (2)の②と同様となります。
③ ②で転送された情報に基づいて該当のCOMをマイクロフィルムリーダプリンタに自動的に装填
④ (2)の④と同様となります。

なお、電子計算機を用いてCOMを特定する情報を探し出すことは可能ですが、該当のCOMのコマの位置合わせが手動である場合には、COMのコマの内容が自動的に出力されるものではないので、要件を満たさないこととなります。

(参考)各自動検索の機能比較

	電子計算機による検索	フィルム装填	コマ位置情報	コマ位置合わせ
半自動検索	可能	手動	手入力	自動
自動検索	可能	手動	自動転送	自動
全自動検索	可能	自動	自動転送	自動

問36　所得税及び法人税に係る一定の書類について、４年目から撮影タイプのマイクロフィルムによる保存は、具体的にどのような書類が対象となりますか。また、その場合の検索機能は、どの程度の機能が必要となりますか。

【回答】
　所得税法及び法人税法において保存すべきこととされている書類のうち、４年目及び５年目において撮影タイプのマイクロフィルムによる保存ができる書類については、平成10年国税庁告示第１号及び第２号により告示されています。
　この告示により、例えば、次のような書類が４年目からの撮影タイプマイクロフィルムによる保存の対象となります。
イ　保険契約申込書、電話加入契約申込書、クレジットカード発行申込書のように別途定型的な約款が示されている契約申込書
ロ　口座振替依頼書
ハ　棚卸資産を購入した者が作成する検収書、商品受取書
ニ　注文書、見積書及びそれらの写し
ホ　自己が作成した納品書の写し
　なお、４年目及び５年目における撮影タイプのマイクロフィルムによる書類の保存に当っては、書類の種類及び書類に記載されている日付を検索の条件として、特定の書類を検索できる措置を講ずる必要があります。

【取りやめ】

> 問37　電磁的記録等による保存等を取りやめることとした場合、その取りやめることとした日において保存等している電磁的記録等は、そのまま電磁的記録等により保存等することとしてもよいのでしょうか。

【回答】

　電磁的記録等による保存等を取りやめることとした場合、その取りやめることとした日において保存等していた電磁的記録等のうち、保存時に満たすべき要件を満たせなくなるものについては全て書面（紙）に出力して保存等をする必要があります（取扱通達4－35）。

【解説】

　保存義務者が法第4条第1項若しくは第2項又は第5条の規定により国税関係帳簿又は国税関係書類に係る電磁的記録等による保存等をもってその国税関係帳簿又は国税関係書類の保存等に代えられるのは、自己が一貫して電子計算機を使用して作成する国税関係帳簿又は国税関係書類に限定されています。その結果、その課税期間の途中で要件を満たせなくなった等の事情により、電磁的記録等による保存等をやめることとした場合に、その電磁的記録による保存等をやめることとした国税関係帳簿又は国税関係書類については、取りやめることとした日以後の新たな記録分等について書面で保存等をしなければならなくなるほか、同日において保存等をしている電磁的記録等のうち、保存時に満たすべき要件を満たせなくなるものについては全て書面（紙）に出力して、保存期間が満了するまで保存等をする必要があります。

　なお、優良な電子帳簿を取りやめる場合は、【問49】をご覧ください。

Ⅲ 優良な電子帳簿に係る過少申告加算税の軽減措置

【基本的事項】

★問38 特例国税関係帳簿に記録された事項に関し修正申告等があった場合には過少申告加算税が軽減されるとされていますが、個人事業者の場合、「記載された事項に関し」とは、どのようなものが該当しますか。

【回答】

　個人事業者の場合、事業所得、不動産所得及び山林所得のように帳簿の保存義務がある所得に係る過少申告については全て過少申告加算税が軽減されますが、帳簿の保存義務がない一時所得や配当所得といった所得に係る過少申告や、所得税の所得控除等（保険料控除、扶養控除等）の適用誤り（※）に起因する過少申告については、優良な電子帳簿に係る過少申告加算税の軽減措置の適用はありません。

※　帳簿の保存義務がある所得に関連する税額控除の適用誤り及び帳簿の保存義務がある所得の過少申告に伴う所得控除等（配偶者控除、基礎控除等）の適用誤りは除きます。

【解説】

　優良な電子帳簿に係る過少申告加算税の軽減措置の適用を受けられるのは、特例国税関係帳簿が優良な電子帳簿である必要がありますが、軽減措置を受けられるものは、特例国税関係帳簿に記載された事項に限られるため、所得税については、帳簿の保存義務があり、かつ、当該特例国税関係帳簿に基づき計算される所得に係る税額に限られます。また、所得税の所得控除（保険料控除、扶養控除等）の適用誤りに起因する過少申告についても軽減措置の適用はありません。

　なお、帳簿の保存義務がある所得に関連する税額控除の適用誤りや帳簿の保存義務がある所得の過少申告に伴う所得控除等（配偶者控除、基礎控除等）の適用誤りについては、特例国税関係帳簿に記録されているものに係るものであることから、軽減措置の適用があります。

　法人税、地方法人税及び消費税（地方消費税を含みます。）の場合は、過少申告加算税の額の計算の基礎となるべき税額の計算において、一般的には全ての事項が特例国税関係帳簿に記録されているものに係ると考えられることから、当該基礎となるべき税額の全てについて軽減措置の適用対象となります。

★問39 法第8条第4項（（過少申告加算税の軽減措置））の規定の適用を受けようとする場合には、どの帳簿について要件を満たして保存する必要がありますか。

【回答】

　法第8条第4項（（過少申告加算税の軽減措置））の規定の対象となる特例国税関係帳簿とは、所得税法施行規則第58条第1項（取引に関する帳簿及び記載事項）に規定する仕訳帳、総勘定元帳その他必要な帳簿（※1）、法人税法施行規則第54条（取引に関する帳簿及び記載事項）に規定する仕訳帳、総勘定元帳その他必要な帳簿（※2）又は消費税法第30条第7項（仕入れに係る消費税額の控除）、第38条第2項（売上に係る対価の返還等をした場合の消費税額の控除）、第38条の2第2項（特定課税仕入れに係る対価の返還等を受けた場合の消費税額の控除）及び第58条（帳簿の備付け等）に規定する帳簿を指し、適用を受けようとする税目に係る全ての帳簿を規則第5条第5項の要件に従って保存し、かつ、あらかじめ本措置の規定の適用を受ける旨等を記載した届出書を提出する必要があります。

※1　上記の所得税法施行規則第58条第1項に規定する「その他必要な帳簿」とは、規則第5条第1項に規定する財務大臣の定める取引に関する事項（次の表のとおり、所得税に係る帳簿の種類に応じて、それぞれ以下の事項。）の記載に係るものをいいます。

所得税に係る帳簿の種類	財務大臣の定める取引に関する事項
不動産所得を生ずべき業務につき備え付ける帳簿	① 手形（融通手形を除きます。以下、本表において同じです。）上の債権債務に関する事項 ② 上記①以外の債権債務に関する事項（当座預金の預入れ及び引出しに関する事項を除きます。） ③ 所得税法第2条第1項第19号に規定する減価償却資産及び同項

	第20号に規定する繰延資産（以下、本表において「減価償却資産等」といいます。）に関する事項 ④ 収入に関する事項 ⑤ 費用に関する事項
事業所得（農業から生ずる所得を除きます。）を生ずべき業務につき備え付ける帳簿	① 手形上の債権債務に関する事項 ② 売掛金（未収加工料その他売掛金と同様の性質を有するものを含みます。）に関する事項 ③ 買掛金（未払加工料その他買掛金と同様の性質を有するものを含みます。）に関する事項 ④ 上記①～③以外の債権債務に関する事項（当座預金の預入れ及び引出しに関する事項を除きます。） ⑤ 減価償却資産等に関する事項 ⑥ 売上げ（加工その他の役務の給付その他売上げと同様の性質を有するもの及び家事消費その他これに類するものを含みます。）その他収入に関する事項 ⑦ 仕入れその他費用に関する事項
事業所得（農業から生ずる所得に限ります。）を生ずべき業務につき備え付ける帳簿	① 債権債務に関する事項（当座預金の預入れ及び引出しに関する事項を除きます。） ② 減価償却資産等に関する事項 ③ 収入に関する事項 ④ 費用に関する事項
山林所得を生ずべき業務につき備え付ける帳簿	① 債権債務に関する事項（当座預金の預入れ及び引出しに関する事項を除きます。） ② 減価償却資産等に関する事項 ③ 山林の伐採・譲渡・家事消費その他これに類するものの収入に関する事項 ④ 費用に関する事項

※２　上記の法人税法施行規則第54条に規定する「その他必要な帳簿」とは、手形（融通手形を除きます。）上の債権債務に関する事項、売掛金（未収加工料その他売掛金と同様の性質を有するものを含みます。）その他債権に関する事項（当座預金の預入れ及び引出しに関する事項を除きます。）、買掛金（未払加工料その他買掛金と同様の性質を有するものを含みます。）その他債務に関する事項、法人税法第２条第21号（定義）に規定する有価証券（商品であるものを除きます。）に関する事項、同条第23号に規定する減価償却資産に関する事項、同条第24号に規定する繰延資産に関する事項、売上げ（加工その他の役務の給付その他売上げと同様の性質を有するものを含みます。）その他収入に関する事項及び仕入れその他経費（賃金、給料手当、法定福利費及び厚生費を除きます。）に関する事項の記載に係るものをいいます。

なお、総勘定元帳や仕訳帳以外の帳簿は納税者が行う事業の業種や規模によって異なり、保存義務者によって作成している帳簿はまちまちですが、例えば、売上帳、経費帳、固定資産台帳、売掛帳、買掛帳等の帳簿を作成している場合には、各帳簿について規則第５条第５項の要件に従って保存する必要があります。

【解説】

過少申告加算税の軽減措置を受けるために要件を満たしていなければならない帳簿については、法第８条第４項柱書において「次に掲げる国税関係帳簿であって財務省令で定めるもの」としており、規則第５条第１項柱書において「修正申告等の基因となる事項に係る所得税法施行規則第58条第１項に規定する仕訳帳、総勘定元帳その他必要な帳簿（財務大臣の定める取引に関する事項の記載に係るものに限る。）、法人税法施行規則第54条に規定する仕訳帳、総勘定元帳その他必要な帳簿（手形（融通手形を除く。）上の債権債務に関する事項、売掛金（未収加工料その他売掛金と同様の性質を有するものを含む。）その他債権に関する事項（当座預金の預入れ及び引出しに関する事項を除く。）、買掛金（未払加工料その他買掛金と同様の性質を有するものを含む。）その他債務に関する事項、法人税法第二条第二十一号（定義）に規定する有価証券（商品であるものを除く。）に関する事項、同条第二十三号に規定する減価償却資産に関する事項、同条第二十四号に規定する繰延資産に関する事項、売上げ（加工その他の役務の給付その他売上げと同様の性質を有するものを含む。）その他収入に関する

事項及び仕入れその他経費（賃金、給料手当、法定福利費及び厚生費を除く。）に関する事項の記載に係るものに限る。）又は消費税法第30条第7項、第38条2項、第38条の2第2項及び第58条に規定する帳簿」と規定されています。

　この規則第5条第1項柱書の規定は、所得税法上の青色申告者又は法人税法上の青色申告法人が保存しなければならないこととされる帳簿のうち、仕訳帳及び総勘定元帳以外の必要な帳簿（補助簿）について、申告（課税所得）に直接結びつきやすい経理誤り全体を是正しやすくするかどうかといった観点から、課税標準や税額の計算に直接影響を及ぼす損益計算書に記載する科目についてはその科目に関する補助簿の全てを、貸借対照表に記載する科目については損益計算書に記載する科目との関連性が強くその科目の変動について把握する必要性が高い科目に関する補助簿のみを、それぞれ対象とすることを意図して規定されており、これらの帳簿に係る電磁的記録の備付け及び保存が「国税の納税義務の適正な履行に資するものとして財務省令で定める要件」（すなわち優良な電子帳簿の要件）を満たしている場合に、過少申告加算税の軽減措置が適用されます。

　なお、当該規則の規定における「修正申告等の基因となる事項に係る」との文言については、その申告漏れとなっている所得金額等に係る税目以外の税目に係る帳簿が優良な電子帳簿の要件を満たしているか否かに左右されないことを明らかにするための文言であって、保存義務者が作成している特例国税関係帳簿の一部の帳簿が優良な電子帳簿である場合にも過少申告加算税の軽減措置を受けられることを前提としているわけではありません。

問40　当社は事業部又は支店ごとに帳簿を作成していますが、法第8条第4項（（過少申告加算税の軽減措置））の規定の適用を受けたい場合には、その事業部又は支店の帳簿についても優良な電子帳簿の要件により保存等を行う必要がありますか。

【回答】

　法第8条第4項（（過少申告加算税の軽減措置））の規定の適用を受ける場合には、事業部や支店ごとに国税関係帳簿を備え付けている場合であっても、その全ての特例国税関係帳簿について、規則第5条第5項に規定する優良な電子帳簿の要件を満たして保存等を行う必要があります。

【解説】

　法第8条第4項（（過少申告加算税の軽減措置））の規定の適用を受けようとする場合には、特例国税関係帳簿のうち、その適用を受けようとする税目ごとに保存義務者が保存等を行うべき帳簿（事業部又は支店ごとに作成している帳簿を含みます。）について、規則第5条第5項の要件を満たして電磁的記録による保存等を行っている必要があります。

　そのため、事業部又は支店ごとに作成している国税関係帳簿であっても、特例国税関係帳簿に該当するものは全て規則第5条第5項の要件を満たして保存していなければ、過少申告加算税の軽減措置は受けられないこととなります。

　なお、法第8条第4項（（過少申告加算税の軽減措置））の規定の適用対象となる特例国税関係帳簿とは、所得税法施行規則第58条第1項に規定する仕訳帳、総勘定元帳その他必要な帳簿（財務大臣の定める取引に関する事項の記載に係るものに限ります。）、法人税法施行規則第54条に規定する仕訳帳、総勘定元帳その他必要な帳簿（手形（融通手形を除きます。）上の債権債務に関する事項、売掛金（未収加工料その他売掛金と同様の性質を有するものを含みます。）その他債権に関する事項（当座預金の預入れ及び引出しに関する事項を除きます。）、買掛金（未払加工料その他買掛金と同様の性質を有するものを含みます。）その他債務に関する事項、法人税法第2条第21号（定義）に規定する有価証券（商品であるものを除きます。）に関する事項、同条第23号に規定する減価償却資産に関する事項、同条第24号に規定する繰延資産に関する事項、売上げ（加工その他の役務の給付その他売上げと同様の性質を有するものを含みます。）その他収入に関する事項及び仕入れその他経費（賃金、給料手当、法定福利費及び厚生費を除きます。）に関する事項の記載に係るものに限ります。）又は消費税法第30条第7項（仕入れに係る消費税額の控除）、第38条第2項（売上に係る対価の返還等をした場合の消費税額の控除）、第38条の2第2項（特定課税仕入れに係る対価の返還等を受けた場合の消費税額の控除）及び第58条（帳簿の備付け等）に規定する帳簿を指します。

問41　当社は仕訳帳や総勘定元帳などを作成する会計ソフトとは別の会計ソフトを使用して一部の補助簿を作成していますが、法第８条第４項（(過少申告加算税の軽減措置)）の規定の対象となる特例国税関係帳簿については、それぞれの会計ソフトにおいて優良な電子帳簿としての機能を備えた状態で備付け及び保存を行っています。複数の会計ソフトを使用している場合についても、優良な電子帳簿に係る過少申告加算税の軽減措置を受けることはできるのでしょうか。

【回答】

　　法第８条第４項（(過少申告加算税の軽減措置)）の規定の対象となる特例国税関係帳簿について、規則第５条第５項に規定する優良な電子帳簿の要件を満たして保存等を行い、かつ、あらかじめ本措置の規定の適用を受ける旨等を記載した届出書を提出している場合については、その保存等が複数の会計ソフトを使用しているとしても、優良な電子帳簿に係る過少申告加算税の軽減措置の適用を受けることができます。

【解説】

　　法第８条第４項（(過少申告加算税の軽減措置)）の規定の対象となる特例国税関係帳簿について、規則第５条第５項の要件を満たして電磁的記録による保存等を行っている必要がありますが、その保存等については、特に一つの会計ソフトで行うことまで求められておらず、優良な電子帳簿の保存等が複数の会計ソフトを使用して行われている場合であっても、それを理由として過少申告加算税の軽減措置が受けられなくなることはありません。

　　例えば、特例国税関係帳簿について、基本的にはＡ会計ソフトを使用して保存等をし、このＡ会計ソフトでは作成ができない固定資産台帳についてはＢ会計ソフトを使用して保存等をしている場合についても、それぞれの会計ソフトを用いて、その全ての特例国税関係帳簿について規則第５条第５項の要件に従って保存等を行い、かつ、あらかじめ本措置の規定の適用を受ける旨等を記載した届出書を提出している場合については、基本的には、過少申告加算税の軽減措置の適用を受けることができます。

　　なお、複数の会計ソフトを使用して特例国税関係帳簿の保存等をしている場合であっても、過少申告加算税の軽減措置の適用を受けるにあたり、各帳簿間の記録事項の関連性を確認することができるようにしておく必要がありますので注意してください（【問31】参照）。

問42　仕訳帳や総勘定元帳のほか、売上や経費に関する帳簿、固定資産に関する帳簿などの青色申告関係帳簿については優良な電子帳簿としての機能を備えた状態で備付け及び保存を行っています。一方で、日々の在庫管理や棚卸表作成時に参照する目的で商品の有高を記録している「商品有高帳」については、表計算ソフトで作成しているため優良な電子帳簿の要件を満たしていません。この場合、優良な電子帳簿に係る過少申告加算税の軽減措置の適用を受けることは認められませんか。

　　また、税法で定められた記載事項の全てを、優良な電子帳簿としての機能を備えた会計ソフトを用いて青色申告関係帳簿に記録・保存していますが、業務上の必要性等から、一部の記載事項については手書きのノートや簿冊、表計算ソフト等においても補助的・重複的に記録しています。この場合、これらのノート等も帳簿として取り扱われることとなり、これらのノート等が優良な電子帳簿としての要件を備えていないことを理由として、過少申告加算税の軽減措置の適用を受けることは認められないでしょうか。

【回答】

　　お尋ねの「商品有高帳」は、優良な電子帳簿に係る過少申告加算税の軽減措置の対象となる帳簿（以下「青色申告関係帳簿等」といいます。）には一般的には含まれませんので、この「商品有高帳」が優良な電子帳簿の要件を満たして保存等されていないことを理由として優良な電子帳簿に係る過少申告加算税の軽減措置が受けられなくなることはありません。

　　また、お尋ねの「優良な電子帳簿に加えて補助的に作成しているノート等」については、青色申告関係帳簿等の全てが優良な電子帳簿としての要件を満たして適切に作成されている限りにおいて、その記載事項と同内容を記載した補助資料に過ぎないと考えられますので、「優良な電子帳簿に加えて補助的に作成しているノート等」が優良な電子帳簿の要件を満た

して保存等されていないことを理由として優良な電子帳簿に係る過少申告加算税の軽減措置が受けられなくなることはありません。

【解説】

　法第8条第4項の規定によって過少申告加算税の軽減措置の適用を受けるためには、青色申告者又は青色申告法人が作成しなければならない帳簿（【問 39】参照）について、優良な電子帳簿の保存時に満たすべき要件を満たして保存等を行う必要があります。

　青色申告者又は青色申告法人は、所得税法又は法人税法に基づき、仕訳帳、総勘定元帳その他必要な帳簿を備え、所得税法施行規則第58条第1項に規定する財務大臣告示又は法人税法施行規則別表21が定める取引に関する事項を記載しなければならないこととされていますが、お尋ねの「商品有高帳」に記載されている商品の有高は、これらの帳簿の記載事項には含まれていません。

　したがって、取引に関する事項として他の帳簿の記載事項を「商品有高帳」において記載・管理していない限り、当該「商品有高帳」が優良な電子帳簿の要件を満たして保存等をしていなくとも、それを理由として過少申告加算税の軽減措置が受けられなくなることはありません。

　また、「優良な電子帳簿に加えて補助的に作成しているノート等」については、業務システムと会計システムを連携させたシステムを採用している場合（【問 19】参照）と異なり、税法で定められた記載事項の全てを、優良な電子帳簿としての機能を備えた会計ソフトを用いて青色申告関係帳簿等に記録・保存していれば、過少申告加算税の軽減措置の適用を受けることが可能です。お尋ねのように、青色申告関係帳簿等の全てを優良な電子帳簿の要件を満たした形で保存等をしつつ、業務上の必要性等から補助的・重複的に作成しているノート等は、青色申告関係帳簿等の記載事項と同内容を記載した補助資料に過ぎないと考えられることから、それが優良な電子帳簿の要件を満たしていないことを理由として過少申告加算税の軽減措置が受けられなくなることはありません。

　（注）　「補助的に作成しているノート等」を基として、課税期間終了後に別途、青色申告関係帳簿等を作成し、それが優良な電子帳簿としての機能を備えた状態で保存等されていたとしても、課税期間の初日から青色申告関係帳簿等を優良な電子帳簿の要件を満たして備付けをしていたことにはなりませんので、過少申告加算税の軽減措置の適用を受けることはできません。

【特例の適用を受ける旨の届出書】

★ 問43　法第8条第4項((過少申告加算税の軽減措置))の規定の適用を受けようとする場合には、あらかじめ届出書を提出することとなっていますが、具体的にはいつまでの期限を指すのでしょうか。

【回答】

　法第8条第4項((過少申告加算税の軽減措置))の規定の適用を受けようとする国税の法定申告期限までに、法第8条第4項((過少申告加算税の軽減措置))の規定の適用を受ける旨等を記載した届出書(以下「特例適用届出書」といいます。)の提出が必要となります。

【解説】

　規則第5条第1項((特例国税関係帳簿の適用届出書))に規定する「あらかじめ」の適用に当たっては、法第8条第4項((過少申告加算税の軽減措置))の規定の適用を受けようとする国税の法定申告期限までに提出があれば、あらかじめ提出があったものとして取り扱うこととしています(取扱通達8-5)。

　また、令和4年1月1日前において現に令和3年度の税制改正前の承認を受けている国税関係帳簿(以下「承認済国税関係帳簿」といいます。)について、当該承認済国税関係帳簿が規則第5条第1項に定める特例国税関係帳簿(所得税法上の青色申告者が保存しなければならないこととされる仕訳帳、総勘定元帳その他必要な帳簿(所得税法施行規則58①)、法人税法上の青色申告法人が保存しなければならないこととされる仕訳帳、総勘定元帳その他必要な帳簿(法人税法施行規則54)又は消費税法上の事業者が保存しなければならないこととされる一定の帳簿(消費税法30⑦、38②、38の2②、58))である場合には、法第8条第4項に規定する過少申告加算税の軽減措置の適用を受けることが可能です。その場合においても、あらかじめ、特例適用届出書の提出が必要となりますので注意してください(令3改正法附則82⑦)。

問44　個人が年の中途に不動産所得を生ずべき業務を開始するため、新たな帳簿を備え付けることとなる場合に、当該帳簿について優良な電子帳簿の要件を全て満たして保存等を行えば、その年から過少申告加算税の軽減措置の規定の適用を受けることができますか。また、できるとした場合に、その規定の適用を受ける旨等を記載した届出書はいつまでに提出すればよいのでしょうか。

【回答】

　不動産所得、事業所得又は山林所得を生ずべき業務のいずれの業務も行っていない個人が年の中途に業務を開始したことにより新たに帳簿を付けることとなり、その業務開始の日から備付けを開始する国税関係帳簿を優良な電子帳簿の要件を満たして保存等する場合には、その業務開始の年から優良な電子帳簿に係る過少申告加算税の軽減措置の適用を受けることができます。

　その場合には、その年分に係る所得税の法定申告期限までに規則第5条第1項に規定する法第8条第4項((過少申告加算税の軽減措置))の規定の適用を受ける旨等を記載した届出書を納税地等の所轄税務署長宛に提出する必要があります。

【解説】

　優良な電子帳簿に係る過少申告加算税の軽減措置の適用を受けようとする場合には、課税期間の初日から優良な電子帳簿の要件を満たして備付けを開始する必要がありますが、例えば、不動産所得、事業所得又は山林所得を生ずべき業務のいずれの業務も行っていない個人が年の中途に新たに不動産所得を生ずべき業務を開始したような場合には、例外的に課税期間の中途の日が国税関係帳簿の備付け開始日となるため(取扱通達4-4)、その新たな業務を開始した日から優良な電子帳簿の備付けを開始していれば、その業務開始の年から本措置の適用を受けることができます。

　なお、規則第5条第1項に規定する法第8条第4項((過少申告加算税の軽減措置))の規定の適用を受ける旨等を記載した届出書については、その年分に係る所得税の法定申告期限ま

でに提出していれば、あらかじめ届出書の提出があったものとして過少申告加算税の軽減措置の適用を受けることが可能となります（取扱通達8－5）。

問45　法人税に係る特例国税関係帳簿を本店のほか事業所ごとに作成、保存している場合、各事業所の長が各事業所の所在地の所轄税務署長に対して法第8条第4項（(過少申告加算税の軽減措置)）の規定の適用を受ける旨等を記載した届出書を提出することができるのでしょうか。

【回答】

　　法人自体が、本店所在地の所轄税務署長に対して法第8条第4項（(過少申告加算税の軽減措置)）の規定の適用を受ける旨等を記載した届出書（以下「特例適用届出書」といいます。）を提出する必要があります。

【解説】

　　法人税に係る国税関係書類については、これを事業所の所在地に保存することも認められています（法人税法施行規則59①、同67②）が、①電子帳簿保存法では、特例適用届出書の提出主体を保存義務者とし（規則5①）、また、その保存義務者を「国税に関する法律の規定により……保存をしなければならないこととされている者」と定義している（法2四）こと、一方、②法人税法では、法人税に係る国税関係帳簿書類の保存義務者を法人自体としていること（法人税法126①及び150の2①）から、各事業所の長は保存義務者には該当しません。

　　また、特例適用届出書は、納税地等の所轄税務署長に対して提出する必要があり（規則5①）、この場合の「納税地等」については、「保存義務者が、国税関係帳簿書類に係る国税の納税者（国税通則法第2条第5号に規定する納税者をいう。）である場合には当該国税の納税地をいい……」と定義されています（規則2二）。

　　したがって、法人税に係る特例国税関係帳簿を各事業所に保存することとしている場合であっても、それに係る特例適用届出書は、その法人自体が、その法人の法人税法上の納税地（本店又は主たる事務所の所在地）の所轄税務署長に対して提出する必要があります。

　　なお、法第8条第4項の規定の適用を受けるためには、事業所単位で作成しているものも含めて全ての特例国税関係帳簿（法人税法施行規則第54条に規定する帳簿）を優良な電子帳簿の要件を満たして保存する必要があります。

★問46　令和3年度の税制改正前の法の承認を受けて電子帳簿保存を行っていますが、その場合であっても法第8条第4項（(過少申告加算税の軽減措置)）の規定の適用を受ける旨等を記載した届出書の提出は必要ですか。

【回答】

　　既に令和3年度の税制改正前の法の承認を受けて法第8条第4項（(過少申告加算税の軽減措置)）の規定の対象となる全ての国税関係帳簿に係る電磁的記録を保存等している場合であっても、過少申告加算税の軽減措置の適用を受けるためには、あらかじめ本措置の適用を受ける旨等を記載した届出書の提出が必要です（【問43】参照）。

【届出書の効力】

> 問47　有限会社から株式会社への組織変更を行う場合、有限会社があらかじめ提出した届出書の効力は株式会社に承継されますか。

【回答】

　　組織変更前の法人の届出書の効力は、組織変更後の法人にそのまま引き継がれます。

【解説】

　　組織変更とは、会社の組織を変更して他の種類の会社とし、しかも会社の同一性をそのまま保持させることをいいますが、形式上は、組織変更前の会社については解散の登記を、組織変更後の会社は設立の登記を行うこととなります（会社法920）。

　　しかし、税法上は組織変更をした場合の会社の同一性に着目し、その解散又は設立はなかったものとして取り扱うこととしており、そのため、法人税の事業年度についても、当該法人の事業年度は、その組織変更によっては区分されず継続することとされています（法人税基本通達１－２－２参照）。

> 問48　個人事業者がいわゆる法人成りした場合、個人事業者が提出した届出書の効力は法人に承継されますか。

【回答】

　　個人事業者がいわゆる法人成りした場合には、個人がそれまでに提出した届出書の効力は法人に承継されないので、改めて届出書を提出する必要があります。

【解説】

　　個人事業者がいわゆる法人成りした場合には、法人成りするまでの間の国税関係帳簿書類と法人設立後に新たに保存等することとなる国税関係帳簿書類は別のものですから、法人の組織変更の場合のように届出書の効力が継続することにはなりません。

　　したがって、法人成りした場合には、改めて法第８条第４項（（過少申告加算税の軽減措置））の規定の適用を受ける旨等を記載した届出書を提出する必要があります。

付録４　電子帳簿保存法一問一答（電子計算機を使用して作成する帳簿書類関係）

問49 法第8条第4項（（過少申告加算税の軽減措置））の規定の適用を受けることをやめよう
　　とする場合の取りやめの届出書を提出した場合、その取りやめの届出書を提出した日に
　　おいて保存等している電磁的記録等は、そのまま電磁的記録等により保存等することと
　　してもよいのでしょうか。

【回答】

　法第8条第4項（（過少申告加算税の軽減措置））の規定の適用を取りやめる旨等を記載した
届出書（以下「特例取りやめ届出書」といいます。）を提出した場合、その特例取りやめ届出
書を提出した日において保存等をしている特例国税関係帳簿に係る電磁的記録及び電子計算
機出力マイクロフィルムについては、引き続き規則第2条第2項の要件を満たしていれば電
磁的記録等により保存等を行って差し支えありません。

　なお、規則第2条第2項の要件を満たせない場合には、その電磁的記録等を書面（紙）に
出力して保存等をしなければなりません（取扱通達4－35）。

【解説】

　特例取りやめ届出書の提出があった場合、その提出があった日の属する課税期間以後の課
税期間については、当該規定の適用を受ける旨の届出書の効力は失われますが、電磁的記録
等による保存等自体を認めないものではありません。

　したがって、引き続き規則第2条第2項に規定する優良な電子帳簿以外の電子帳簿の要件
を満たして保存等している場合には、電磁的記録等として保存することが可能です。

　また、規則第2条第2項の要件を満たしていれば、優良な電子帳簿の要件を満たしていな
いことをもって、電磁的記録による保存等に係る帳簿書類の保存義務違反による青色申告の
承認の取消し等の対象にはなりません。

　なお、規則第2条第2項の要件を満たせない場合や、課税期間の途中で電子計算機による
作成を取りやめる場合には、新たな記録分について書面（紙）で保存等をしなければならな
くなるほか、同日において保存等をしている電磁的記録のうち、保存時に満たすべき要件を
満たせなくなるものについては全て書面（紙）に出力して、保存期間が満了するまで保存等
をする必要があります（【問37】参照）。

問50 法第8条第4項（（過少申告加算税の軽減措置））の規定の適用を取りやめる旨等を記載
　　した届出書を提出しましたが、翌年以降本規定の適用を受けたい場合にはどうすればよ
　　いのでしょうか。

【回答】

　改めて法第8条第4項（（過少申告加算税の軽減措置））の規定の適用を受ける旨等を記載し
た届出書（以下「特例適用届出書」といいます。）を提出する必要があります。

【解説】

　法第8条第4項（（過少申告加算税の軽減措置））の規定の適用を取りやめる旨等を記載した
届出書（以下「特例取りやめ届出書」といいます。）の提出があった場合、その提出があった
日の属する課税期間以後の課税期間については、特例適用届出書の効力は失われます。した
がって、その特例取りやめ届出書を提出した日の属する課税期間の翌期以降、優良な電子帳
簿に係る過少申告加算税の軽減措置の適用を受けようとする場合には、当該規定の適用を受
けようとする国税の法定申告期限までに、改めて特例適用届出書を提出する必要があります。

問51 法第8条第4項（（過少申告加算税の軽減措置））の規定の適用を受けるため特例国税関
　　係帳簿について優良な電子帳簿の要件を満たして保存等を行っていますが、保存等のシ
　　ステムに変更があった場合には、その程度のいかんを問わず、変更の届出書を提出しな
　　ければなりませんか。

【回答】

法第８条第４項((過少申告加算税の軽減措置))の規定の適用を受ける旨等を記載した届出書に記載した事項を変更する場合には、変更する旨等を記載した届出書の提出が必要となります。例えば、優良な電子帳簿の要件に係る次に掲げるような変更を行った場合が該当します。

・　使用するシステムの全面的な変更のほか、訂正又は削除の履歴の確保、帳簿間での相互関連性の確保及び検索機能の確保に係るシステムの大幅な変更（使用していた市販ソフトの変更を含みますが、いわゆる同一ソフトのヴァージョンアップは含みません。）

問52　令和５年度の税制改正前の特例国税関係帳簿について、法第８条第４項((過少申告加算税の軽減措置))の規定の適用を受けるため優良な電子帳簿の要件を満たして保存等を行っていますが、届出書に記載していた国税関係帳簿の一部が令和５年度税制改正により特例国税関係帳簿に該当しないことになった場合も、変更の届出書を提出しなければなりませんか。

【回答】
　法第８条第４項((過少申告加算税の軽減措置))の規定の適用を受ける旨等を記載した届出書（以下「特例適用届出書」といいます。）に記載した事項を変更する場合に該当しないことから、変更の届出書を提出する必要はありません。

【解説】
　法第８条第４項((過少申告加算税の軽減措置))の規定の対象となる特例国税関係帳簿については、所得税法上の青色申告者又は法人税法上の青色申告法人が保存しなければならないこととされる帳簿のうち、仕訳帳及び総勘定元帳以外の必要な帳簿（補助簿）について、申告（課税所得）に直接結びつきやすい経理誤り全体を是正しやすくするかどうかといった観点から、課税標準や税額の計算に直接影響を及ぼす損益計算書に記載する科目についてはその科目に関する補助簿の全てを、貸借対照表に記載する科目については損益計算書に記載する科目との関連性が強くその科目の変動について把握する必要性が高い科目に関する補助簿のみを、それぞれ対象とすることを意図して規定されていることから、令和５年度の税制改正においてその対象帳簿の範囲の合理化・明確化がされたところです（【問39】参照）。
　令和６年１月１日前において現に令和５年度の税制改正前の要件において特例適用届出書を提出している国税関係帳簿（以下「届出済国税関係帳簿」といいます。）について、当該届出済国税関係帳簿の一部が規則第５条第１項に定める特例国税関係帳簿に該当しないこととなったとしても、従来備え付けていた国税関係帳簿の一部を廃止したなど、特例適用届出書に記載した事項が変更となったものではないことから、改めて、特例適用届出書に記載した事項の変更をしようとする旨等を記載した届出書（以下「変更届出書」といいます。）を提出する必要はありません。
　なお、届出済国税関係帳簿のうち現金出納帳などの特例国税関係帳簿に該当しないものに係るシステムの大幅な変更を行った場合等については、特例適用届出書に記載した事項が変更となった場合に該当しますが、変更届出書を提出しなくても差し支えありません。
（注）　届出済国税関係帳簿のうち総勘定元帳や仕訳帳などの令和５年度の税制改正後の特例国税関係帳簿に該当するものに係るシステムの大幅な変更を行った場合等については、あらかじめ変更届出書の提出が必要となります（【問51】参照）。

【届出書の便宜提出】

> 問53　法人の納税地はA市にあるが実体はB市にある場合に、法人税に係る法第8条第4項((過少申告加算税の軽減措置))の規定の適用を受ける旨等を記載した届出書をB市を所轄する税務署長を経由して提出することはできますか。

【回答】

　B市を所轄する税務署長を経由して提出することはできません。

【解説】

　法人税に係る法第8条第4項((過少申告加算税の軽減措置))の規定の適用を受ける旨等を記載した届出書は、法人の実体が納税地に存するか否かにかかわらず、法人税の納税地を所轄する税務署長に提出することとなります。

　規則第5条第4項において準用する規則第2条第10項の便宜提出は、一の納税者が複数の納税地等を有している場合を念頭においたものであり、一の納税者が複数の納税地を有していない場合には同項の規定の適用はありません。

> 問54　グループ法人である4社が、いずれも親会社が開発した電子計算機処理システムにより特例国税関係帳簿を作成している場合、子会社の法第8条第4項((過少申告加算税の軽減措置))の規定の適用を受ける旨等を記載した届出書を親会社の届出書の提出と同時に親会社の納税地の所轄税務署長を経由して提出することができますか。

【回答】

　子会社の法第8条第4項((過少申告加算税の軽減措置))の規定の適用を受ける旨等を記載した届出書を、親会社の納税地の所轄税務署長を経由して提出することはできません。

【解説】

　規則第5条第4項において準用する規則第2条第10項の便宜提出は、一の納税者が複数の納税地等を有している場合を念頭においたものであり、グループ会社のように各々が独立した納税者である場合には、同項に規定する「相当の理由」には該当しないと解されます。

IV その他
【認証制度】

★ 問55　自社で使用する帳簿ソフト等について、電子帳簿保存法の優良な電子帳簿の要件を満たしているか分からないのですが、どのようにしたらよいですか。

【回答】

　まずは当該ソフトウェアの取扱説明書等で電子帳簿保存法の優良な電子帳簿の要件を満たしているか確認してください。また、公益社団法人日本文書情報マネジメント協会（以下「JIIMA」といいます。）において、市販のソフトウェア及びソフトウェアサービス（以下「ソフトウェア等」といいます。）を対象に、電子帳簿保存法における優良な電子帳簿の要件（改正前の電子帳簿保存法の保存時に満たすべき要件に相当する要件）適合性の確認（認証）を行っており、JIIMAが確認（認証）したソフトウェア等については、JIIMAのホームページ等でも確認することができます。

【解説】

　従前は、使用する帳簿ソフト等が電子帳簿保存法の要件に適合しているかについて、商品の表示等のみに頼っている状況でした。こうした状況を踏まえ、申請者の予見可能性を向上させる観点から、JIIMAがソフトウェア等の法的要件認証制度を開始しました。国税庁としてはこれを審査に活用することとし、また、旧承認制度の下で承認申請の手続負担を軽減させる観点から、JIIMAによる要件適合性の確認（「認証」）を受けたソフトウェア等を利用する場合については、承認申請書の記載事項や添付書類を一部省略することを可能としました。

　令和３年度の税制改正による承認制度廃止後も、保存義務者の予見可能性を確保する観点及び優良な電子帳簿の普及拡大の観点から、認証を受けたソフトウェア等について引き続き国税庁のホームページに掲載することとしました。

　なお、電子帳簿保存法の保存等の要件には、事務手続関係書類の備付けに関する事項等、機能に関する事項以外の要件もあり、それらを含め全ての要件を満たす必要がありますので注意してください。

問56　公益社団法人日本文書情報マネジメント協会により認証されたソフトウェア等とはどのようなものでしょうか。

【回答】

　公益社団法人日本文書情報マネジメント協会（以下「JIIMA」といいます。）が電子帳簿保存法に規定する機能要件に適合するか機能の仕様について取扱説明書等で確認を行い、法的要件を満たしていると判断し認証したソフトウェア等をいいます。

　また、認証を受けたソフトウェア等は、国税庁及びJIIMAのホームページに記載される認証製品一覧表に明示されるほか、当該ソフトウェア等の説明書等に認証番号などが記載されています。

　認証制度開始時からの電子帳簿（法4①）及びスキャナ保存（法4③）用のソフトウェア等に係る認証制度に加えて、令和３年４月以降は、電子書類（法4②）及び電子取引（法7）に係るソフトウェア等についても認証を行っています。

　なお、認証を受けたソフトウェア等は、以下に示す「認証ロゴ」を使用できることから、そのソフトウェアがJIIMAから認証されたものであるか否かについては、この認証ロゴによって判断することもできます。ただし、以下の「認証ロゴ」は令和５年６月現在で使用しているものを記載していますので、使用にあたっては説明書等で認証番号などを確認していただくようお願いします。

（参考）
《認証ロゴ（令和５年６月現在使用されているもの）》
〜電子帳簿〜

　　若しくは　　

又は

　　若しくは　　

〜電子書類〜

　若しくは　　若しくは　

又は

　若しくは　　若しくは　

認証ロゴを使用できる場所
認証製品の梱包材、製品マニュアル、技術マニュアル、仕様書　ＷＥＢページ　等

【国税庁HPの掲載場所】
　ホーム/法令等/その他法令解釈に関する情報/電子帳簿保存法関係/JIIMA認証情報リスト

問57　令和４年１月１日において現に電子帳簿保存の承認を受けている国税関係帳簿について、法第８条第４項（（過少申告加算税の軽減措置））の規定の適用を受けることはできますか。

【回答】

　令和４年１月１日前において現に令和３年度の税制改正前の承認を受けている国税関係帳簿（以下「承認済国税関係帳簿」といいます。）について、当該承認済国税関係帳簿が規則第５条第１項に定める特例国税関係帳簿（所得税法上の青色申告者が保存しなければならないこととされる仕訳帳、総勘定元帳その他必要な帳簿（所得税法施行規則 58①）、法人税法上の青色申告法人が保存しなければならないこととされる仕訳帳、総勘定元帳その他必要な帳簿（法人税法施行規則 54）又は消費税法上の事業者が保存しなければならないこととされる一定の帳簿（消費税法 30⑦、38②、38 の２②、58））である場合には、法第８条第４項に規定する過少申告加算税の軽減措置の適用を受けることが可能です。その場合においても、あらかじめ、法第８条第４項の規定の適用を受ける旨等を記載した届出書の提出が必要となりますので注意してください（令３改正法附則 82⑦）。

★　問58　令和３年度の税制改正前の承認済国税関係帳簿及び承認済国税関係書類について、令和４年１月１日以後に令和３年度の税制改正後の国税関係帳簿書類の電磁的記録等による保存等の要件を適用して国税関係帳簿又は国税関係書類の保存等をすることとした場合、改正前の承認済国税関係帳簿及び承認済国税関係書類に係る取りやめの届出書を提出することとなるのでしょうか。

【回答】

　令和３年度の税制改正前の承認済国税関係帳簿及び承認済国税関係書類について、令和４年１月１日以後に令和３年度の税制改正後の要件で電磁的記録の保存等を行う場合については、原則として、当該承認済国税関係帳簿及び承認済国税関係書類に係る取りやめの届出書の提出が必要となりますが、以下について行っていただく場合又は法第８条第４項（（過少申告加算税の軽減措置））の規定の適用を受ける旨等を記載した届出書（「２（２）その他参考となる事項」欄）に併せて取りやめようとする承認済国税関係帳簿の種類等を記載していただく場合は、当該承認済国税関係帳簿及び承認済国税関係書類に係る取りやめの届出書を提出する必要はありません。

・　令和３年度の税制改正後の要件で電磁的記録の保存等を開始した日（優良な電子帳簿に係る過少申告加算税の軽減措置の適用を受けようとする場合には、優良な電子帳簿の要件を満たして保存等を開始した日を含みます。）について、管理、記録をしておくこと。

・　税務調査があった際に、上記の管理、記録しておいた内容について答えられるようにしておくこと。

【解説】

　令和３年度の税制改正により、令和４年１月１日において現に国税関係帳簿書類に係る電磁的記録による保存等の承認を受けている国税関係帳簿書類については、なお従前の例によることとされています（令３改正法附則82①、②）。

　したがって、改正後の要件により保存等を行おうとする場合、原則として、改正後の要件による備付け（書類の場合は、保存）を開始する日より前に取りやめの届出書の提出が必要となります。

　しかしながら、引き続き電磁的記録の保存を行おうとする場合においては、納税者の利便性向上という本改正の趣旨も踏まえ、改正前に既に承認を受けている保存義務者に対して追加の負担を求めるものとならないよう、令和３年度の税制改正後の要件で電磁的記録の保存等を開始した日（優良な電子帳簿に係る過少申告加算税の軽減措置の適用を受けようとする場合には、優良な電子帳簿の要件を満たして保存等を開始した日を含みます。）について、後日明らかにできるような状態で適宜の方法により管理、記録をしておき、後日税務調査が

あった際に、令和3年度の税制改正後の要件で電磁的記録の保存等を開始した日について説明できるような状態にしておく場合には、令和3年度の税制改正前の承認に係る取りやめの届出書の提出があったものとみなし、別途、取りやめの届出書の提出は求めることとはしません。

　なお、改正前の承認については、改正前の電子帳簿書類の保存時に満たすべき要件で電子帳簿書類の保存等を行う日の最終日まで効力を有するものとして取り扱います。

　おって、承認を取りやめた国税関係帳簿書類については、次のとおり取り扱うこととなります。

① 　国税関係帳簿書類に係る電磁的記録による保存等をやめる場合には、取りやめの届出書を提出した上、その提出した日において保存等をしている電磁的記録及び保存している電子計算機出力マイクロフィルムの内容を書面に出力して保存等をしなければならないこととなります。

② 　改正後の要件に従い国税関係帳簿書類に係る電磁的記録による保存等を行おうとする場合（旧制度から新制度への移行の場合）にも取りやめの届出書が必要となりますが、令和4年1月1日以後に備付けを開始する国税関係帳簿又は保存が行われた国税関係書類については、取りやめの届出書の提出以後、改正後の要件に従いその国税関係帳簿又は国税関係書類に係る電磁的記録の保存等をしなければならないこととなるため、承認を取りやめる年分を明示してその取りやめの届出書の提出をする必要があります。また、同日前に備付けを開始し、又は保存が行われた国税関係帳簿書類について改正前の要件に従いその国税関係帳簿書類に係る電磁的記録の保存等をする場合には、引き続きその電磁的記録の保存等を行う年分を除外して、上記の取りやめの届出書の提出を行う必要があります。

問59　令和5年度の税制改正前の法第8条第4項((過少申告加算税の軽減措置))の規定について、最短ではいつから適用を受けることが可能となるのでしょうか。

【回答】

　令和5年度の税制改正前の法第8条第4項((過少申告加算税の軽減措置))の規定は、令和4年1月1日以後に法定申告期限が到来する国税について適用されます。

　具体的には、令和4年1月1日以後に国税関係帳簿の備付けを開始する場合には、個人事業者であれば令和4年分の所得税について、法人であれば令和4年1月1日以後に開始する事業年度の法人税について、それぞれ適用が可能となります。

　一方、令和3年度の税制改正前の法の承認を受けて規則第5条第1項に定める特例国税関係帳簿の全てについて電磁的記録による保存等を行っている場合には、個人事業者であれば令和3年分の所得税について、法人であれば令和4年1月1日以後に法定申告期限が到来する事業年度の法人税について、それぞれ適用が可能となります。

　なお、優良な電子帳簿に係る過少申告加算税の軽減措置の適用に当たっては、修正申告書又は更正に係る課税期間の初日（新たに業務を開始した個人のその業務を開始した日の属する課税期間については、同日）から引き続き、優良な電子帳簿の要件を満たしている必要があることから、令和3年度の税制改正前の法の承認を受けて電子帳簿を保存等している保存義務者についても、例えば、令和3年分の所得税についてその軽減措置の適用を受けようとする場合には、その所得税の課税期間の初日である令和3年1月1日から、承認を受けて電子帳簿の保存等を行っている必要があります。

★問60　令和5年度の税制改正後の法第8条第4項((過少申告加算税の軽減措置))の規定について、最短ではいつから適用を受けることが可能となるのでしょうか。

【回答】

　令和5年度の税制改正後の法第8条第4項((過少申告加算税の軽減措置))の規定は、令和6年1月1日以後に法定申告期限が到来する国税について適用されます。

　具体的には、個人事業者であれば令和5年分の所得税について、法人であれば令和5年10月決算期分（例えば、3月決算法人の場合には令和6年3月決算期分）の法人税について、

それぞれ適用が可能となります。

（参考）

　令和6年1月1日前に法定申告期限が到来する国税（令和4年1月1日以後に法定申告期限が到来する国税に限ります。）については、令和6年1月1日前において、現に令和5年度の税制改正前の要件で法第8条第4項の規定の適用を受ける旨等を記載した届出書を提出している国税関係帳簿について電磁的記録による保存等を行っている場合には、改めて、本措置の適用を受ける国税関係帳簿が変更となる旨を記載した届出書を提出することなく本措置の適用が可能です（【問52 、問59】参照）（令5改正規則附則2③） 。

付録 5

電子帳簿保存法 法的要件認証制度 JIIMA認証

・電帳法スキャナ保存ソフト認証
・電子帳簿ソフト法的要件認証
・電子取引ソフト法的要件認証
・電子書類ソフト法的要件認証

　国税庁の一問一答にもありますが、公益社団法人日本文書情報マネジメント協会（JIIMA）では、電子帳簿保存法に規定する機能要件に適合するか機能の仕様について取扱説明書等で確認を行い、法的要件を満たしていると判断し認証を行っています。この認証制度（JIIMA認証）により定された製品は、国税庁HP 及び JIIMA のHPでご確認いただけます。

国税庁ホームページ
https://www.nta.go.jp/law/joho-zeikaishaku/sonota/jirei/index.htm
JIIMA認証情報リスト
https://www.nta.go.jp/law/joho-zeikaishaku/sonota/jirei/11.htm
JIIMAホームページ
https://www.jiima.or.jp/certification/
・電帳法スキャナ保存ソフト認証
・電子帳簿ソフト法的要件認証
・電子取引ソフト法的要件認証
・電子書類ソフト法的要件認証

JIIMA 認証とは

JIIMA では、市販されているソフトウェアやソフトウェアサービスが電子帳簿保存法（電帳法）の要件を満たしているかをチェックし、法的要件を満たしていると判断したものを認証しています。JIIMA 認証を取得したソフトウェア、ソフトウェアサービスを適正に使用することで、電帳法を深く把握していなくても法令に準拠して税務処理業務を行うことができます。

なお、認証を受けた製品は、パッケージや紹介ページに認証ロゴを使用することができるので、簡単に見分けることができます。

令和5年度電帳法改正と JIIMA 認証

令和5年度税制改正にともないまして電子帳簿等保存制度の見直しが行われました。

優良な電子帳簿に係る過少申告加算税の軽減措置の対象となる帳簿の範囲が見直され電子取引では令和4年度税制改正で措置された「宥恕措置」が適用期限（令和5年 12 月 31 日）をもって廃止され新たな猶予措置が整備されます。

またスキャナ保存でも今までの要件から不要となるものや書類の限定があります。

要件の一部変更はございますが、JIIMA 認証を取得したソフトウェア・ソフトウェアサービスを利用することは、リスク回避に有効だと考えられます。

認証制度について

ソフトウェアの承認に当っては、そのソフトウェアのマニュアル、取扱説明書などで公開されている機能をベースに、公正な第三者機関でチェックし、必要な機能を全て備えていることを確認したうえで認証審査委員会で審議し、認証を行います。また、認証した製品の一覧は、JIIMA のホームページで公表するとともに、国税庁に対して認証製品リストを提出します。

各 JIIMA 認証の紹介

電帳法スキャナ保存ソフト認証

スキャナ保存を行う市販ソフトウェアがが電子帳簿保存法の要件を満たしているかをチェックし、法的要件を満足していると判断したものを認証するものです。

認証ソフトは、税務署へのスキャナ保存の承認申請の際に面倒な記載を省くことができるので、手続きを簡素化できます。

電子帳簿ソフト法的要件認証

国税関係帳簿の作成・保存を行う市販ソフトウェアが電子帳簿保存法の要件を満たしているかをチェックし、法的要件を満足していると判断したものを認証するものです。

電子取引ソフト法的要件認証

国税関係書類をコンピューターで作成し電子的にやり取りする場合の当該取引情報の保存を行う市販ソフトウェア及びソフトウェアサービスが電子帳簿保存法7条の要件を満たしているかをチェックし、法的要件を満足していると判断したものを認証するものです。

電子書類ソフト法的要件認証

国税関係書類をコンピューターで作成し紙で発行する場合の控え等を、電子データで保存を行う市販ソフトウェア及びソフトウェアサービスが電子帳簿保存法4条第2項の要件を満たしているかをチェックし、法的要件を満足していると判断したものを認証するものです。

申請から認証まで

1. 協会事務局は認証を受けようとする事業者からの認証申請書類を受け付け、これを各認証審査委員会に報告する。
2. 事務局は申請書類を、評価機関に送付し、評価を依頼する。
3. 評価機関は、申請者が提出した申請書と取扱い説明書などを参照して基準に合致しているかを評価し、その結果を協会事務局に提出する。
4. 協会事務局は、各認証審査委員会に評価結果を提出し、認証審査委員会は、その合否を審議・判断する。

5. 協会事務局は、認証結果を申請者に報告する。

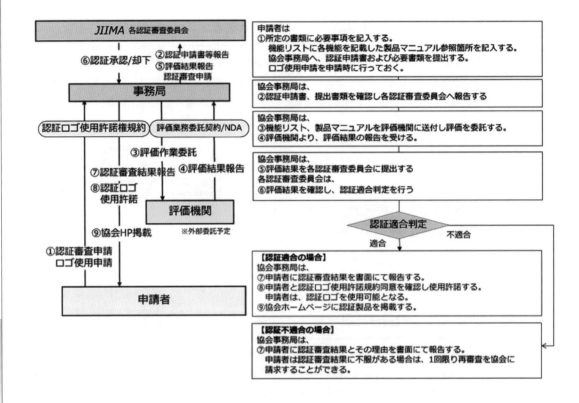

令和5年度税制改正対応
効率とコンプライアンスを高める
e-文書法 電子化早わかり
公益社団法人　日本文書情報マネジメント協会　法務委員会編

令和6年　3月25日　初版発行

本　　体　**3,000**円＋税
送　　料　実費
発　　行　公益社団法人　日本文書情報マネジメント協会
　　　　　〒101-0041　東京都千代田区神田須田町2丁目19
　　　　　ライダーズビル7階
電　　話　03-5244-4781
法人番号　6010005003693

本誌掲載の写真、イラスト、本文の無断転載および複写を禁じます。
落丁・乱丁本はお取替えいたします。